The Zimmermann Telegram

Barbara Tuchman

齐默尔曼电报

〔美〕芭芭拉·塔奇曼 著

刘啸虎 译

中国青年出版社

Contents

目录

作者的话 Author's Note

本书全部内容皆非虚构，登场人物均确有其人。所有人物的一言一行，如同本书中所讲述的那样，都有文献记录（有一两处取自当事人口述）作为依据。这些参考文献都可以在本书末尾找到。

许多人欣然向我提供过帮助，谨在此深表谢意。承蒙关照，尤其要向华盛顿美国国家档案馆与记录服务局外交档案处的朱莉娅·B. 卡罗尔夫人致以感谢。没有她的指引，我将在迷宫般的档案中毫无头绪。有了她的热心协助，我才能挖掘出相应的证据，解答众多困惑难解的谜题；感谢现居萨里郡查特村的海军上将威廉·詹姆斯爵士，他和蔼可亲地帮助我进行了对第40号办公室的研究。还要感谢他的著作《海军之眼》（*The Eyes of the Navy*），我从中受益良多；感谢白厅的海军部档案保管员P. K. 肯普中校，他向我提供了“泰尔康尼亚”号出航割断电缆的历史事实；感谢现居伦敦的鲁丝·霍特布拉克夫人，作为霍尔海军少将的秘书，她向我讲述了自己的亲身回忆；感谢已故的维尔东·劳埃德，他长居华盛顿特区，曾允许我参照他关于塞克案件的研究；感谢美国国会图书馆手稿部主管戴维·C. 默恩斯夫人，耶鲁大学图书馆历史手稿专家哈佛·B. 戈特利布先生，他们分别帮助我找到了有关威尔逊与兰辛的资料，还有豪斯的文件档案；感谢美国历史学会的博伊德·C. 谢弗先生和斯坦福大学胡佛研究所图书馆的艾格尼丝·F. 彼得森夫人，他们就资料的来源给予了宝贵的建议；感谢尊敬的艾莫斯·皮斯利阁下，我从他的档案中获取了重要的资料；感谢美国国务院德国档案部主管保罗·斯威特博士；感谢伦敦英国外交部档案馆的安妮·奥德小姐；感谢纽约的沃特·弗里德先生，他向我澄清了一些模糊而费解的事实；感谢纽约的阿尔弗雷德·罗姆尼先生和亨利·萨克斯先生，他们就我在德语上的不足进行了补充。

感谢下列诸位允许我引用手稿藏品。感谢钱德勒·P. 安德森夫人提供的钱德勒·P. 安德森日记；感谢梅布尔·乔特小姐提供了乔特大使信件原稿；感谢尊敬的约瑟夫·C. 格鲁阁下提供了自己的文件档案；感谢阿瑟·W. 佩奇先生提供的文件和沃特·海恩斯·佩奇大使的日记；感谢尊敬的威廉·C. 菲利普斯阁下提供自己的文件档案；感谢哈佛大学霍顿图书馆向我提供了馆内保存的格鲁、佩奇和菲利普斯的文件档案；感谢耶鲁大学图书馆向我提供了馆内保存的豪斯和波尔克的文件档案。

我要感谢纽约社会图书馆向我提供了书籍、开架书库以及报纸的微缩胶卷，特别是提供了最慷慨的福利——一个不受打扰的可供写作的地方。

有一位不知姓名的评论家，他就乔治·F. 凯南的著作《俄国退出大战》（*Russia Leaves the War*）写了一篇书评，发表在1957年1月4日《泰晤士报》的文学副刊（伦敦）上。其中有这样一句话："我们至今对真实情况一无所知，为什么威尔逊会做出如此重大的决定，让美国参加第一次世界大战。”我要对这位评论家说：你好，你说得太对了。

1958年3月

1966年版前言

Preface to 1966 Edition

自本书问世以来，新史料逐渐开放，对齐默尔曼电报事件中的密码破译问题做出了补充。不过，涉及当时历史和政治情景的内容仍像我先前描述的那样不可动摇。

有一份保密至今的美国陆军通信兵部队出版物——《1917年1月16日的齐默尔曼电报及其破译背景》，作者为威廉·F. 弗里德曼和查尔斯·J. 门德尔松（美国陆军部，通信兵部队总部，华盛顿，美国政府文献，1938年），这份出版物直到1965年方告解密。该出版物的第一作者于1921年—1947年任陆军部首席密码破译专家，领导了1941年对日本密码的破译，是美国密码界的领军人物。写作本书的时候，我就知道这份出版物的存在。我曾向弗里德曼先生求借书稿一阅，他虽态度友善却守口如瓶，使我无法检视此书并得其要旨。新披露的一件事将略有修正我的故事。纽约密码协会前主席戴维·卡恩即将出版一本新书，名叫《密码破译者》（*The Codebreakers*），里面会透露齐默尔曼电报还使用了第二种德国密码，即0075号密码，关于这种密码的破译将在新书中得到分析。新证据得出的主要结论是——齐默尔曼电报破译完成，更大程度上靠的是“破解”，而非第40号办公室获得了德国密码本或它的副本。

我不想引起争议，但我还是保留了塞克偷抄密码副本和英国人自瓦斯穆斯那里缴获密码本的故事。因为某些真实的情况就隐藏在这些故事中间。特别是第二个故事，有霍尔海军少将本人的证言为基础："记载着德国密码系统的密码本落到了我们手里。英国当局在一个名叫瓦斯穆斯的德国领事的行李中缴获了它。瓦斯穆斯被派驻设拉子，但是他致力于切断英国的输油管道。"弗里德曼和门德尔松有充足的理由质疑，外交密码本怎么会被授权给像瓦斯穆斯这样的谍报人员在高度危险的任务中使用。不过，其他的新证据在支持这种质疑的同时，也证明了从波斯湾地区缴获密码本这个故事的真实性。

C. J. 埃德蒙兹先生1915年曾任英国驻波斯湾地区布什尔的代理副领事。本书初次问世即打动了他。埃德蒙兹先生随即发表了自己的第一手经历，讲述了彼时彼处发生的故事（《齐默尔曼电报的波斯湾前奏》，《皇家中亚学会会刊》，1960年1月）。按照他的讲述，瓦斯穆斯的脱逃，促使驻布什尔的英国人员（包括他本人）对德国驻当地领事赫尔穆特·利斯特曼博士采取了完全非法的逮捕行动。作为这场行动的成果之一，他发现"几条羊毛长衬裤包裹下"有"两本伪装成词典的密码本"。埃德蒙兹先生写道，拦截瓦斯穆斯，逮捕利斯特曼，是"一场单独行动的两个部分"，但这场行动的第一部分公开了出去，第二部分则"由于显而易见的原因"没有公开。这便可以解释霍尔少将的证言。既然逮捕利斯特曼是非法的，霍尔少将便宁可忽略此事，秘而不宣，将密码本乃至几个密码本的得手全归功于瓦斯穆斯的行李。有如目前我们对第二次世界大战中许多谍报活动记录的了解，写进档案的往往是编出来的故事，而不是事情的真相。

第二次世界大战后，对缴获的德国外交部档案进行了摄影和分类，取得了不小进展。这使得相当一些学术研究成为可能。就本书所写的内容而言，涉及1915年—1916年的德日和平谈判，1917年1月德国宣布实行无限制潜艇战。关于这些，格哈德·里特尔著有《执政的悲剧：战时首相贝特曼—霍尔维格 1914—1917》（1964年3月）；还有一篇研究缴获文件档案的法语论文，作者是安德烈·谢雷尔和雅克·格鲁内瓦尔德，题为《德国与和谈问题》，载于《关于无限制潜艇战的背景说明，1914年8月—1917年1月31日》（巴黎，1962年）卷一。另有弗兰克·W. 伊克尔教授的文章《第一次世界大战中的日德和谈》，载于《美国历史评论》，1965年10月。研究成果补充了本书的内容，但是还不足以从本质上改变本书写作年代的历史认知。

德国的研究者弗里德里希·卡茨博士最近考证出，一个德国外交部中的下级官员——公使馆参赞冯·科姆尼茨（只有姓，名字不得而知），乃是齐默尔曼电报这个主意的始作俑者。这见于卡茨博士的《德意志、迪亚兹和墨西哥革命；德国的墨西哥政策，1970—1920》（柏林，1964）。他的研究已经由阿瑟·S. 林克教授翻译成英语，刊登在后者威尔逊传记的第五卷，于1965年出版。尽管卡茨博士没有提及，但冯·科姆尼茨的故事是由莫里茨·J. 波恩教授率先披露的，见于1918年10月德国媒体的报道。

下一个提及此事的正是冯·科姆尼茨自己，当时是1920年，正值他作为德国人民党候选人竞选国会议员的时候。我没有将这个情况不明的人物写进自己的书里。既然无论如何责任都是齐默尔曼的，既然冯·科姆尼茨的资料少之又少，以至于无法对其加以关注，那么此人究竟有什么故事都是不确定的。对他的描述不一，有的说他是德国外交部里的远东问题专家，有的说他是拉美问题专家。显然这里一直有混淆，因为卡茨博士说他是前者，而林克教授说他是后者。

卡茨博士进一步的观点值得一提：齐默尔曼的结盟提议是当时德国最高当局高度认可的。因为在电报惨遭曝光之后，是德国最高统帅部派出了代表将新修订的结盟提议带到了墨西哥，再次交给卡兰萨。

芭芭拉·W. 塔奇曼

1966年5月

A Telegram Waylaid

第一章 截获电文 1

早上的第一条情报，从气压管里滚出来，啪地一声掉进铁丝笼，动静并不比往常有何异样。英国海军情报处的值班军官拧开套筒，检视起这份截获的德国无线电报。没有任何不同寻常之处。军官瞧过一眼，发现这份电报不是用德国海军密码编发的，便将这份情报转给了里屋的政治组，没再多想。这天是1917年1月17日，第一次世界大战已经进行了三十个月，里程过半。这场战争充斥着不计后果的惨烈杀戮，各方却一无所获。

里屋是白厅[1]最隐秘的地方，负责密码破译工作的所在。这里有一个朴实无华的代号——第40号办公室。这天早晨，两位自民间征召来的密码专家在第40号办公室值班。一位是里弗伦德·威廉·蒙哥马利，46岁，高个子灰头发，战前是一名学者；另一位是年轻的出版人奈哲尔·德·格雷，31岁，从威廉·海涅曼出版公司借调过来的。两人都不知道，自己即将成为一桩重大历史事件的助产士。德·格雷摊开这份拦截到的电报，破解起一排排密码。这份电文的密码按照四个或五个一组编列，还有一小撮按三个一组编列。电报本身不会说话，它无法主动告诉密码专家，打破战争僵局的关键就隐藏在看似杂乱无章、不循以往的密码编列之中。德·格雷只是注意到，这份电文的长度跟从前大不

[1] 英国首都伦敦市内一条街道，连接议会大厦和唐宁街，英国国防部、外交部、内政部、海军部等政府机关都设在这里，因此白厅成为英国政府的代称。——译者注

一样——他估计密码编列超过了一千组。

这个早晨如同英国的命运，灰暗而阴冷。天色就像时值战争中第三个冬天里的希望那样，昏暗而渺茫。索姆河战役，英军遭受了骇人听闻的惨重损失——一天之内，6万英军倒在战场上；战役历时五个月，协约国军队与敌人合计伤亡过百万。牺牲至此，竟毫无意义，兴登堡防线仍旧坚不可摧。整场战争都与之大相仿佛，虚掷生命贱如泼水，仅凡尔登一役双方就各自付出伤亡50万人的代价，却没有任何一方取得战术上的优势。双方有如两头斗红了眼的麋鹿，脑袋上的角死死顶在一起。现在，法国的血已经流干了，俄国濒临绝境，就连最近才加入协约国一方的罗马尼亚都被打到了穷途末路。

敌人那边也好不到哪里去。德国人靠马铃薯充饥度日；军队里满是强征来的十五岁半大孩子；德国皇帝用愈发严酷的手段强化统治，政局不稳的迹象已然出现。德国一度耗时数周进行谈判，以谋求和平，这其实不过是掩饰而已。德国人早已谋划好，故意让和谈遭拒。所以德军总参谋部才能从后方拼命压榨盟友，支支吾吾地要奥地利忍耐更多苦难，付出更多牺牲。第40号办公室怀疑，德国人如此做法应该自有其长远目标。因为目前尚无证据表明德国领导人在取得战争全面胜利的目标上有所改变。这一点，协约国方面也是一样。

英国总算还是坚毅不屈，但财政已经耗到油尽灯枯。更糟糕的是，没人能拿出主意。新将领沿着老路子，不想不问就继续在西线发动进攻，结果只能是继续头撞石壁。完全看不到任何战争结束的前景。

蒙哥马利和德·格雷查看着这一组组密密麻麻的数字，尽力将密码译成文字。此时他们还以为，这不过是又截获了一份最近柏林和华盛顿之间有关和谈问题的电文，冗长而无甚意义。斡旋和平乃是美国总统威尔逊魂牵梦萦的目标。他决心制止这场战争，寄希望于敌对双方灵光一闪、良心发现而达成妥协的和平。双方的军人皆尽抵制妥协行为，威尔逊却视而不见。柏林方面一直与威尔逊对话，为的是让美国在战争中保持中立。这样的对话让协约国方面颇为恼怒。协约国要的不是美国的中立调解，而是美国这股强大的新锐力量直接参战。没有其他东西能打破战争的僵局了。武器，资金，船舶，兵员——一切资源协约国全都耗尽，寄希望于美国来填补。但威尔逊偏偏不肯改变立场。他向敌对双方说教，指挥双方该如何行事，眼镜片背后的目光稳如泰山。看起来，在欧洲流尽最后一滴血、落入万劫不复的境地之前，是没法让美国人参战了。

德·格雷的目光停留在电报打头的一组数字上——13042。他意识到，这是13040的变体。13040是德国外交部密码的首行数字。他将自己的发现告诉了蒙哥马利。蒙哥马利打开保险箱，从里面取出一个本子。本子捧在他手里，好像捧着一瓶标有“剧毒”字样的药物。本子的封面上没有骷髅标识，但无数人上天入地，抛洒鲜血、生命与荣誉才得到了它，造就的尸骨又何止一具。这是密码本，记载着对德国编号13040密码的破解。蒙哥马利又取出另外一个本子，里面有第40号办公室收集到的13040号密码的所有变体。英国人对拦截到的数百份电报进行了艰苦的归档和整理，在破解德国密码变体上取得了进展。他们已经部分重构了密钥，目前这样的情况难不倒他们。

两位密码专家首先试着破译电报署名，这样可以给他们提供电报内容的线索。有一个90000以上的数字，97556，是90000区间的最后一个，出现在了最后一排的第二位。一般而言，这么大的数字，是加密者为姓名或不常用的专有词汇保留，在密码主体编写完成后作为补充而添加的。蒙哥马利和德·格雷查阅密码本中先前破解的编码，集中精力查找97556。有如神奇魔杖的一点，这组数字随之变成了一个他们非常熟悉的名字——“齐默尔曼”，德国外交大臣。

回到电报开头，他们寻找收信人，却发现电报开头不是人名，而是先冒出来一个“最高绝密”。他们又破译出后面：“致阁下以私人信件”。电报是直接发给华盛顿的，“阁下”指的自然是德国驻美大使冯·伯恩斯道夫伯爵。

破译到这里，一切还无甚新奇，他们差不多都能想象出电文内容。然而，电文中突然出现了一个意想不到的词——“墨西哥”。两位密码专家大感奇怪，德国人能就“墨西哥”说些什么？带着顿生的好奇心，他们破译出了“盟友”一词，接着又破译出一个令他们惊讶的词：“日本”。电文中有一个短句：“我们与日本”，日本一词于其间反复出现。两人相互对视，脑海中浮现出一种大胆的假设。有没有可能，身为协约国一员的日本，打算要改换阵营？两人赶紧重新打起精神，来不及再低声商量，全力投入到默然无声的破译中，只有手上的笔在纸上越划越快。密码本前前后后翻来翻去，两人激动地将书页翻到沙沙作响。纸上涂满了写下来又划掉的词句，更多词句则将纸越填越满，越写越密。经过两个小时的紧张破译，虽然仍留有许多空白之处，但一份通顺的电报译文已经清晰可见。

这份电报分为两部分，事实上是一次拦截到了两份不相关联的电报。第一份电报较长，收信人为伯恩斯道夫。电报告知他，德国准备在2月1日重启“无限制潜艇战”。德国人的这一决策已经让协约国担惊受怕了很久，现在终于要成真。所谓“无限制”，是指德国U型潜艇获准在事先不发出警告的情况下，径直击沉在战区中发现的所有敌国商船以及中立国船只。电报指示伯恩斯道夫，2月1日之前不要将这一消息通报给美国政府。要等到那天鱼雷都射出去了，再去通报。德国人预计，美国人对“无限制潜艇战”的回应措施，是宣布与德国进入战争状态。为准备应对此事，德国人又发了第二封电报。这封电报共有155组编码，开头为："柏林致华盛顿。W158.1917年1月16日。最高绝密。致阁下以私人信件，请以安全途径将信件转呈我国驻墨西哥公使。"

这份电报是给德意志帝国驻墨西哥大使冯·埃克哈特的，开头编号为"第一号"。以尚不完整的破译来看，内容如下：

我方准备于2月1日开始实施无限制潜艇战。尽管如此，我方仍希望能让美国保持其中立地位……（？）若我方（？的这一方案）无法奏效，则我方将（？向墨西哥）提议结为盟友。缔结同盟的条件如下：（双方联手）参战，（双方联手）谋求和平……阁下目前应秘密知会总统[1]，（？我方预计）（可能）与美国爆发战争……（就日本方面而言，）与此同时，我方正与日本进行谈判……请告知墨西哥总统……我方潜艇……不过数月就将迫使英国求和。电报收悉。齐默尔曼。

电报的内容让两位密码专家几乎难以置信。齐默尔曼简直是给了第40号办公室一个撬动美国参战的杠杆。墨西哥既是美国主要的国外投资地区，又是美国主要的麻烦来源。过去三年间，

[1] 指墨西哥总统卡兰萨。——作者注

美国两次出兵墨西哥。彼时潘兴将军指挥的一万二千美军一度给牢牢拖在了那里。美国同样对日本的动向极度敏感。这种局势之下，齐默尔曼令人震惊的结盟提议，居然从无休无止的秘密电波往来中被截获，这足以激怒美国放弃中立地位了。

电报中尚有约30组编码的空白，密码专家无法破译出具体含义。他们猜都猜不到，最具爆炸性的内容就在其中。耐心等待了几个星期，经过不懈的努力，他们终于破译出全部密码电文。结果发现，余下的部分里，德国承诺将帮助墨西哥“收复得克萨斯、亚利桑那和新墨西哥的失地”。

其实眼下手里有足够的证据了，要马上采取行动。这事归海军情报总监霍尔少将管。蒙哥马利急急忙忙离开办公室，去找情报总监。蒙哥马利不久就回来了，霍尔少将跟在他后面进了门。这位海军情报总监身材矮小，面色红润，步伐威严，衣袖上缝着代表海军少将的金线。海军少将威廉·雷金纳德·霍尔爵士的形象总是能让人们鼓起勇气，激励大家去创造英雄事迹。德·格雷站起身来，默默将译电稿递给少将，感觉唯此郑重才配得上这个时刻。

“齐默尔曼，呃？”霍尔少将一边说着，目光唰地投射到纸上。他一边读，双眼一边不时眨动，如同他的绰号“眨眼霍尔”（‘Blinker Hall’）。眼越眨越快，这身材结实的小个子像是看得僵住了，一双如炬的蓝眼睛简直像是在燃烧，秃顶上仅剩的几从白发都竖了起来，看上去活像邪恶的庞齐先生[1]穿着身军装。

霍尔立时明白，现在自己手里这份电文有着致命的危险，同样也可能创造奇迹。只有美国参战，才能创造奇迹，抵消无限制潜艇战带来的致命危险。无限制潜艇战一旦开始实施，很有可能会全如德国所愿——切断协约国的物资来源。那样的话，等不到美国有时间进行动员、将军队运到欧洲来助战，协约国自己就先崩溃了。这便是德国力图的目标。

霍尔已经等了好久，知道无限制潜艇战迟早一定会来。因为潜艇这玩意儿设计的初衷，跟威尔逊总统想象中绅士般的用法大相径庭。要潜艇先浮到水面上来，对目标发出警告，再将目标击沉；一旦目标率先开火，浮上水面的潜艇就是活靶子——这样要潜艇还有什么用？霍尔清楚，德国人在使用潜艇的问题上，之所以接受威尔逊式的条框限制，不是因为威尔逊本人从打字机中敲出了一篇声明，声明中的道德力量将德国人感化了；而是因为德国人手里还没有足够的潜艇来实施自己的战术。从那时起，他也知道，基尔的工厂里炉火日夜不停，德国人加紧生产铸造U型潜艇，只求尽早达到拥有200艘潜艇的目标。德国人要用这些潜艇来一场大规模的海上凡尔登，希望借此让英国屈膝投降。今天的

[1] Mr. Punch，又译潘趣先生，英国民间木偶剧中的经典小丑角色，代表特征为鹰钩鼻、红鼻头和驼背。——译者注

电报是一个信号，200艘潜艇快要备齐了。

“还有两周。”霍尔高声说道。过两周就是2月1日，齐默尔曼电报中提到的这个日子让霍尔揪心。到了那一天，英国为战争所作出的努力，从波斯到英吉利海峡这条关乎英国命运的海上生命线，都将面临最严峻的考验。“不过数月就将迫使英国求和”，齐默尔曼电报的结语如此吹嘘。但是霍尔清楚，这样的吹嘘并非空穴来风。

霍尔想到了别人前面，他试着跟德国人换位思考。德国人是孤注一掷了，他们清楚无限制潜艇战会将白宫里那头态度勉强的龙从洞穴中给激出来。显然，德国必定下了决心，要让U型潜艇击沉船只的速度比美国实施动员的速度更快，甚至可能美国根本不会实施动员——只要出现这种情况，德国就算赌赢了。不过，现在霍尔手里有一样能说服美国人的筹码了。这件筹码简直是齐默尔曼先生自己送上门来的。这东西应该可以帮助美国人下定决心。

霍尔充分理解齐默尔曼为什么会发这份电报。一旦美国以对德宣战来回应无限制潜艇战的威胁，德国就要给美国制造足够的麻烦，将美国拖在大西洋的另一侧而无法自拔。德国人使出了相当狡猾的一招——从墨西哥和日本身上下手。这两个国家都与美国积怨甚深，极有可能蓄谋已久要与美国一战。这推理何其正确、何其恰当！更是何其精准无误！

呃，好吧，德国人是够聪明。想到这里，霍尔会心一笑。但是德国人漏算了关键的一点，所以还称不上是真聪明。德国人没料到，敌人会跟自己一样聪明。德国人高度自信，他们的密码堪称完美，乃是人类所能设计出的极限——这到底科不科学？他们还是不是严谨的德国人？——德国人认定这套密码绝对无人能破，所以他们自从战争爆发的第一天起就用这套密码，压根儿没有换过。霍尔则深知，在战争中没有什么事情是绝对的。事实映证了霍尔的想法，德国的每一份无线电通讯都给第40号办公室拦截了下来，破译了出来。

霍尔回到自己的办公室，想起还有事情要做。他必须将这一消息通报给外交部。一想到这里，霍尔心中的满足感便大打折扣。他讨厌将第40号办公室的情报与别人分享，唯恐情报泄漏到海外去，引起德国人的警觉。现在他要面临一直困扰密码专家的棘手问题：如何既能利用截获的情报，又不让对手知悉英国早已破译了他们的密码。

针对这种情况，众所周知，军方会故意不将敌人的动向通知给部队，以免让敌人得知自己的密码已经被破译。该怎么办？霍尔问自己，该如何既让美国人知晓齐默尔曼电报的内容，又不让外界知晓英国是怎样得悉这些内容的？仅靠嘴说总是无凭——连英国外交部都不会信。外界一定会有无法回答的疑问。如果德国方面发现第40号办公室已经破译了他们的密码，他们就再也不会使用这套密码了。这一整套繁复精巧的监听设备，在过去两年半里耗尽心血、一根线一根线搭建起来的复杂玩意儿，就全然无用了。破译一套新密码要耗时数年，跟破译上一套密码用的时间一样长。更不用说破译新密码还需要一伙人的聪明才智，许多人的流血牺牲，动辄数月的漫长耐心和埋头苦干。霍尔冒不起这个风险。

第40号房间因战争爆发之初的一次行动而诞生。1914年8月4日午夜，英国对德宣战。第二天早上的太阳升起之前，一艘船缓缓穿过北海的薄雾，抵达了一处秘密地点。这里位于荷兰沿海与德国接壤的埃姆登外海。半明半暗之中，这艘船开始动作笨拙又目的明确地打捞起什么东西。沉重的铁抓钩入水，沿着海底一路拖拽，捞起一样形似海鳗的玩意儿。这东西带着烂泥出水，碰在船帮一侧，金属的碰撞声叮当作响。这样的作业一连重复进行了数次，每一次船上人员都将那形似海鳗的东西割断，再抛回海里去。

这东西是德国的海底通信电缆。五条电缆横贯英吉利海峡，一条通往法国的布雷斯特，一条通往西班牙的比戈，一条通往北非的特纳利夫岛，两条经由亚速尔群岛通往纽约。英国的海底电缆敷设船“泰尔康尼亚”号（Telconia）将这些电缆全部切断了。“泰尔康尼亚”号用不着再去地中海干这种活儿，那里的海底电缆都归英国所有。几天之后，“泰尔康尼亚”号重返北海，没有做任何电缆修复工作，而是用船上的卷筒将几个独立的电缆终端从海里捞出来，运回了本土。这是开战后英国第一次主动进攻的行动，1912年帝国国防委员会拟定这一行动计划时，做梦也没想到这给德国造成的破坏会是何等严重。两年时间，这份授权破坏海底电缆的命令一直躺在海军部的文件档案堆里睡大觉。直到1914年8月4日早晨，德国军队穿戴起擦得锃明瓦亮的尖顶盔和长筒靴，开进了比利时。在那个旧世界自此终结的日子里，有人想起了这道命令，将它从文件堆里翻了出来，发给了邮政总局。到午夜时分，英国关于比利时中立地位的官方最后通牒时限刚过，“泰尔康尼亚”号已经在起航的途中了。

经过“泰尔康尼亚”号的破坏，只剩一条海底电缆还对德国开放。这条电缆位于西非和巴西之间，大部归美国所有。作为权宜之计，德国可以先向非洲发送无线电通讯，再从非洲安全地向南美发报，然后从南美将电报转往美国。当时英国政府不愿冒惹怒美国的风险，所以没有破坏这条电缆。霍尔的前任，H. F. 奥利弗海军上将，带着这个问题直接去找了大东电报公司，他们拥有地中海地区的电缆。大东电报公司悄悄动手铺设了姊妹线路，几周后高兴地通知奥利弗上将：部署完成，包君满意。如此，30公里长的利比里亚—巴西电缆线路落入英国人的掌握之中。

从那时起，整场第一次世界大战中，德国就一直遭受封锁，无法与海外进行直接的电报通讯。通讯的重任落到了瑙恩肩上。瑙恩是德国重要的无线电通讯中心，距柏林只有几公里远。没有什么能阻止敌人从自由往来的无线电波中截取情报——德国人也没试图阻止过。在英国，第40号办公室由此应运而生。

截获的密码电报开始一份份铺满海军情报总监的办公桌，此时奥利弗上将却痛苦地发现，手下根本没有受过专门训练能处理这些密码电报的人。过去长达两年的时间里，战争不断逼近的脚步声清晰可闻，然而英国皇家海军从未怀疑过自己的制海权。皇家海军常常本着如此精神来整军备战、进行演习——“到了战争爆发的那天夜里，一切就都会好了”。结果战争爆发之初，皇家海军陷入一片混乱，所有人忙得疲惫不堪，彻夜无眠。就在这一片混乱之中，奥利弗上将想起了一个温文尔雅的苏格兰人。此人名叫阿尔弗雷德·尤因，前机械工程学教授，时任英国皇家海军教育总监。奥利弗想起，尤因本人有个编制密码的爱好。奥利弗赶去找他，将一叠截获的密码电报交到他手上。这位矮个子苏格兰人浓密粗乱的眉毛之下，一双蓝眼睛顿时兴味盎然，放出精光。尤因同意看看自己能帮上什么忙。奥利弗上将悬着的心放了下来。他下令，以后截获的所有密码电文都交给尤因先生，让尤因将精力转移到这些事上来。

尤因发现，自己给密码和代码团团包围了。他很快被这项工作吸引住了。他干得很开心，活像一个小男孩为了赢取报纸上的有奖竞猜而破解字谜游戏一样。当他快被堆积如山的密码电报埋起来时，就被迫要从一两个能守口如瓶的朋友那里寻求帮助。这几位朋友都像尤因一样，是业余的密码专家，或者对德国有所了解。蒙哥马利就是这样从长老会给招募来的。蒙哥马利除了是研究圣奥古斯丁[1]的权威，还是一位天才的翻译家，翻译德语的神学著作。据说蒙哥马利于1914年翻译出版的施伟策《探寻历史上的耶稣》一书，文字之地道、感情之虔诚，无任何著作能出其右。他与尤因招募来的另一个人一道，在大英博物馆研究密码本，从劳埃德银行和邮政总局那里搜集商业密码，埋首于复杂的普莱费尔密码和维热纳尔密码，分析频率编订密码表，用单倍和双倍变体对密码进行替换加密，制作格孔密写卡和密码字轮。

与此同时，德军潜艇和其他舰队以及柏林，三方不断联络。通过设在瑙恩的无线电通讯站，德国人向全世界范围发布命令。为了截取情报，英国人沿着英格兰海岸设立了四个新的无线电监听站，架设的线路直通皇家海军基地。当时无线电监听设备尚不成熟，截获的无线电信号清晰度很差。全面监听工作一开始，无线电通讯截获量马上激增。很快，每天的截获量达到了200条。

[1] 圣奥古斯丁（354—430），天主教圣师，古罗马帝国时期基督教思想家，欧洲中世纪天主教神学、教父哲学的重要代表人物。——译者注

尤因手下的人也随之增加到五个。他招募了更多助手——有大学教师、律师、语言学家，还有身怀数学建模天赋的会计师。所有人带着挑战智力的强烈兴趣投身于这场破译密码的战斗。

密码不同于代码，它遵照一定的体系编列，按事先制定好的规则，用一个或一组字母（或者数字）来表示另一个或另一组字母。而代码的要诣则在于随机替换，编码员编订代码本，代码本中详细记载替换规则。有时候，人们用一个词语来替代另一个词语或概念——例如，就最简单的来说，1944年盟军用“霸王行动”来代指“诺曼底登陆”。或者，在齐默尔曼电报中，德国人用一组组随机数字作为代码，来替换词语。例如电报中的“67893”代指“墨西哥”。总的来说，尽管并非回回如是，但德国人惯于在代码外面再套上一层密码，换言之，德国人用密码对代码进行加密。德国人对加密的密钥变更频繁——随着时间的推移，他们每24小时变换一次密钥。不过，德国人严谨刻板，变换密钥总是按照事先制定的一套体系。一旦这套体系被第40号办公室破解，英国人便可以顺藤摸瓜，照着这套不变的规则一次次破解以后的全部密码。不知出于什么原因，齐默尔曼电报在发送时并未用密码进行加密。

德国人从一开始就大量使用无线电发送情报，根本不顾自己的密码和代码有可能被敌人破解。原因很简单，德国人认为敌人不会有跟自己等量齐观的智力水准。德国人发出一个特定的数字，经常要用两三个不同的渠道重复发上两三遍。如此，尤因能截获同一条情报的几个版本，这给他的破译工作提供了巨大便利。尤因手下这伙业务尚不纯熟的密码专家，借助临时拼凑的技术手段和器材帮助，在解读柏林发送的情报时，速度和准确性比德国人自己的收件方都强。有一次，尤因手下一位奇才破译了一份从马其顿截获的电报，面对其中的一系列数字，他居然能在自己读不懂内容的情况下，将密码内容完全翻译出来。事后证明，这是保加利亚军队总参谋部用保加利亚语发布的命令。

对于普通人来说，在没有代码本的情况下，破解（破译员称为“重建”）编码员随机挑选的替换代码，似乎是一件不可能的事情。但是在当时，凭借着对足量信息的对比分析，凭借着聪明的头脑、无穷的耐心和灵光一闪的推理，这还是能做到的。你只需想象一下这个过程的难度就会明白，如果搞到了敌军的代码本，会提供一条多么便利的捷径。

1914年10月13日，一个意外惊喜从天而降。俄国驻英大使打来电话，将奥利弗上将和尤因匆匆请去，把他们带进一间密室。俄国方面介绍给他们一位俄国海军部的参谋。这位参谋交给他们一件个头虽小却沉甸甸的包裹。打开包裹，奥利弗和尤因简直不敢相信自己的眼睛——映入他们眼帘的，竟然是德国海军的代码本。代码本上还拴着铅块，这是以备情况危急时要丢下海而拴上的。

“马格德堡”，俄国军官只用了这一个词解释代码本的来历。奥利弗想起，8月份有一艘叫这名字的德军轻巡洋舰在波罗的海被击沉。据俄国军官介绍，这艘军舰在芬兰湾中为布雷舰护航，当时正冒着迷雾围绕奥登斯霍尔姆岛航行。透过迷雾的缝隙，“马格德堡”号的舰长看到两艘俄军巡洋舰正向自己逼近。舰长迅速命令发报员将代码本取来，要发报员坐上救生艇，拼命划到深水区，将代码本丢进海里。救生艇刚放下水，俄国军舰一炮打来，将救生艇轰得粉碎。德国发报员给炸死了，尸体的胳膊依然紧紧抱着代码本。俄军巡洋舰靠了过来，击沉了“马格德堡”号，然后有条不紊地营救落水德国船员。有人发现了这具漂浮在海上的尸体，它夹杂在幸存者中。这是船上发报员的尸体，代码本正紧抱在尸体的胳膊里。

圣彼得堡的俄国海军部罕见释出善意，认定这份代码只有在英国皇家海军那里才能得到最佳利用。俄国对盟邦表现出更罕见的慷慨，派出一艘快速巡洋舰将代码本送往了伦敦。奥利弗和尤因发现，这份泡过海水的“马格德堡”号遗物里不仅有替换德国海军代码的词语表，还有破解密码体系的密钥，代码就是根据这套体系时而变化的。这为他们破解德国密码提供了线索，也是日后一切工作的源头和基础。

11月，奥利弗上将荣升总参谋长，海军上校威廉·雷金纳德·霍尔从战列巡洋舰舰长的岗位上调任海军情报总监。这位新总监甫一上任，海军部走廊里的风气顿时为之一振。霍尔是出了名的高瞻远瞩，颇具先见之明。早在1913年，他便嗅出了空气中战争的味道。当时霍尔下令自己的军舰提高战备级别，将传统的12小时一轮班改为8小时一轮班。他还一改从前舰上枪炮原封不动的惯例，命令全舰人员进行枪炮射击训练。霍尔的革新做法惹怒了皇家海军中那些顽固守旧的军官，这些人被戏称作是“中国官老爷”。但是霍尔的理论自成一派，他认为海军就是用来打仗的，任何能够提升军舰战斗力的做法都是革新的标准。霍尔继续我行我素，尽情碾压那些跟自己唱反调的对手。

霍尔就任海军情报总监后做的第一件事，同样秉承着这一原则。他发现情报处挤在原本狭小的空间里办公，于是霍尔将情报处从海军部主办公楼里迁出来，让他们搬进隔壁一座静如死水的旧楼（Old Building）。那里有一处与外界隔绝的套间，远离喧嚣和访客，编号40。虽然后来情报处又搬进了更宽敞的套间，但战争期间一直沿用“老楼40号房间”的名字。这是一个含糊不清、不能激发一丝好奇的名字，却从此长留在密码殿堂。到截获齐默尔曼电报时，第40号办公室已经拥有八百台无线电设备，七八十名密码专家和工作人员。

霍尔对破译密码一窍不通，不过他很快预见到尤因手下这伙“情报大盗”能创造出打击德国人的诱人机会。就在霍尔来白厅上任前几天，土耳其帝国加入同盟国一方，战火蔓延到中东，这场战争刚刚变成了世界范围内的大战。霍尔马上让海军情报处的工作跳出传统范围，将世界各地的对德反间谍行动都揽到自己名下。他一开始就插手一切间谍活动，没有哪个部门手里的馅饼没给雄心勃勃的霍尔插上一指头。负责追踪德国间谍的苏格兰场发现，霍尔在帮他们的忙；国内审查机构中也发现了他的影子；情报管制局、国防部、秘密情报局，哪里有情报搜集和对敌斗争，哪里就有霍尔；哪里可能会有麻烦，他就把特工人员派过去，或者与友邻机构共同联手。霍尔如同英国国歌里唱的上帝，时刻准备着“灭奸党，把乱萌一扫光”。他为人冷酷无情，有时心狠手辣，一向足智多谋。他慧眼如刀看穿一切，旺盛的劲头毫不松懈，身怀简直能从任何人那里搞到任何东西的奇异魅力。无论德国人在哪里蠢蠢欲动，他都能探听到消息，就像狗能听到人耳听不到的高频声响。霍尔就是这样，不管战争中何处有悄然滋生的阴谋，他总能知晓。第40号办公室破译的电报越多，他情报网中的消息越丰富——印度革命、爱尔兰起义、罗杰·凯斯门特爵士[1]

[1] 爱尔兰民族主义者，曾任英国外交官，后参加爱尔兰民族主义运动。第一次世界大战中与德国合作，谋求爱尔兰独立，参与领导组织1916年的爱尔兰复活节起义，起义失败后被捕，遭英国政府指控犯叛国罪，在伦敦被处以绞刑。——译者注

和玛塔·哈丽[1]，德国人煽动罢工和暗中搞破坏，这些情报都归功于他。不过，上述这些都在“普通职能”的外衣之下进行了小心的掩饰。让外界看起来，英国海军情报处的职能无非跟想象中一样，都是忙于追踪德国舰队动向、通过拦截无线电信号追踪U型潜艇位置、绘制水雷分布图之类的小事。其实这些小事都是第40号办公室的外围机构去做。外围机构给内部机构的工作提供了完美的掩护。

除了尤因负责的密码破译工作，霍尔本人还亲自主持着获取德国代码本的工作。陆军、海军、外交部门以及其他情报人员得到的任何关于德国密码的传言和线索，或早或晚都落到了霍尔手里。1914年12月，一个铁皮箱子送到了第40号办公室。经鉴定，这箱子来自德国海军。10月13日，英国海军发现4艘德军驱逐舰，随即对它们展开追击，将其全部击沉。这个铁皮箱子在海底躺了两个月，最后由于一个偶然的机会，被英国的拖网渔船用渔网给捞了起来。铁皮箱子里有海图和机密文件，第40号办公室从中发现了一本代码本。起初英国人搞不清这个代码本是谁用的。经过几个月的努力，与从前截获的电报进行对比，最后证明这套代码是柏林与德国驻外使馆海军武官进行联络用的。

[1] 第一次世界大战时期传奇式的德国女间谍，巴黎著名舞蹈艳星，1917年在法国以叛国罪被枪决。——译者注

与此同时，两幕新奇的大戏同时上演。一出是悲剧，一出是域外之境的冒险；一出在布鲁塞尔，一出在波斯；两出戏最后都于第40号办公室收官。

1914年8月20日，德军占领布鲁塞尔。德国人发现，这里有一处大功率无线电发送站，可以用于发布命令。德军找来一位二十岁的无线电工程专业大学生，据说此人能修理这座通讯站。这个年轻人名叫亚历山大·塞克（Alexander Szek），有双重国籍。他出生在英国，父母来自奥匈帝国。他和父母在英国长大，战争爆发前两年他与父亲搬到了布鲁塞尔。后来父亲又搬回维也纳，他则留在布鲁塞尔继续学业。塞克还有家人在英国，不是他的母亲就是姐姐。（塞克的档案有部分遗失，所以我们无法完全搞清事实究竟如何。）德国人自然选择将年轻的塞克视为奥地利公民，送他去维也纳服兵役，又把他派到布鲁塞尔的通讯站服役。在这里工作，他有机会接触到密码。

电报从修好的布鲁塞尔通讯站发出，源源不断地流入第40号办公室。但无人能破译，尤因由此推断，布鲁塞尔用的是德国领事或外交代码，只好寻求外援。协约国情报部门通过中立国荷兰，与一位人在布鲁塞尔的比利时特工接上了头。这位特工仔细侦察了位于国王大街的无线电通讯站，发回了一条令人大感兴趣的情报——德国人雇用的译电员亚历山大·塞克可以算是个英国人，他是在离伦敦不远的克罗伊登出生的。带着这条线索，英国方面找到了塞克的母亲或姐姐。她仍生活在英国，从事家庭教师的工作。她只有一半奥地利血统，跟那些并非纯种的奥地利人一样，她在感情上反对德国。所以，英国人没费多大功夫就说服了她。她给自己的弟弟——或者儿子——写了一封信，劝他为自己出生的国家工作。

即便有了这封信，比利时特工还是很难让塞克战胜自己的恐惧。塞克态度勉强，不情不愿。不过，到了1915年初，塞克总算答应去偷取代码。但是，他一开始计划，偷到代码后直接逃往英国。这么做非徒无益，反而有害——因为德国人马上会明白密码失窃了。又是一番劝说，这个吓坏了的译电员最后被说服，他必须一点一点地将代码抄出来。过程费时费力，一次只能抄一栏或半栏，用了三个月时间才将代码抄完。起初他将代码一段一段地交给比利时特工。随着代码抄完，他变得愈发紧张。最后时刻，塞克干脆停步不前，拒绝交出剩下的代码。他把纸条藏在身上，这是唯一能保证他不被丢下的砝码，他坚持和比利时特工一起撤走。

这时是1915年8月。接下来发生了什么，没人能说清楚。只不过战后没人再见过塞克活着出现。代码的副本倒是送到了驻荷兰的英国情报机构手里，然后又转送给第40号办公室。至于塞克，有人说他落到了德国人手里，被枪毙了。战后塞克的父亲则指控英国方面为了不让德国人发觉代码失窃，将塞克灭口。关于这件事，我们只能说，塞克的生命是英国搞到代码的代价。这份德国人目前正在使用的代码，现在已经送到了第40办公室。

同一时间，1915年2月，在遥远的美索不达米亚，一个与塞克截然不同的家伙登上一艘小船，沿底格里斯河顺流而下，去完成一项重大使命——让波斯加入战争，与德国—土耳其并肩作战。多年来，将势力范围从柏林一路扩展到巴格达，是德国皇帝梦寐以求的目标。现在他手下的文臣武将想方设法要搞垮英国和俄国在波斯的统治，引诱整个伊斯兰世界加入同盟国一方，先把波斯、阿富汗收入囊中，然后一路高奏凯歌挺进印度。至于当务之急，则是要想办法切断英国和波斯之间的输油管道。

船上这个肩负上述所有重任的家伙名叫威廉·瓦斯穆斯，常年在波斯湾畔的布什尔担任德国驻当地副领事。与阿拉伯的劳伦斯一样，他也是一个集神神道道、狂热入迷、善使三寸不烂之舌再加一点真正英雄气概于一身的人物。劳伦斯想让土耳其统治下的阿拉伯地区转投英国一方。瓦斯穆斯与之类似，他将自己视作上天为沙漠部族选定的解放者。瓦斯穆斯和劳伦斯都喜欢穿宽大的阿拉伯长袍，都爱穿着长袍拍照。有人推荐瓦斯穆斯接受这次任务（更有可能是他毛遂自荐），德国方面在君士坦丁堡给他做了任务简报。现在，瓦斯穆斯正在返回波斯的途中，身上只有几捆宣传材料，和他头脑中对这个国家和这里人民的切身了解。

瓦斯穆斯在底格里斯河下游40英里的库特伊马拉登岸，悄悄潜入了波斯。他的第一个目标是巴赫蒂亚里部落，英国和波斯之间的输油管道就在这个部落的领地之中。2月5日，输油管道被切断了。这究竟是不是瓦斯穆斯煽动的结果，至今存疑。因为那时他好像还没赶到那一地区。不久，他一路经过迪兹富勒和舒什塔尔的集镇，会晤部族首领，分发宣传册子，煽动他们向土耳其苏丹、伊斯兰教哈里发的敌人英国发动“杰哈德”，即“圣战”。

“杰哈德！杰哈德！”圣战的呼声在市场集镇之间一闪而过。从那时起，瓦斯穆斯的工作变得像进了养鸡场的狐狸一样诡秘。有一次，舒什塔尔当地的宪兵准备在宴会上趁瓦斯穆斯不备将其拿下，结果经人报信，瓦斯穆斯溜之大吉。然而，在南行不过100公里的贝赫贝罕，他刚一现身，当地部族首领就决定将他交给英国人。首领先邀瓦斯穆斯到家中做客，然后一反穆斯林盛情待客的传统，让全副武装的卫士将他看押了起来，再派信使到布什尔向英国人报信。信使半路上遇到一队英军，兴高采烈地让他们赶紧去自己主人那里领人。队伍里骑马的英国军官们飞马赶到贝赫贝罕，搭上了宝贵的工夫与得意洋洋的部族首领互致东方礼节、准备赏金，结果去提犯人时，却发现瓦斯穆斯早已逃之夭夭。他们赶到屋顶，看到远处扬起的沙尘，说明瓦斯穆斯早就跑远了。下到院子里，他们发现了瓦斯穆斯撇下的包袱行李。

英军沮丧地将这些东西带回了布什尔。读过这些宣传册子，英国方面马上加大了对瓦斯穆斯的追捕力度。波斯是中立国，大范围的全面追捕不可能。一小队英军发现了他，追至一座泥泞的村庄，却再次被他逃脱。瓦斯穆斯跋涉至当地省会设拉子，在当地兴风作浪，策划袭击，导致英国副领事遇刺，事后英国领事遭逮捕和免职，整套英国殖民机构都被赶到了沿海。

我们能从这些活动中观察到瓦斯穆斯的行踪，那似乎是因为丢失了行李而发的一通无名火。有目击者描述过瓦斯穆斯是如何暴怒，如何“由于宣传册子遭收缴而愤怒地鞭笞部落居民”。他要求面见设拉子省长，正式提出抗议，要求归还行李。既然所有波斯人和英国人都知道了他想干什么——英国人在同一时间对德国驻布什尔领事馆下了手，在文件中发现了瓦斯穆斯的全套计划——那么，穆斯塔斯的怒气就显得毫无来由，除非行李中有某些仅他一人知晓其价值的东西。不管怎样，瓦斯穆斯再也找不回行李了，驻布什尔的英国当局已经将行李送到了伦敦。

此时的伦敦正值夏末，霍尔少将听取了一位从波斯湾因伤回国的海军军官汇报。自然而然，瓦斯穆斯惊险脱逃、祸害一方的传奇故事令霍尔眼前一亮。一种异常的警觉在霍尔脑中萦绕不去。访客刚一离开，他马上派副官们赶去白厅，小心查找瓦斯穆斯的行李。这一天行将结束时，一位副官打来电话告诉霍尔少将，瓦斯穆斯的行李就在印度事务部的地下室里，走路用不了三分钟就能过去。行李从波斯运回来之后，还没人碰过。霍尔将行李取回来，一边割断捆扎行李的绳子，一边双眼狂眨浑如发信号一般。霍尔翻看着里面一张张文件，如同第六感从前告诉过自己的那样，该搞到手的一定能搞到手。这些文件之中，有德国外交部代码本，编号13040。

除了几次例外情况，第40号办公室的档案记录从未公开过；加之霍尔少将拒绝出版自己从1932年开始撰写的回忆录，一些具体日期只能是模糊的。基本可以肯定是，在1915年6月到9月之间，第40号办公室得到了塞克和瓦斯穆斯的代码。至于经塞克之手得到的是不是同样为德国外交部代码，或者是其他什么代码，不得而知。但是不管怎样，尤因的团队这时可以打开那些迄今原封不动的密电箱子，开始工作了。这些电报属于哪类并不清楚，只知道用的不是德国海军代码。英国人发现，德国人用两种代码在柏林和华盛顿之间进行联络，13040号代码就是其中一种。德国以华盛顿为中转站，与德国驻西半球各地的外交机构进行联系。

13040号密码在手，霍尔少将便可以监听到极有价值的通信——德国驻华盛顿大使伯恩斯道夫发给柏林当局的独家报告。从1916年起，这些报告的内容集中在威尔逊斡旋和平、控制战事的努力上。对于霍尔来说，这反映出美国总统是何其顽固地坚持让自己的国家扮演调停者角色，绝不要变成参战国。霍尔深知，若是美国不参战，协约国绝对打不赢这场战争。事实上，别看公众舆论一边倒反对议和，协约国其实撑不了多久，很快就要被迫坐到谈判桌前了。

目光回到霍尔的办公桌。捧着手里的齐默尔曼电报，霍尔相信自己有了一举打破美国中立地位的法宝——如果这份电报可以使用的话。“如果”，这就是问题所在。他抬眼望着外面，皇家禁卫骑兵旅正列队游行，向着文艺复兴时期风格的外交部大楼行进。霍尔的目光穿过骑兵游行的开阔地，落在外交部大楼二楼的窗户上。那里是外交大臣的办公室，霍尔此时都能看到阿瑟·贝尔福的身影。贝尔福懒散地靠着椅子，两条长腿在办公桌底下伸直，给人以一副没睡醒的错觉——这一漫画形象历经三届政府都一路走红。没人见过贝尔福在网球场上动如脱兔的英姿。过去贝尔福曾任海军大臣，霍尔那时就知道，几乎没有什么东西能在这个身材颀长、生性冷静、多疑的人心中掀起波动。贝尔福当过首相，他乐于接受任何职位，但是对一切都无动于衷。他有一次去前线视察，目光从自己的夹鼻眼镜后面注视着炮弹爆炸，口中居然若无其事地发出赞美。不过，霍尔清楚，贝尔福绝对需要第40号办公室搞到的东西。别看表面故作镇静，贝尔福一定对这场只能靠等的游戏绝望了。贝尔福被迫跟美国人玩这场游戏，他长久以来试图态度温和、循序渐进地将美国从中立的地位上推过界。然而美国至今一点介入战争的意思也没有。

眼下贝尔福的要求甚为紧迫。战争中英国每天要耗资550万英镑，目前现金储备和贷款信用都已创新低。六周之前，美国联邦储备委员会向其麾下各银行发出警告，不得再向各参战国政府提供长期贷款，甚至不得为短期贷款续借提供担保。这是威尔逊用来向各交战方施压、逼大家坐到谈判桌旁议和的方法。不管德国提出什么样的条件，英国都不会与德国谈判。但是如果贷款禁令持续下去，协约国的崩溃不过是未来数月之间的事情。

霍尔少将仍凝视着贝尔福办公室的窗户。现在就过去，给贝尔福这份电报，让贝尔福利用这份电报在华盛顿尽情游说，孤注一掷赌一把，看看有多大可能将美国拖入战争。要是这一把赌输，霍尔就输掉了手里掌握的德国代码，这可是血本无归。从个人角度分析，霍尔认为美国不可能无视墨西哥和日本的威胁。就算白宫里那头倔驴依旧“骄傲到不愿参战”，他也得想办法规避这一威胁。霍尔必须做出这个判断。他清楚，如同前任海军大臣温斯顿·丘吉尔不久前说的那样，美国的行动仅仅听凭于威尔逊这一个人的内心活动。但是哪个英国人能理解威尔逊的内心是怎么活动的？

霍尔渴望自己对白宫的了解能及得上自己对威廉大街[1]的一半就行。公布电报，意味着要冒丢掉代码的风险；但是对电报秘而不宣，意味着对破译密码的最大战果置之不理。他陷入了苦恼不堪的两难之境。霍尔下定决心，一定要找到破解之法。他的头

[1] 德国首都柏林市中心的一条街道，是德意志帝国首相府和外交部所在地，常用来代指德国政府。——译者注

脑中浮现出一个尚未成型的方案，只不过这个方案需要时间，而时间正越来越少。上帝开恩，霍尔还剩两周。已知两周后，2月1日，德国将下令重启无限制潜艇战，美国方面可能就此主动参战，这就不需要霍尔动用齐默尔曼电报；但是，如果美国人还稳坐泰山，霍尔就必须公开这份电报。他同时还要想办法掩盖第40号办公室的形迹。

霍尔一面犹豫，一面还在注视对面的窗户。自己有没有对自己的政府隐瞒这条情报的权利？多年舰长生涯的磨炼，不只让霍尔习惯于独自作出决定，更给了他这一份偏好。他就喜欢一个人全权指挥、一个人承担责任。他转过身去背朝窗户，将这份电报——连同未来两周自己祖国的命运一道——锁进了自己的私人保险箱。

然后，霍尔坐下来，制订了一份计划。余下就是等待了。

在柏林，德国人也在等待——等待墨西哥和日本的答复。德国与这两个国家结盟，绝非临时想出的权宜之计，而是谋划多年的策略。自从历史上最爱管闲事的君主即位的那天起，他就筹划了这一蓝图。

第二章 德皇英明，黄祸凶猛 2

The Clever Kaiser and the Yellow Peril

1895年底，德国皇帝威廉自感得到了神启。他决心将这一启示形诸绘画。画完之后，威廉对自己的画作深感满意。画面中充斥着邪恶东方的意象，这般描绘大受时人赞赏。这幅画还缺个名字。蓦然间，威廉那想象力丰富的头脑中冒出一个简洁明了、富有冲击力的名字：*Die gelbe Gefahr*！——意思是“黄祸”。

这一年之初，日本摧枯拉朽、干净利落地完胜中国。那个庞大而暮气沉重的东方古国一败涂地，全欧洲为之震惊。德皇深信，只有自己真正明白此事的意义所在。德国、法国还有俄国，三国联手强迫日本将割占的一大块中国领土吐了出来，这块领土是日本此次领土收益的一大部分。三国可不是白帮中国的忙，日本吐出来的地盘，又让它们给瓜分了大半。德国由此得到了胶州湾的海军基地青岛。但是，威廉考虑的是世界格局的变化，他为日本这个亚洲新兴强国的崛起隐隐感到忧虑。他眼前似乎看到了黄种人在欧洲纵横驰骋、肆意蹂躏的景象。“借着圣诞树上蜡烛的火光”，他向自己的表弟、俄国沙皇尼基[1]描述了这一切。威廉将自己脑中所想在纸上画出来，命令宫廷画家克纳科弗斯将自己的草稿创作成绘画作品，使之长存于世。

这幅画中，天空电闪雷鸣，一尊胯下乘龙的佛陀横空而过，

[1] 尼古拉二世的昵称——译者注

杀向欧洲。在他背后，留下硝烟尚未消散，城市已成废墟。七位头戴战盔、身披胸甲的长发女子忧虑地注视着那团魔影，她们代表着欧洲各国。站在前面的那个，代表日耳曼。只见她金发如瀑，头戴鹰形冠冕，手中长剑出鞘，勇敢地斜指向前方。画中最显眼的位置，一位天使告诫她们："欧洲人，起来捍卫你们最宝贵的东西吧！"

怀着这一想法，德皇胸中一时志气如虹。他下令将自己的画作复制多份，分赠给所有国家驻柏林的外交使节，分赠给有亲缘关系的各国皇室，还有其他名流贵族。威廉这些突如其来的个人外交行为，经常将欧洲各国驻德使节搞得惊慌失措，有些国家的大使干脆管他叫"好搞突然袭击的威廉"（William the Sudden）。威廉总是在受迫害感和美好的乐观主义之间摇摆不定，而且摆幅巨大，所以谁都摸不透德国皇帝究竟想干什么。俾斯麦曾经如此评价威廉："他恨不得每天都是星期天。"营造出此等错觉，威廉的拜占庭式宫廷出力不少：每天早上都有人呈上专为威廉一人制作的晨报，其中有特制的帝王专版，由编者细心摘录全世界各地新闻汇编而成，用金字印刷。

威廉只对那些金字印就的新闻感兴趣，其他一切都不喜欢。接待大臣们的来访，让威廉感到厌烦透顶。那些大臣的报告里净是些让威廉不顺心的事情，那些事情都不符合自己对世界的构想。为了不听这些，这位德皇陛下一边来来回回四处踱步，一边从头到尾自言自语，不消二十分钟就将来访的大臣打发走。他坚信，维护欧洲格局的力量均衡才是自己的目标。事实上，要全欧洲唯尊威廉一人，这难道算是“均衡”吗？德国自首相以下，政府官员毫无实权，只是德皇陛下的办事员而已。欧洲如果不想毁在这些笨手笨脚的小公务员手里，就需要一个才智超群的主宰。君主是堪当处理国际事务的唯一人选，但所有重担都压在君主陛下一人肩上也实在不甚公平。很快，德皇这个一日三变、反复无常的家伙深感自己活得真是太亏，他孤身一人肩负这可怕的重担，没人体会得到他这副担子究竟何其沉重。但是，即便人们误解或不欣赏他的所作所为，他也必须勇敢地肩负起来。威廉那身材肥硕的叔父、英国国王爱德华恨威廉入骨，就跟威廉的亲生母亲、英王爱德华的姐姐恨自己的儿子威廉一样。奥地利皇帝弗朗茨·约瑟夫属于老一辈人，这个离群索居的老古董对当今世界一无所知。法国连个配与威廉对话的君主都没有。这些国家千方百计在威廉背后策划密谋，试图孤立德国。只有俄国沙皇尼基是威廉的朋友。在威廉看来，尼基这人既不像自己那样聪明也不像自己那样强势，但至少他还是个能争取的对象。威廉必须牢牢把握住尼基，对他连哄带骗，时不时地使出手段将尼基唬住。因为英、法、奥也想将俄国沙皇拉到自己那边去，一起来孤立德国。

威廉养成了一个习惯——给尼基写私人信件。风闻、建言、提醒还有忠告，威廉什么都写进去，一律署名“至亲威利[1]上”。这些信件都是用英文写就（所以语法和拼写上偶尔有些奇怪），战后由布尔什维克在俄国的档案文件中发现。沙皇的回信现已不存，但德皇显然从回信中获得了巨大的乐趣。这让威廉自负地将那位全俄罗斯沙皇纳入到了自己对于世界的构想当中。

威廉为德国在太平洋沿岸的新海军基地深感自豪，现在他计划要让德国进入一等海军强国的行列。俾斯麦只满足于让德国称霸欧洲大陆，强烈反对与英国争霸海洋。但德皇威廉要的是建立一个全球性帝国，所以德国走上了这条命中注定的玩火之路。威廉认为，德国应该在美洲大陆谋取一个立足点。他属意的办法，跟当年基督山伯爵用的法子一样，直接拿钱买。1901年，威廉的目光盯住了位于委内瑞拉海域的圣玛格丽塔群岛，眼前顿时一亮。时任美国国务卿的海约翰获悉，德国军舰居然在对这一群岛展开探险调查。他马上向柏林发出外交照会，德国人的行动随即便销声匿迹了。

要是海约翰觉得自己的抗议阻止住了德皇的行动，他可就大错特错了。德皇早想到了一个比委内瑞拉强得多的地方：为什么不从墨西哥身上切一刀？沿着下加利福尼亚荒无人烟的海岸线，长达上千公里的半岛从加利福尼亚顺着墨西哥境内的太平洋沿岸

[1] 威廉的昵称——译者注

地区一路向南延伸。这里也有一个同名的圣玛格丽塔岛，正好对马格达莱纳湾中的天然深水良港成保护之势。1902年，一位在伦敦执业的美国律师前来拜会美国驻英大使约瑟夫·H. 乔特，带来一条让大使先生大吃一惊的消息。美国大使迅即将这一消息报告给国务卿海约翰。后来乔特写道，那位律师告诉他，一位在城里做生意的德国绅士来跟自己打过交道，“希望得到对下加利福尼亚半岛主体地区的土地购买特许权”。这个德国商人并未公开自己的真实身份。但美国律师跟他往来数周之后，这个德国商人要求美国律师准备好前往墨西哥办理土地出售的具体事务。美国律师坚持要求了解真相：进行风险如此巨大的土地交易，资金究竟从何而来？

德国商人告诉美国律师，真正的买家是“德国皇帝陛下本人，陛下以私人身份购买”。支付购地款项的正是德国皇帝。美国律师大惑不解，追问为何德国皇帝要购买这样一块土地？他的德国客户在地图上指给他两个港口，马格达莱纳湾和更北边的鲸湾。德国商人告诉他，这两个天然良港“要用于海军目的”。生意做到这个程度，美国律师不愿当德国皇帝向美洲大陆进行渗透的帮凶，于是他拒绝继续向德国商人提供帮助。

“我们在那个方向的软肋完全是暴露的，”乔特大使在给海约翰的信中断言，“情况再清楚不过，这片土地要作价出售，而德国人志在必得。”他补充道，或许是多虑，“我们要注意，不能让这片土地落到任何海外强国手里，不管这些国家以何等伪装面目出现购地。”

也不知是美国律师拒绝继续提供帮助后，德国人没能拿到购地特许权，还是海约翰采取了什么没有留下记载的手段，反正德皇没能买到马格达莱纳湾。他在美洲地区获取海军基地的乐观构想又一次化为泡影。

就在同一年，德皇的尊严还遭受了一次更严重的打击。英国背信弃义，无视威廉《黄祸图》的警告，背后给德国捅刀子，竟然与日本缔结同盟——这实际上是与“黄祸”联手了！几个月之后，威廉慷慨大度不计前嫌，打算就委内瑞拉债务进行谈判，让各方摆脱困局。他将德国军舰派去对委内瑞拉实施封锁，结果引发了一场危机。西奥多·罗斯福总统冲德皇威廉挥起了大棒，威胁要以门罗主义[1]的名义派海军上将杜威率舰队出动。德皇对此满心憎恶。美国人总是叫嚣什么“门罗主义”，就好像那是上帝跟他们立的约一样，给他们权利让他们独霸美洲其他地区。威廉深信，就算上帝有自己最宠爱的民族，那也一定是日耳曼。［据记载，有一次逢周日德皇威廉去教堂，宫廷事务公报如此报道：

[1] 1823年美国总统门罗向国会提出咨文，宣称美国不干涉欧洲列强的内部事务，也不容许欧洲列强干预美洲的事务，这即是“门罗主义”。门罗主义是百年来美国将拉丁美洲视作自己势力范围和“后院”的理论依据。西奥多·罗斯福总统尤为奉行门罗主义，并以此发展出门罗主义的“罗斯福推论”。——译者注

“今晨，至高无上的陛下（All-Highest）去礼拜了至高无上的上帝（Highest）。”］

即便是金字印就的晨报也不能消除德皇心中的疑虑，他怀疑所有人都反对自己。有一次，他怀疑法国召集欧洲各国开会而不邀请德国参加，于是勃然大怒。威廉的愤怒回荡在大西洋两岸，逼得罗斯福都出言评价道：“德皇有自己的一套。说一千道一万，他就是个神经病！”

德皇的受迫害感集中在英国身上。对于英国，威廉是又恨又爱，表面痛恨而私下欣赏。有一次，威廉向罗斯福长篇大论地发表了一通反英演说，其中脱口而出：“我崇拜英国！”不过威廉始终无法战胜自己的怀疑，他怀疑自己母亲的祖国同胞拿自己当粗鄙不堪的乡下佬。他就像《彼得·潘》里的虎克船长，时刻怀疑自己没有“良好的风度仪表”。所有人都害怕虎克船长，但响着滴答声的鳄鱼朝他逼近时，他吓得浑身发抖[1]。威廉和虎克船长一样，让他发抖的是欧洲各国针对自己的包围。俄国在德国背后，英法在德国前方，威廉最担心这些国家结成同盟对付德国。

威廉想方设法将俄国的精力引到东方去，远离欧洲。他决心促成尼基与日本开战。“俄国未来的重要目标就是保卫欧洲免遭黄种人侵袭”——他给俄国沙皇写信，承诺自己将让欧洲局势

[1] 因为小说里一只鳄鱼吃掉了虎克船长的手和怀表，还一直追逐他。——译者注

保持平稳，让俄国有一个稳固的后方，“尽我所能助你一臂之力”。不幸的是，1904年—1905年的日俄战争，结局对尼基而言简直是灾难。不过，威利从前早已不厌其烦地提醒过他，这可不是威廉的错。事实上，日本取得战场上的完胜之后，德皇心里更加坚信日本人就是比从前更为炽烈的“黄祸”。而另一方面，这些“东方的普鲁士人”却堪为威廉天造地设的盟友。

就在这个节骨眼上，1906年，美国得到了用于开凿巴拿马运河的土地。日本则如同被放出魔瓶的精灵，从狭窄的日本列岛开始向整个太平洋扩张。所有欧洲国家都认定，如此下去美日必有一战。德皇对此满怀期待。1907年，威廉更是大喜过望。他发现，日本计划用1万人的地下武装占领巴拿马运河，这支大军已经秘密驻扎在墨西哥了！德皇自己的线人刚从墨西哥南部的咖啡种植园回来，线人报告说，他亲眼目睹上万日本人“全都身穿军装，铜扣子闪闪发亮”，由士官和军官指挥着在太阳落山后秘密训练。那些士官和军官平时“都伪装成普通的劳工”。德皇将这些全写信告诉了尼基。据线人自己推测，这上万日本人“都是潜伏部队，暗藏武器，意在执行作战命令，占领巴拿马运河，切断美国的交通线”。鉴于从墨西哥到巴拿马中间还隔着1000英里的中美洲丛林，德皇到底以为巴拿马运河在什么地方，这个真不好说。但是身为一个头脑极度不正常的君主，如果只是地理知识出现些许偏差，差不多可以原谅了。“这是我的秘密情报，仅告诉你一人。”威廉继续写道，“如你目前所见，情报确切而利好。迄今为止，我还从没有给过你错误的情报。”

威廉继续向尼基介绍这条惊人消息将给世界带来的影响。“伦敦，”他强调，“害怕日本和美国爆发冲突，因为英国必须在二者之间选一方站队。这将是种族问题，而非政治问题。这是黄种人与白种人的对决。”他得意洋洋地在结尾写道，英国人“会第一次用到我画里的那个词：‘黄祸’。‘黄祸’将变成现实”！

德皇眼前出现了日本人突袭巴拿马运河的场景。这条运河才开凿了一半，乃是罗斯福总统的骄傲。威廉脑中一出现战争的前景，简直就像实验室里的小狗听到了铃声，他顿时垂涎三尺。“不论战争何时何地爆发，”有一次他对阿瑟·贝尔福说，“德国都有条不紊，我们自有计划。”现在，德皇在墨西哥发现了这个天赐良机，他马上着手制订计划。这条消息激发了威廉肚子里那些“独裁暴君的花花肠子”（罗斯福语），一连串点子在未来十年层出不穷，让德国的政策渐渐偏离了正轨，也催生出了齐默尔曼电报。

自己居然发现了日本军队潜伏在墨西哥，德皇一想到此事将给罗斯福总统带去何等灾祸，心里便忍不住幸灾乐祸。罗斯福刚刚还增派数千人、进一步加拨款项用于开凿巴拿马运河。罗斯福先生将被迫承认“黄祸论”是真的，而威廉早就对西方世界大声疾呼过了。威廉整日幻想美国和日本以墨西哥为战场展开厮杀，他看到了于德国而言最有利的结果：美国一旦入侵墨西哥，一直在美国以南暗流涌动的反美主义情绪会在一夜之间如熊熊大火烧遍拉丁美洲。美国佬对这片大陆的统治势必要终结。而德国一直渴望扩展自己的商业和影响，对这片大陆志在必得，更进行过长期努力。威廉相信，这片大陆从美国手里获得自由之后，最后一定会归德国所有。

只要稍加利用，日本的威胁定会诱使美国入侵墨西哥。如此，德皇还另有一喜。一旦美日开战，英国势必支持美国，而这必然要付出英日同盟破裂的代价。德皇的思维跳脱混乱，谋划不停，现在居然又给抵挡黄祸、捍卫白人的事业找到了一个新的人选——美国！墨西哥则将是这场种族决战的战场。看看，简单明了，自然而然！万事俱备，唯欠一事——说服心不在焉的美国人接受自己的使命。

德皇相信，有丈夫气概的美国总统定会欣然接受这份荣耀。德国首相冯·比洛曾告诉威廉，罗斯福总统“极为欣赏陛下，将会愿意与陛下携手统治世界，实际上他在美国视自己如陛下一般”。明摆着，罗斯福总统正是对抗黄祸的人选。1908年1月，德皇召见美国驻德大使查理曼·托尔，告之他有“铜扣子闪闪发亮”的1万日本人正对美国虎视眈眈。德皇形容，这1万日本人“遍布”墨西哥。他告诉托尔务必通知总统，毫无疑问这些日本人都是军人，一旦欧洲爆发战事，这些日本人一定会袭击巴拿马运河。

罗斯福总统接到驻德大使关于巴拿马运河遭受威胁的汇报，根本不把这当回事。但是，德皇本人就认定了，自己既有明确责任又有友谊情分，一定要唤醒罗斯福总统，让罗斯福肩负起自己的神圣使命。他决定推罗斯福一把，就像促成尼基对日本开战一样。至于具体办法，是向美国承诺德国可以为其提供帮助。一个惊世骇俗的主意从威廉的脑袋里蹦了出来——提议德国、美国和中国三国缔结同盟。

就在这命运的时刻，上帝简直如同一个会察言观色的宫廷佞臣那样，将一个机会送到了威廉脚下。有个名叫威廉·巴亚德·黑尔的美国记者代表《纽约时报》来到柏林，对德皇进行专访。此人是在这两国关系错综复杂的关键时刻，替德国透露出对美高度友好意愿的最佳人选。在此后的一连串麻烦中，这是此人第一次出场，在关键时刻可疑地现身示好。1908年8月，此时还没有成为德国间谍的黑尔获准对德皇本人进行专访。由于德皇的谈话内容太过轻率，令人震惊，以至于《纽约时报》自感在刊发前有义务咨询一下罗斯福总统本人。

德皇告诉黑尔先生，“一两年之内美国定将被迫与日本开战”。因此，他正在促成中国、德国和美国结盟，这一消息很快将正式公布。德皇将英国骂得狗血喷头，骂英国是白人的叛徒，竟然与日本结盟。德国将很快被迫对英开战，时间已经不多了。德皇简直人格分裂了，他说自己正在武装伊斯兰世界，让穆斯林变成抵挡黄祸的壁垒。他说俄国已经为保卫白种人而与日本打了一仗，但是这一仗要让德国去打，日本早被打败了。威廉一个人滔滔不绝地跟黑尔先生说了整整两个小时。

亲德的黑尔先生感到，德皇威廉的话可能会对德国最重大的国家利益不利。出于谨慎，黑尔先将采访稿上呈德国外交部，后者看得“浑身一激灵”。发给《纽约时报》前，黑尔又把内容交给美国驻德大使过目，大使也吓坏了。《纽约时报》将采访稿给罗斯福看，罗斯福以“最强烈的态度”建议不要刊发。忍痛放弃了头版的轰动，《纽约时报》最终妥协。“我真的好像有点佩服他[1]，”数月之后罗斯福写道，“但我希望他别再突发奇想了。”

豪言壮语遭遇沉默应对，威廉并未感到受挫。他又接受了另一次专访，虽然谈话内容有所不同，但谈话精神大体类似。伦敦的《每日电讯报》于1908年10月28日刊发了这次访谈，引起的轰动震惊了整个欧洲，险些让威廉皇位不保。在柏林，新闻媒体甚至质疑威廉的神智是否健全。既痛苦又惊慌且困惑，威廉逃离了柏林，来到了普勒斯。那里有一处皇家猎场，可以抚平德皇陛下

[1] 指德皇威廉。——译者注

精神上的伤痛。不过这其实没起多大用处。“啊，我太痛苦了，我一直都被误解。”有一次吃饭时，他对普勒斯公主、美丽的英国贵妇黛西[1]如是说。说着说着，“眼泪落到了他的雪茄上”。

这个时候，日本人在干什么？事实上，德皇的情报还真并非完全是空穴来风。日本和墨西哥之间的确有一些秘密往来，具体内容无人知之甚详。1908年，就在德皇著名的访谈之后不过数月，美国驻危地马拉公使提醒华盛顿有一条关于日本的传言：据说日本与墨西哥达成了秘密协定，日本已经租借了马格达莱纳湾的一个海军基地。那里是墨西哥濒临太平洋沿岸最大也是最安全的军港，德皇对这里曾求之而不得。华盛顿方面就此质问过墨西哥政府，表达了自己的担忧，但墨西哥官方予以否认。不过，以后数年一直有报告称确有此事，而且此事往往与日本潜伏部队（德皇当初说有上万人）的故事相辅相成。按报告里的说法，日本潜伏部队枕戈以待，时刻准备北上杀过格兰德河[2]，或者南下夺取巴拿马运河。

❶
全名玛丽·特丽萨·奥莉维亚（Mary Theresa Olivias），昵称黛西（Daisy），第一次世界大战前英国社交界名媛，以美貌著称，爱德华七世时期曾被票选为当代最美丽的女性之一。1891年她嫁给了当时德意志帝国的巨富冯·霍赫贝格，霍赫贝格出身贵族且拥有数个封号，其中最为人熟知的是“普勒斯亲王”（Prince of Pless），黛西因此被称为“普勒斯公主”。——译者注

❷
美国南部与墨西哥的界河。——译者注

或许真的有过秘密协议，但档案中未曾记载。不过可以肯定的是，日本的确在与墨西哥合作。墨西哥始终无法原谅美国从自己手中夺走得克萨斯，日本则因为美国严格限制日本劳工的输入而怨气满腹。日本人开始大谈墨西哥人跟自己有亲缘关系，墨西哥人乃是上古乘木筏借风力横渡太平洋之日本渔民的后裔。日本海军的训练舰造访了墨西哥海域。1911年，日本海军大将八代六郎对墨西哥进行正式访问。墨西哥国防部长在查普特佩克举行欢迎宴会，对日本客人盛情款待。席间，八代六郎海军大将历经七轮上菜，七轮祝酒，已经喝得站立不稳。他还是站起身来，提议大家为这场墨西哥军队和日本军队“兄弟间的欢宴”共同举杯。八代六郎还即席发表了热情洋溢的讲话，盛赞双方预备携起手来共同行动，对抗共同的敌人。他强调墨西哥人民与日本人民的相似之处：“共同的血脉”在大家的身体中流淌（席间掌声雷动）；两国都有恐怖莫测的火山，眼下虽看似休眠，然有朝一日火山喷发，足以凭自己的力量撼动世界（席间人们大声附和欢呼）；两国都在努力打造强大的陆军和海军，为的正是抵御外侮，捍卫国家荣誉［席间人们大呼“日本万岁！美国佬去死吧！”（*Viva Japon! Abajo los gringos!*）］这个共同敌人的名字已经明明白白给点出来了。

要是美国尚没有理解或者理解不到这些苗头是何等危险，柏林方面决定给美国人一些更具说服力的情报。1911年2月，一个名叫霍斯特·冯·德·戈尔茨（一看就是个德国名字）的德国间谍来到了巴黎，任务是窃取一份秘密协议草案。据信墨西哥财政部长何塞·伊夫·莱曼托尔将与日本代表在法国进行会谈。莱曼托尔据说是墨西哥最精明的家伙，很可能自波菲里奥·迪亚兹手中接过总统之位。他在巴黎筹措贷款，同时坐观墨西哥国内战乱的结局。这场内战号称是要将老迪亚兹从总统宝座上赶下来。按照后来冯·德·戈尔茨本人添油加醋的自述，他想办法接近莱蒙托尔，借助一辆劳斯莱斯轿车、几个黑道混混、一场狂欢舞会和一瓶麻醉药做帮手，成功地将这位墨西哥部长大人搞得神志不清，然后施展出神入化的神偷伎俩，从部长身上偷到了机密文件。很快，从柏林来了两个沉默寡言、一袭黑衣的宫廷侍从，取走了他的战利品。不过几周，一份秘密协议的照片副本就出现在了美国驻墨西哥大使亨利·莱恩·威尔逊面前，让威尔逊看得目瞪口呆。

威尔逊大使否认有这事。礼貌起见，我们权且认为美国大使的话比德国间谍的话更可信。3月初，威尔逊大使匆匆返回华盛顿，亲自就这一问题与罗斯福的继任者塔夫脱总统，以及美国内阁协商。就在他抵达华盛顿后的一个早晨，那是3月6日，一条新闻令美国举国震惊——美国总统动员2万军队（美国常备军总兵力的三分之二），部署在墨西哥边境，同时下令舰队开进墨西哥湾。塔夫脱总统表示这只是演习，但人们纷纷传言这是要跟日本开战。新闻记者聚集到动员起来的美军指挥部所在地埃尔帕索，发回来的报道都是关于动员兵力暴增、营中篝火连片、顿顿茄汁焗豆、军队弄得到处乱糟糟等等。在埃尔帕索拥挤的人群中，有一个穿军装的陌生人引起了特别的注意。有人发现他是赫瓦尔特·冯·巴登菲尔德少校，德国驻华盛顿大使馆的武官。这个德国人来得克萨斯干什么？读者请睁大眼睛盯紧这个少校，因为他可是片刻不松懈地观察着这次演习。

在得克萨斯和南部边境诸州，混乱在酝酿发酵。在萨姆·休斯敦堡，人们相互赌咒发誓，说日本舰队已经出现在太平洋沿岸海域；在圣安东尼奥，人们传言美军要在复活节攻进墨西哥城。小道消息满天飞，说所有在西雅图和旧金山靠岸的日本船运来的都是日本移民，这些日本移民再通过海路迅速被转运到墨西哥去。警觉性很高的爱国者在南方边境的墨西哥一侧发现了形迹可疑的东方人，那些东方人穿的是平民服装，但走起路来带着一股“军人范儿”，而且这些人没有正当职业。有情报称，墨西哥境内太平洋沿岸的诸战略要地都设有秘密军火库，里面储存了5万支步枪。

有关秘密协议的“权威”内幕（这些内幕全都出奇的一致）在各国间疯传。按照协议，日本不止获得了马格达莱纳湾沿岸的一个海军基地，还获得了横贯墨西哥特华特佩克地峡、连接太平洋和大西洋沿岸的铁路修筑权。尽管所有日本驻外使节都极力否认，墨西哥官方也出面辟谣，但新闻报道上依然坚持这是真的。这些经过了德国人按自己口味极尽添油加醋之能事的报道，反响不断扩大。德国媒体甚至一厢情愿地预测，三天之内美军一定会杀过边境，推翻迪亚兹，吞并墨西哥，以保护巴拿马运河。

流言散布一日千里，以至于塔夫脱总统被迫公开否认美军的动员是针对日本。他实话实说，但没人相信他，因为德国人切切实实背后搞了小动作，让公众愈加充耳不闻。4月9日，一条轰动世界的新闻大标题登上了纽约《太阳报》（*Evening Sun*）的头版——《且看秘密协议照片！》（*SECRET TREATY PHOTOGRAPH!*），这篇报道中讲述的故事，跟后来戈尔茨在他出版的自传中的故事基本一样。但是报道没有提及戈尔茨行窃。《太阳报》告诉全世界，墨西哥的确与日本签署了秘密协议，这份协议已经由迪亚兹政府批准通过。威尔逊大使拿到了协议原件，对其拍照留存过副本之后，又将原件悄悄送还到了墨西哥外交部的机密档案里。《太阳报》又说，大使先生马上坐火车赶回了华盛顿。人还没到华盛顿，电报就已经将这份罪证发给了美国总统和内阁，大家个个看得瞠目结舌。陆军参谋长伦纳德·伍德将军当时正在俱乐部吃午饭，随即接到白宫的传唤。他当即丢下餐巾，赶去白宫接受询问。同一天，美军动员令下达。威尔逊大使马不停蹄赶往纽约会晤莱蒙托尔。莱蒙托尔此时刚刚从巴黎过来。《太阳报》宣称，威尔逊大使告诉莱蒙托尔，他必须给迪亚兹总统带条口信——六天之内废除秘密协议，否则美国将对墨西哥采取强制措施。

个中内幕之详尽具体，加之《太阳报》在新闻界的崇高声望，这让公众深信不疑——墨西哥眼看就要变成日本入侵美国的跳板了。黄祸论跟火鸡舞[1]一样流行开来，这让美国人对国境以外的威胁极度敏感。美国人心中这种特殊的敏感一直持续了很多年。

作为唯一能辟谣的当事人，威尔逊大使有没有什么不吐不快的东西？面对公众，他什么也没说。私下里，他告诉美国国务院，他根本没拿到过什么秘密协议。威尔逊大使还告诉了国务院另外一件事：《太阳报》特约记者里奇先生曾亲口向自己承认，他写这篇著名报道用的全部材料，都是由——聪明的读者应该马上猜到了——赫瓦尔特·冯·巴登菲尔德少校提供的。

明摆着，这些全是德国人编出来的。事实上，塔夫脱总统动员美军进行威慑，不是为了应对日本威胁美国本土，而是为了应对墨西哥国内持续混乱的内战局面给美国商业带来的威胁。威尔逊大使匆忙北上，塔夫脱总统采取措施，目的是希望能震慑叛乱，保住迪亚兹政权，而不是要推翻迪亚兹政权。他们根本无意入侵墨西哥，美军也没有越过边境。当然他们自己还不知道，德

[1] 20世纪早期在美国极为流行的一种舞蹈。——译者注

皇对此大失所望。

无论到底有没有过日墨秘密协议，或者冯·德·戈尔茨到底偷没偷到过这样一份协议，都是无关紧要的未解之谜。就历史意义而言，决定下一步走向的，并不是实际发生过的事情，而是人们认为发生过的事情。德国不仅成功地让美国人相信日本和墨西哥要联手对付美国，而且弄得连德国自己都信以为真。这就为后来的齐默尔曼电报埋下了伏笔。

与此同时，德皇依旧对开拓拉丁美洲的冒险梦牵魂萦。时隔不久，他再度尝试。墨西哥内战已经把迪亚兹搞得焦头烂额，这给了德皇威廉又一次机会。

3 第三章 “立即占领海关！”

“Seize the Customs House at Once!”

当领导1911年革命、推翻波尔菲里奥·迪亚兹铁腕统治的领袖——弗郎西斯科·马德罗骑着一匹白马进入首都时，贫苦大众像迎接墨西哥的圣徒和救世主降临一样为他欢呼。但是，旧的统治阶级不甘心失败，蛰伏起来积蓄力量，寻机反扑。此后不到两年时间里，马德罗一直试图将民主制度嫁接到墨西哥的封建制上去。结果，历经十天的恐怖变乱，上万人死于枪炮之下，墨西哥又重归新的铁腕强人掌控。维多利亚诺·韦尔塔将军凭借淋漓鲜血和炮口硝烟，以迅雷不及掩耳之势建立了自己的统治。韦尔塔是纯种印第安人，鼻子扁平，头型似子弹，一双谜一般的眼睛藏在一副比例极不协调的眼镜后面，白兰地酒瓶从不离手。阴谋诡计，富有耐心，寡言少语，再加一副罕见的冷静头脑，他从军队中小心翼翼地一步一步往上爬，直至手握兵权。他先后在迪亚兹和马德罗手下服役，现在他却背叛了马德罗，还将马德罗囚禁起来。统治阶级和外国老板们兴高采烈地把韦尔塔奉为他们的救世主。

韦尔塔发动政变后不过两周，1913年2月22日晚，马德罗和他的副总统皮诺·苏亚雷斯便在卫兵的押送下从遭软禁的国家宫转移到国家监狱，两人在押送途中遇刺身亡——全世界都深信，这是一场谋杀，幕后出自韦尔塔本人的命令。但是，没有任何证据能证明韦尔塔直接参与其事。

历史偏偏在这个当口让伍德罗·威尔逊就任了新一届美利

坚合众国总统。威尔逊按自己的路子行事，他同样是个圣徒，当然不是马德罗那样的救世主弥赛亚，而是马丁·路德，他要发起一场改革运动；他学养深厚，两袖清风，对自己的目标笃信不移，坚信美国选民授权他扫清那些旧有的不公正和新生的贪婪，以实现美国政治的救赎。改革是时代的要求，更是威尔逊的旗号。威尔逊挥舞着这面大旗，入主白宫后便将"新自由"理念的其他信徒任命为政府要员。其中包括威廉·詹宁斯·布莱恩，美国有史以来最古怪荒谬的国务卿。还有约瑟夫斯·丹尼尔斯，身为和平主义者却当上了海军部长。对他们而言，就跟对威尔逊来说一样，韦尔塔将军是极度令人憎恶的。随之而来，威尔逊与韦尔塔展开了长期的较量。较量中，连威尔逊自己都忍不住"偷偷羡慕"对手顽强的勇气。威尔逊在公开场合猛烈抨击韦尔塔，私下里却坦言韦尔塔是一头"有意思的畜生……他是如此的虚伪、狡猾，如此的虚张声势，却又胆量过人……他具备罕见的冷静头脑，对于自己的国家，他不可能却又确实是一个不屈不挠的斗士。"至于韦尔塔，这个沉默寡言的人，他只用简单的一句话形容威尔逊——"北边的清教徒"。

马德罗是与威尔逊本人颇似的改革总统。他遭人杀害，正在威尔逊宣誓就任美国总统前几天。这让威尔逊受到了几乎切身的刺激，心中的震撼简直无以言表。其实根本犯不着如此，近一百年来差不多还没有哪个墨西哥的统治者是善终的，但威尔逊就是感觉人家杀了马德罗像是杀了他的兄弟。这或许是威尔逊将自己的义愤也置于其中了。从1913年3月4日威尔逊入主白宫的那天起，下列念头便萦绕威尔逊心间——身为“新自由”理念的骑士，“利益至上”理念的宿敌，把韦尔塔将军这个骑在墨西哥人民背上作威作福的“篡位者”轰下台，乃是自己的“明确职责”。威尔逊认定，墨西哥应该由民意认可的政府来统治，要想办法实现墨西哥的政权更迭，以实现这一目标。

恰逢此时，加利福尼亚州通过一项禁止日本公民在该州购置或租赁土地的法案，日本因而反美情绪高涨。日本人怎么也不相信，美国联邦政府会无权废止一条州法，他们相信这一行为是对日本的蓄意侮辱。日本政府向华盛顿表示强烈抗议。一时间，太平洋上空电报往来陡然密增，紧张空气弥漫；人们预感已久的战争好像马上就要爆发了。

威尔逊此时满怀宏图大计——他要打击垄断托拉斯、拆分“联合董事会”、杜绝“金元外交”。然而，他还没来得及迈入白宫的大门，就遇上了跟日本的战争危机，还有墨西哥的复杂局势。“如果我的内阁必须将主要精力用在处理外交事务上，”威尔逊忧心忡忡地说，“那简直是命运的讽刺。”——此言既出，命运马上带着深深的恶意证明给威尔逊看，他真是低估了这个时代。

彼时又有新的谣言，说日本要跟墨西哥秘密缔结同盟。即便是具备跟威尔逊一样崇高道德标准的人，也不能在这个节骨眼儿上削弱和疏远墨西哥政府，冒将墨西哥推入日本人怀抱的风险。偏偏威尔逊自有其特殊的优点，这也正是他根本的弱点，那就是动机纯洁，只要认定便无可动摇，没有丝毫妥协和权宜。威尔逊持续抨击"那个卑鄙无耻的韦尔塔"，决定借助"不承认"这一有力武器将他从总统宝座上轰下来。威尔逊坚持不承认韦尔塔是墨西哥的合法总统，自然就鼓舞了韦尔塔的对手——卡兰萨将军的势力。当时卡兰萨已经在墨西哥北方靠近美国边境的地方拉起了一支队伍，正在向墨西哥南方进攻，地盘日渐扩大，还针锋相对地组建起了自己的政府。墨西哥变成了拉丁美洲的巴尔干，这真是吸引外国势力介入的诱人时机。韦尔塔和卡兰萨双方都从国外争取武器、资金以及各种形式的援助，墨西哥更是对一切有心调解冲突的国家敞开了大门——这些国家可都看准了，"门罗主义"已然出现裂痕，机会难得。

不止一个国家抓住了这天赐良机。日本在1913年夏天便高兴地卖给韦尔塔一大笔武器。令威尔逊更加恼怒的是，日本还邀请墨西哥派出特别外交使团访日，使团由墨西哥外交部长德·拉·巴拉本人领衔。日本天皇亲自接见了巴拉先生，这大大增进了日墨两国的友好关系。德国则盼着冲突赶紧升温。看起来风传已久的日墨同盟好像真的要成型了。墨西哥沿着太平洋有2000公里不设防的海岸线。墨西哥长达1200公里的北方边境与美国接壤，从得克萨斯一直延伸到加利福尼亚，这些土地从前可都是墨西哥的。墨西哥人同样能“记住阿拉莫”[1]。一言以蔽之，墨西哥乃是美国柔软的下腹部。

不过，威尔逊总统的心思根本不在国际战略上，他还在一门心思搞改革。卡兰萨给自己的政党选了个具有魔力的词做幌子：“宪政主义者”，结果这个词把威尔逊给迷住了。亦或是卡兰萨那一部长长的白须，让他看上去像是约翰·布朗[2]和先知以赛亚的结合体。威尔逊一见之下即认定，卡兰萨就是受压迫者的新领袖。威尔逊就这样代表墨西哥人民认定，此人正是墨西哥需要的人。不管墨西哥人民做没做好准备，威尔逊都要把民主硬塞给他们。“我的激情让我为那85%沉默的大多数而战，他们正在争取

[1] 英文为“Remember the Alamo”，1835年—1836年得克萨斯独立战争期间的著名口号。阿拉莫是得克萨斯一座边境要塞，7000墨西哥军队围攻阿拉莫要塞13天，志愿来此守城的189名得克萨斯战士宁死不屈，全部壮烈牺牲。得克萨斯宣布独立建国，以“记住阿拉莫”为口号打败了墨西哥军队。1845年这个孤星共和国加入了美利坚合众国，成为美国第28个州。阿拉莫之战作为得克萨斯独立战争中最重要的一次战役永载史册，被美国人认为是自由意志下勇气和牺牲精神的象征。作者在此暗指，墨西哥人也始终牢记着得克萨斯是美国从自己手中攫取的领土，一直有收复失地的意愿。——译者注

[2] 约翰·布朗（1800年5月9日—1859年12月2日），颇有争议的美国政治家，激进的废奴主义者，曾领导1859年10月的弗吉尼亚州哈帕斯渡口起义，向黑人奴隶制宣战，起义失败被俘后遭处决。他是美国废奴运动的精神象征，南北战争中北方军士兵曾高唱着“约翰·布朗精神引导着我们前进”的歌曲作战。——译者注

自由。”威尔逊如是说。不幸的是，这85%沉默的大多数根本分不清韦尔塔与卡兰萨之间的区别。他们藏身于自己的破屋中，或者躲进山里，只盼着两位暴君互相残杀到最后能给他们剩下一头驴子，或者一口袋玉米之类。

美国驻墨西哥大使亨利·莱恩·威尔逊向总统描绘了一幅动荡混乱且无政府状态的可怕图景，指出如果韦尔塔将军不能迅速巩固手中权力，墨西哥将深陷这样的局面。他是徒劳的，总统先生对这个也姓威尔逊的人甚为鄙夷，将其视为最臭名昭著的塔夫脱年代“金元外交”的遗老（他相信此人要对马德罗遇害负一半的责任，因为他拒绝了墨西哥总统的避难请求）。威尔逊总统干脆拒绝与自己的大使交谈。

威尔逊总统的政策同样也让欧洲各国很是不快。马德罗当总统时，欧洲各国都为自己在墨西哥的投资提心吊胆。韦尔塔发动政变，它们大为欣喜，因为韦尔塔承诺要重建旧秩序。威尔逊拒绝承认韦尔塔为墨西哥合法总统，这让欧洲各国甚感苦恼。它们一齐催促威尔逊：有必要支持一个安全而稳定的墨西哥政府。“所能出现的最好情况，就是一个独裁者可以尽快稳定秩序，发展经济和教育。”布莱斯勋爵如此建议。虽然身为英国驻美大使，但他的建议并非仅仅符合英国的利益，不该被漠然无视。德皇说得更言简意赅。“道德，”他说，“固然很重要，但关利益什么事？”

只可惜，威尔逊完全不为所动，一定要实现自己的目标——将“那个自封为墨西哥总统的家伙”赶下台去。尽管已经有十六个国家承认韦尔塔是墨西哥合法总统，但韦尔塔在威尔逊心中依然是政治原罪的符号，是一尊将墨西哥人拖入堕落、让“金元外交”被奉为圭臬的“金牛犊”。威尔逊本人以西奈山间遵从耶和华之圣召的摩西自命，一定要摧毁韦尔塔这尊邪恶的偶像。

让这场冲突快速激化到顶峰的因素，是石油。当时在世界范围内，各国海军刚刚完成由以煤炭为燃料到以石油为燃料的转变。墨西哥的石油供给量占全球石油需求量的四分之一。墨西哥的石油供应掌握在一个人手里——考德雷勋爵。此人实际上也掌握着英国皇家海军的全部石油供给。随着和平的希望一分一秒流逝，当最后关头来临之际，英德两国的海军军备竞赛达到临界点。英国皇家海军依赖于墨西哥的石油，而英国依赖于皇家海军。考德雷勋爵忙得完全不眠不休。他的朋友，英国驻墨西哥大使莱昂内尔·卡登爵士，却因英国政府拒绝承认韦尔塔为墨西哥合法总统而沮丧不安。他明白，要实现英国的利益，就得承认韦尔塔。他游说伦敦承认韦尔塔，伦敦则游说华盛顿承认韦尔塔。威尔逊却只是让自己立场更加强硬，绝不肯动摇。他对待英国大使的态度跟对待本国大使的态度一样，冷淡而厌恶。威尔逊再看莱昂内尔爵士背后的考德雷勋爵，简直像一头若隐若现的魔怪，无论走到哪里，地上都能拖出一串油迹斑斑的足印。

不过，英国意识到，目前最迫切的是考德雷勋爵与皇家海军的合同，这比威尔逊总统要解放墨西哥劳苦大众的激情更具说服力。5月3日，英国政府宣布承认韦尔塔将军。就在这个节骨眼儿上，日本再次愤怒地抗议加利福尼亚州的排外法案。威尔逊险些就要压不住心中的火气。总统还能沉得住气，陆海军联合委员会[1]沉不住气了。美国军方自行下令，将五艘巡洋舰从中国调往马尼拉，同时建议总统授权立即将太平洋舰队调往夏威夷，并派出两艘军舰前往巴拿马。突然调兵的消息为媒体获悉，这让全美国顿时紧张空气弥漫。总统一怒之下解散了陆海军联合委员会，结果就是整个1914年和1915年大半年美国都没有陆海军联合委员会。

那时人人都谈“黄祸”色变。海军部长丹尼尔斯抱怨，他的舰队司令官们“彻夜不眠地思考，日本如何策划对美开战，如何对美先发制人，定是要先拿下菲律宾群岛再占领夏威夷”。这些老一辈的海军将领们居然提前二十年就想到了日本人会有偷袭珍珠港的计划，这至少说明他们是相当清醒的。不过，丹尼尔斯——用他自己的话说——对海军将领们“强迫症一样的想法”非常反感。总统也将这样的想法视为“低级趣味”，他正忙于安抚日本人的情绪，维护两国间的和平。

在墨西哥问题上，威尔逊的努力毫无进展。反美情绪不断

[1] 美军参谋长联席会议的前身。——译者注

高涨，促使威尔逊的政策进一步强化。在墨西哥有投资的美国各大型财团递交给威尔逊一份备忘录，催促美国政府，在韦尔塔和卡兰萨均保证举行自由选举的条件下承认韦尔塔，“倘若是由英国和德国帮助墨西哥摆脱困局，美国在该国享有的威信必将丧失殆尽”。

仅此一次，威尔逊先生暂时停下了脚步，倾听别人的意见，而且差一点就采纳了意见。他步子迈得不小，按照财团的建议向韦尔塔发出了明确的信息。但是，等到真要签署文件承认“那个无法无天的畜生”时，他把文件在手里翻了一遍又一遍，就像手里捧着一杯苦药。如果威尔逊这时一口将这杯苦药喝下肚去，美国历史上就不会有后来血洗韦拉克鲁兹的污点了。

不过，此时威尔逊被更契合自己偏好的建议打动了。威廉·巴亚德·黑尔，就是那位在访谈中被德皇大倒胸中秘辛的美国记者，又一次影响了历史。早在1912年，由于在报道中多次为“新自由”理念摇旗呐喊，黑尔被选中在竞选时为威尔逊撰写传记。威尔逊总统对黑尔的才华印象深刻，于是派他前往墨西哥，替自己秘密观察该国的真实情况。黑尔对墨西哥的情况一无所知，派他去墨西哥只是威尔逊的一条妙计。黑尔只须去墨西哥浮光掠影地看一眼，然后向威尔逊总统汇报总统想听到的东西：韦尔塔不啻为一个魔鬼撒旦，他的统治长不了，而威尔逊大使竟然还请这个撒旦吃饭！好吧！威尔逊丢开这杯承认韦尔塔的苦药，另派密使给韦尔塔带去一封信，告诉韦尔塔——在即将到来的选举中，你必须退出竞选。至于美国此举，威尔逊写道，乃是“从墨西哥的利益出发，为墨西哥提出的忠告”。

有如昔年的克伦威尔大战英国骑士，威尔逊自命为正义的，韦尔塔则是反动的。威尔逊的真正追求乃是彻底终结墨西哥人民长年来遭受的压榨剥削。但是，他向邻国的元首发出这般威胁，这是欠考虑的，且根本无法奏效。韦尔塔尽管也不是什么好人，但毕竟掌握一国之权柄。他身为阿兹特克人的后裔，满心高傲。韦尔塔对威尔逊建议的回应干净利落，明白无误——他派兵突袭了墨西哥议会，逮捕了110名议员，然后将已不足法定人数的议会解散。按照事先计划，数周之后选举如期而至。韦尔塔将军顺理成章地宣布，自己当选为墨西哥总统。

威尔逊一直坚信，终有一日墨西哥会成为一个现代民主国家，尽管目前该国的政治发展水平也就相当于围攻巴士底狱前的法国。此次韦尔塔竟悍然下手逮捕议员，威尔逊深感震惊。威尔逊将这一行为看作对他本人的侮辱，“只能将其视为针对美国的背信弃义”。美国驻伦敦大使沃尔特·海恩斯·佩奇报告称，英国国内对威尔逊在墨西哥问题上所扮演的“道义”角色压根儿没有丝毫赞赏，这让威尔逊更加难受。愤怒之下，威尔逊索性公开宣布，将这个篡权者封杀出局，而且采取“必要手段以达到这一目标”，乃是自己的“明确职责”。

威尔逊被愤怒冲昏了头脑，落入了孤立无援的境地。现在英国人要给他一点抚慰。出身自由党的英国外交大臣爱德华·格雷爵士对威尔逊在墨西哥问题上的政策立场多有不满。他向华盛顿派去了一位特使——威廉·蒂勒尔爵士。这位蒂勒尔爵士战胜了威尔逊对自己的怀疑，和他进行了坦诚的对话。蒂勒尔爵士回国后谈到了许多对威尔逊的印象，一份报告中如此记载：当被问及他在墨西哥问题上的政策究竟是什么时，威尔逊断然回答："我要教那些拉丁美洲的共和国都选好人当总统！"

蒂勒尔回国后不过几周，威尔逊突然欣喜若狂——他听说自己极度厌恶的那个莱昂内尔·卡登爵士调任他职；还有那个考德雷勋爵，按照佩奇的报告，也撑不了多久了，"正要卷铺盖走人"。出现这一可喜的变化，不是因为英国一转念间变得道德高尚起来了，而是因为爱德华·格雷爵士有求于人，亟需威尔逊强有力的支持：英国希望美国对其取消巴拿马运河的通行税。格雷根本不相信，就凭韦尔塔和卡兰萨两人还能在道德上分出个高下。但他看得分明，英国方面支持韦尔塔，就得冒跟威尔逊为敌的风险，完全不值当；倒不如支持那个跟韦尔塔一个模子里刻出来、顶多换了个名字的家伙。于是乎，英国政府以高姿态召回了莱昂内尔爵士，威尔逊随之以高姿态请求国会取消巴拿马运河通行税。按照正人君子的理解，所有这一切可都是出自最崇高的道德准则。

韦尔塔将军深邃的目光始终隐藏在那副比例不协调的大眼镜后面。英国人要抛弃他了，这意味着什么，韦尔塔不需要别人提醒，自己心知肚明。1914年2月，威尔逊因英国人最近对自己的道义角色大加赞赏而洋洋自得，他干脆解除了对卡兰萨的武器禁运。韦尔塔清楚，自己到了生死存亡之秋。绝境之中，偏偏有人对韦尔塔伸出了援手。德国人看到了插手美洲的契机。德国公使冯·欣茨海军上将前来拜会韦尔塔，提出愿意向其提供军事援助以打击叛军。条件是，一旦战争爆发，韦尔塔要切断英国海军的石油供应。此后一连数天，汉堡港内货船甲板上的桅杆起重机忙个不停，装满步枪和其他军火的大板条箱塞满“派瑞加”号、“巴伐利亚”号和“塞西莉亚公主”号的货仓。这些船的目的地，正是墨西哥韦拉克鲁兹。

恰逢此时，又一艘船进入了我们的视线。这便是美国海军上将梅约的旗舰，正停泊在墨西哥的坦皮科的“海豚”号。4月6日，从“海豚”号上驶出一艘小炮艇，搭载7名水兵和1名军需官上岸去采办补给。此时坦皮科处于军事管制的状态之下。一名忠于韦尔塔的墨西哥下级军官严格执行禁止任何船只靠岸的命令，将这伙美国人尽数逮捕，押送到上级军官那里。上级军官眼见足能挑动美国人开战的借口就这样活生生自己走进了禁闭室，吓得他赶紧下令把这些美国人礼送回“海豚”号。一路之上，有位墨西哥军官紧紧跟在这些美国人屁股后面，一路解释这是个误会，低声下气地向他们转达坦皮科当地驻军司令官的歉意。

然而，梅约上将笃信，要挽回美国的声誉，墨西哥方面起码得给出鸣二十一响礼炮级别的官方道歉，以及惩办肇事军官。梅约上将限墨西哥方面在二十四小时内答复。先斩后奏完了，他才向华盛顿方面报告。连事情是怎么发生的都搞不清楚，美国政府便猝然发现自己陷入了一场危机。无论威尔逊、布莱恩还是丹尼尔斯，一时之间都想不出，如果韦尔塔拒绝道歉，事情该如何收场？最后通牒限定的时间到了，根本没人向美国国旗鸣礼炮致歉。坦皮科事件一夜之间上升到了国家声誉的高度。局势脱离了外交所能控制的范畴，电报往来简直要在空气中擦出火花，美国军舰着急忙慌地涌进墨西哥湾，更强硬的最后通牒如冰雹一般稀里哗啦砸到韦尔塔脑袋上。韦尔塔拒绝道歉。为什么要道歉？韦尔塔以讥诮挖苦而剑走偏锋的逻辑反问，美国根本就不承认墨西哥政府，还怎么能要墨西哥政府向它做出官方道歉？别看韦尔塔快要输了，前景一片灰暗，对手十倍强大于他，但他还是用一场接一场的嘴仗努力腾挪闪避，拖延时间。最后，威尔逊惊觉自己无路可退，他已经把自己捧到了维护国家声誉的崇高层面，不打上一场战争，实在是下不来台了。

虽然威尔逊心中两相权衡不下，但事实上，他盼着能有这样的机会将独裁者韦尔塔轰下台，如他所愿解放墨西哥人民，实现民主化。他惧怕动武，自己却伸手去摸抢。他以个人名义向韦尔塔发去最后的最后通牒，答复的最后期限定在4月19日晚6点。倘若韦尔塔拒绝美国的要求，美国将以军事手段对墨西哥进行制裁，封锁并占领墨西哥最大的港口城市韦拉克鲁兹。美国武装部队已经接到命令枕戈待旦。6点已过，韦尔塔没有给出答复。不过，当夜威尔逊按兵不动。

第二天，4月20日，整整一天华盛顿一片喧嚣与骚动，传言满天飞，报纸头条充斥着火药味儿。上午十点半，威尔逊召集内阁会议。威尔逊告诉内阁成员，他下午将提请国会通过决议，授权使用武力占领韦拉克鲁兹。尽管威尔逊，不用说，对向国旗致歉本身全然不关心，但他却把所有问题都归根于此，让所有人都感觉非常不舒服。至于总统先生本人，用一位内阁成员的话说，简直是“烦躁不安”。会议结束时威尔逊提议，如果在座各位都相信祈祷，他将在做出“可能将国家拖入战争”的决定之前先做一番祈祷。接下来，威尔逊又干了一件自相矛盾到大家无法理解的事情：他告诉等在内阁会议室外面的记者，“任何情况下我们都绝不会与墨西哥人民为敌”。

内阁会议后不久，威尔逊接到美国驻韦拉克鲁兹领事发来的电报：“派瑞加”号货船即将靠岸，据信船上运的是援助韦尔塔的武器。下午2时，威尔逊会见四名参众两院领袖，向他们宣读了自己希望能在国会获得通过的决议案。他要求获得合法授权使用武力，以确保纠正针对美国的“侮辱和不敬”。威尔逊还告诉国会领袖，他希望能拦截德国货船。不过，一小时后他亲自前往国会大厦提请通过议案，并未提及“派瑞加”号。使用武力仅仅是为了让墨西哥按照陈旧的礼仪规程道歉，以挽回美国的声誉？国会就此进行了辩论。很多议员简直为这种理由感到脸红。辩论在紧张的气氛中开始，火药味儿越辩越浓。下午6点，威尔逊火急火燎地赶回国会参加闭门会议。到夜幕降临时，什么决议也没能达成。整个华盛顿睡在了一根点燃的导火索上。

现在最后通牒已经过期二十四个小时还多了。按照宪法，威尔逊其实不需要国会的授权，但是他依然饱受优柔寡断之苦，没有采取行动。威尔逊渴望对韦尔塔扣动扳机，但是他面临的局势实在是紧张而微妙。即便是金元外交时代的那些外交官，一个个对操纵拉丁美洲事务得心应手，遇到这样的局势都可能会犹豫不决。更遑论威尔逊，难免临阵退缩。而运送武器的德国货船进港，让接下来的局势进一步复杂化。

4月21日，正是黎明前的寂静时分，刺耳的电话铃声如一根钢针扎破了美国总统的睡梦。威尔逊自黑暗中强打精神醒过来，抓起听筒，里面传出了国务卿布莱恩的声音。布莱恩的电话是从自己位于卡洛美特普莱斯的家中打来的，打电话时还穿着睡衣。又一个声音从电话中传了出来，是海军部长丹尼尔斯。他也刚从床上起来，匆匆用第三条线路接了进来。白宫楼下，总统秘书约瑟夫·图穆蒂也穿着睡衣，用电话分机旁听。

"总统先生，"布莱恩说道，他让自己那名声在外的嗓音听上去严肃凝重，以契合这场午夜的危机，"我很遗憾地向您报告，我刚刚接到一份电报，是从韦拉克鲁兹发来的。'派瑞加'号将于今天上午十点进港靠岸。"

"什么？啊，知道了，知道了。继续讲，布莱恩先生。"

"电报是我国驻韦拉克鲁兹领事威廉·坎纳达发来的。他在电报中称，'货船"派瑞加"号，隶属汉堡—美国航运公司，将于明天到港，船上装有从德国运来的200挺机关枪和1500万发子弹；该船将停靠在4号码头，十点半开始卸货'。坎纳达领事同时还汇报，有三列火车已经加足了煤等在码头上，准备装载军火，而且车皮一装满就马上开走。韦拉克鲁兹当地驻军司令官马斯将军则宣布，'他明天不会开战，但是将留下全部士兵和铁路车辆来为自己断后'。"

"您明白这意味着什么吗，布兰顿先生？"踌躇不安之下，总统的声音都磕巴了起来，"丹尼尔斯，您在吗，丹尼尔斯？您对此有什么看法？"

"不能允许这些军火落到韦尔塔手里。"丹尼尔斯回答，"我可以给海军上将弗莱彻拍电报，要他阻止货船进港，并拿下海关。我认为这势在必行。"

电话中一时沉默了。三位通话人都在各自的房间里，只凭手里握着的电话与另外两人联系，他们都感到重大的决定必须由总统本人做出。接下来，沉默被打破了。“丹尼尔斯，”这是总统的声音，“给弗莱彻上将发电报，命令如下：立即占领韦拉克鲁兹！”这场黎明前的电话会议，历史上称之为“睡衣会议”，拉开了美国入侵邻国的序幕。

海军部大楼中亮起一盏灯。几分钟后，海军部长的电报就通过夜晚的电波拍发给了韦拉克鲁兹外海的弗莱彻上将：“占领海关。阻止战争物资落入韦尔塔政府或其他人手中。”

第二天，威尔逊在屋里焦急地踱来踱去，跟布莱恩和丹尼尔斯一道等待消息。布莱恩面色苍白，坐立不安；丹尼尔斯神色低迷，无心高谈阔论。国防部长加里森、国务院参赞罗伯特·兰辛跟他们一起坐等。与此同时，国会大厦里人人一头雾水。议员们在满腹怒气和质疑中就决议进行辩论。决议的内容是批准总统在半夜采取的行动。威尔逊的行动实际上是将美国拖入了一场战争。而对于美国公众来说，看上去仅仅是美墨双方就鸣礼炮道歉这一“中世纪的繁文缛节”略有争执，美国就对人家开战了。

已经是上午八点半，弗莱彻上将的旗舰用旗语向“派瑞加”号发出警示信号，封锁了“派瑞加”号的航线，迫使其返航。三个小时之后，美国海军陆战队员和水兵登上韦拉克鲁兹海岸，占领了海关和铁路调车场，查扣了铁路车辆和电缆设施，控制了电报局和邮局。

接下来发生了令美国人追悔莫及的祸事：墨西哥人开始抵抗

了。墨西哥人怎么知道，这些端着刺刀跑来跑去的水兵真如威尔逊所说，来墨西哥是“为全人类尽责”的？一群墨西哥军校学员用石头垒起一座工事，向入侵者开了火。抵抗的信号将人民鼓动了起来，愤怒的墨西哥平民纷纷从楼上的窗户里向外开枪射击。作为还击，美国海军的“普里雷”号军舰炮轰了这座城市。残垣断壁间溅满了鲜血，大街上伏尸遍地。

“我方4人死亡，20人受伤，领事馆周围到处都有交火。”下午四点，坎纳达领事给白宫焦急等待的众人拍发了这份电报。待到完全占领韦拉克鲁兹之后，完整的伤亡数字才统计出来。19名美国人和126名墨西哥人死亡，71名美国人和95名墨西哥人受伤。

不可挽回的伤亡摆在威尔逊面前，使之震惊。第二天面对媒体时，如一位记者回忆的那样，威尔逊看上去“脸色煞白，几与羊皮纸无异——那些美军水兵和陆战队员因他的命令而死，这有如病痛一般折磨着他”。这场悲剧的最要命之处，是丢尽了美国的脸。甚至外界的谴责声还没传到华盛顿，德国人先向美国国务院提出了抗议。

冯·伯恩斯道夫伯爵阁下头戴小礼帽，身穿珍珠灰的常礼服，佩戴灰珍珠领带夹，亲自拜会国务卿，抗议美国强行截停“派瑞加”号，不经宣布就实施了封锁或开始了战争。恭恭敬敬地将伯恩斯道夫伯爵送走后，布莱恩先生心急如焚地咨询自己的法律专家。大家急忙翻阅了国际法先例，结果很不幸——德国大使是对的。布莱恩国务卿似乎就喜欢有个机会能展示基督徒的谦逊，于是他马上亲自向德国大使道歉。一方面布莱恩将自己国家的尴尬暴露于人前，另一方面他却将全部责任都推给了弗莱彻上将，以撇清自己。布莱恩说，“（弗莱彻上将）错误理解并越权执行了命令”。美国方面使出全部力气进行公开道歉——因为布莱顿先生倾向于采用外交手段，要表现得像布道会上的忏悔者一样——他还要让外界都清楚，道歉乃是“出自总统的指示”。他本人已经向德国大使做出了解释，进行了道歉；弗莱彻上将也被勒令亲自去拜访“派瑞加”号的船长，做出类似举动。海军部长丹尼尔斯对道歉这种事没那么大兴致，但也被迫去通知一脸困惑的弗莱彻上将接受道歉任务。

德国人对外声称，“派瑞加”号上的军火要运回汉堡港。其实，德国人趁美国方面的注意力都在韦拉克鲁兹之机，悄悄命令“派瑞加”号沿海岸线一路南下，前往墨西哥港。很快“巴伐利亚”号与“派瑞加”号会合，“巴伐利亚”号上搭载有180万发子弹和8327捆带刺铁丝网。两艘船悄无声息地将全部货物都送到了韦尔塔的军队手里。不管是要迫使韦尔塔向美国正式道歉，还是要阻止德国武器流入韦尔塔之手，美国付出了19条人命的代价。现在，恐怕是无法回避这样的结论——这些人全白死了。

德国人就这样尝试着插手拉美事务，其结果令他们陶醉不已。“墨西哥乃是上帝赐予我们的。”伯恩斯道夫伯爵私下里写道。德国《今日报》（Der Tag）分析，美国很快将吞并墨西哥，这将促使整个拉丁美洲挺身奋起，团结起来推翻美国佬的奴役和压迫。德国正好可以趁虚而入。《今日报》预言，美国将在墨西哥的山地和丛林间陷入一场战争，这场战争至少要持续五年之久。“日本的干涉不仅仅只是一种可能。”《今日报》如此断言，甚至描绘出一幅欢乐的图景——日本军队在墨西哥海岸登陆，一路杀向加利福尼亚。

事实上，韦拉克鲁兹事件的确激起了德国人盼望的反美情绪。从南美洲旅行回来的美国人都说，南美人民对美国的敌意正在沸腾。只可惜，德国没能坐收渔利，原因很简单——这年仲夏，奥匈帝国皇储在萨拉热窝遇刺身亡。

德皇不屈不挠，乐观一如既往，并不因发生在萨拉热窝的不幸事件而改变初衷。他依然想要抓住德国向拉丁美洲扩张的黄金时机。德皇还是用自己驾轻就熟的个人外交手段，派出特使前往伦敦，邀请英国与德国联手，阻止美国将征服墨西哥的计划变成事实。“我已做好准备，给贵国最高级别的官方保证，”德国特使向目瞪口呆的英国外交部转述，“如此，贵国和我国各自在墨西哥划定势力范围将毫无困难可言。”想想看，此时已是1914年7月，德皇的提议如此怪诞不经，只招来英国人傲慢的目光。

威尔逊总统对这些一无所知。他心里已经够难受了。茫然无助之下，他在韦拉克鲁兹死难者葬礼上向全国公众发表讲话：“我们介入墨西哥局势，乃是为全人类尽职尽责，前提是我们能找到为全人类尽职尽责的方法。我们不是要与墨西哥人民为敌。如果可能，我们还要为墨西哥人民尽职尽责。”不过，私下里写信给朋友时，他写道，“我盼着从墨西哥赶紧撤出来”。

威尔逊又一次如有神助。南美洲的“ABC”三强国——阿根廷（Argentina）、巴西（Brazil）和智利（Chile）适时提出斡旋。威尔逊和韦尔塔接受了基本相等的让步条件。但是，对于韦尔塔来说，一切来得太迟了。韦拉克鲁兹事件对韦尔塔是一记重创，他的统治再也无法恢复如初。不久，卡兰萨率军打进首都，推翻了韦尔塔。韦尔塔运气比马德罗要好，他得以流亡海外，就像迪亚兹一样，他坐上了一艘德国船。7月17日，德军“德累斯顿”号巡洋舰舰长科勒上校率舰上全体军官，在墨西哥港的火车站台上醒目地盛装列队，迎接这位失势的独裁者，护送他上船。迪亚兹在流亡中死去，但韦尔塔将军跟他不一样，他还会回来的——跟德国人一起回来。德国人隐藏在韦尔塔背后，始终觊觎着墨西哥。

8月1日，韦尔塔抵达西班牙。此时，正值第一次世界大战爆发前三天。

The Third Partner –Japan

第四章 第三方——日本

4

1914年9月的一天，战争已经爆发一个月，一个美国人在纽约街头与一位旧相识不期而遇。上回见到此人，还是在墨西哥城的一次外交宴会上，那时此人身佩绶勋，华丽夺目。美国人正要跟此人打招呼，却见对方竖起手指贴上嘴唇，默然瞥他一眼，“匆匆消失在华尔街和纳苏街的街角”。身为声名显赫的外交家，这般鬼鬼祟祟实在显得有些可疑。这位美国人的旧相识，正是德国驻墨西哥公使保罗·冯·欣茨海军上将。欣茨现身华尔街，德国人由此开始了一场了不起的冒险。德国希望拆散协约国，让同为君主制国家的日本从协约国中退出去。半年之后，冯·欣茨跟三个国家的秘密情报机构斗智斗勇，最终成功赴任驻华公使。德皇亲自点选他来负责这一任务——说服日本改换阵营。

按照德国人制定的时间表，欧洲战事原本是要速战速决。谁料想，法军在马恩河顽强抵抗，不惜用成队的普通民用出租车将援兵源源不断从巴黎运来前线。如此，德军的锋芒被挡住了，时间表被打乱了。11月，英法军队在伊普尔拼死作战，阻止了德军向法国运河港口推进的企图，让德国人的时间表成了一纸空文。此战过后，当年克劳塞维茨鼓吹的“速决战”破产，德国人速战速决的一切希望全部落空。德国的作战方案原本是这样：趁俄国能有效动员起来之前，先快速推平法国，避免陷入两线作战。如今，这份方案算是被遗弃在了法兰德斯那横尸无算的沼泽地里。

从此，西线战事被牢牢钉死在阿尔卑斯山到运河的堑壕线上。双方轮番倾泻炮弹，组织冲锋，反复进行着毫无意义的进攻，盼着能打破僵局。

于是，在德国人的战略大计中，削弱协约国成了当务之急。美国、日本和墨西哥三国为此陡然重要起来。德国人暗暗定下两个目标。其一，切断美国为协约国提供战略物资的补给线。具体手段是将美国拖入跟墨西哥或日本的全面战争，让美国自顾不暇。最好是能让美国跟这两国都开战。其二，诱使俄国的旧仇日本自协约国一方转投德国的阵营，由此恫吓俄国退出战争。

日本已于8月9日对德宣战。别看参战时间比协约国阵营中其他国家都短，日本在战争中捞到的甜头却比其他国家都多。1914年11月7日，日本出兵青岛，抢到了德国人的军港和租借地。日本继续下手，将德国在太平洋的属地岛屿一一收入囊中——雅蒲岛、特鲁克岛，还有马绍尔群岛和加罗林群岛的其他岛屿。这些岛屿的名字在下一次世界大战中变得世人皆知。拿下这些地盘，日本的交战行动就此止步。

德国不由这样想：日本的贪婪掠夺只是天性，只可惜站错了队。从精神层面上来讲，日本该跟德国是一伙的。德皇始终难下决心，是该将日本视为“黄祸”而与之开兵见仗，还是将日本视为“东方的普鲁士”而与之携手并肩。不过，像目前这样的非常时期，必须采取权宜之计。所谓权宜之计，便是与日本结盟。如此不但可以牵制俄国，还可以威慑美国。用墨西哥固然可以制造出牵制美国的良机，但是如果墨西哥能跟美国另一个天造地设的敌手日本结盟，则它对美国的牵制作用将不知强上多少倍！

一切绝非巧合。这些理论成型于一位熟悉墨西哥的外交官脑中。这是一位机智果断的驻外使节，也是德皇本人的知交，鲁登道夫的朋友，曾任俄国沙皇的副官。此人又是海军高级将领，还是未来德国外交大臣的不二人选。命运注定要此人在德意志帝国最终崩溃的那个月里，为德皇安排退位事宜。他就是冯·欣茨。还在墨西哥城时，这位蓝眼睛、不留胡子的外交官便被认为是外交界的温和派。内心深处，他其实还是一位热血燃烧的大德意志主义者，一位容克贵族，从不怀疑德意志军国主义的神圣权利。不过，欣茨以温和友善的态度掩盖自己身为德国人的傲慢。他甚至一度通情达理地建议本国，不要枪决艾迪丝·卡维尔小姐[1]，只需判其监禁即可。欣茨才智过人，学富五车，通达干练，能说一口没有口音的英语。他显然跟所有普鲁士人一样，心中藏着那点想成为英国绅士的小小渴望。欣茨穿衣打扮都是无可挑剔的英

[1] 第一次世界大战时期的英国护士，德军占领比利时后负责护理被俘的协约国军队伤员，曾冒险协助数百名伤员逃走，后遭德军逮捕，被军事法庭判处死刑。她被协约国方面视为女英雄，至今在伦敦和巴黎等地都有她的塑像。——译者注。

国派头，除了有一点不一样——一位美国外交官的夫人注意到，他戴着一枚紫水晶的大戒指。

冯·欣茨早年曾在一个著名的场合与美国人起过冲突。那是1898年，他还是一名“能力上佳、机智老练的年轻海军军官”，在冯·迪德里希斯上将的太平洋舰队服役。当时马尼拉湾局势紧张，欣茨奉上级之命去向美国海军的杜威上将传达一份带有挑衅意味的通知。据说，欣茨完成任务回来向上级报告时，将杜威上将那脸红脖子粗的咆哮模仿得惟妙惟肖：“要是你们司令官想要开打，我现在就跟他打！”迪德里希斯上将向德皇建言，不值得为菲律宾而打一场战争。所以仗终究没打起来。

事后，冯·欣茨调任驻圣彼得堡海军武官。他在圣彼得堡待了七年，其中一段时间被德皇本人指派为自家表弟尼基的副官。1911年，欣茨回国就任德皇的侍从武官。翌年，他被任命为德国驻墨西哥公使。韦拉克鲁兹事件后，正是他代表德国方面向韦尔塔提供了援助。作为回报，韦尔塔答应一旦战争爆发便切断英国的石油供应。明眼人都能瞧出来，这场危机中德国、墨西哥和日本三国自然而然走到了一起。韦尔塔将军一度要求日本在华盛顿替自己代言。虽然日本婉言拒绝，但美国和欧洲的媒体都连篇累牍大谈特谈这样的前景：一旦墨西哥和美国之间爆发战争，日本定将站在墨西哥一方介入这场战争。

带着这些想法，冯·欣茨赴华上任，与日本建立联系。不过，第一步他要先到得了中国。欣茨从墨西哥离任时，并不想去远东。当时战争刚刚爆发，他想回海军继续服现役。然而，他将自己的打算公开讲了出去，因此无法再以外交人员身份获得安全通行证，只能自己想办法悄悄溜回国。这正是他鬼鬼祟祟出现在华尔街的原因。冯·欣茨假扮船上的侍者，搭乘“挪威人”号邮轮横渡大西洋。一路之上，他收敛起考究的生活品味，与脏碗碟和难闻的气味儿为伍，丝毫没有露馅。途经伦敦时，他偏要逞逞英雄，下船来了趟伦敦一日游，英国人没有半点觉察。欣茨继续登船，经鹿特丹回到了柏林。德皇陛下听冯·欣茨讲述完他的冒险传奇，当即说道：“你能做成一次，就能再做一次。我要派你去中国。”

那时北京政府严守中立，北京城中尽是各敌国的外交使节。若有需要，可以小心谨慎予以会晤。除了欣茨，还有谁更适合当此重任？——他经验丰富，掌握有关俄国和墨西哥细致的一手认知，而日本对这两个国家都深感兴趣。除此之外，欣茨有海军军官的身份，这对日本人应该也有一定吸引力。不过，他该怎么去北京？他当然不可能取道俄国。前往中国的海路在日本控制之下，要取道美国和太平洋一定会遭遇日本人的两面包夹。

冯·欣茨海军上将生性不惧挑战。柏林方面替他请求美国政府，代为从日本方面申请外交人员的安全通行证。但是，冯·欣茨不愿耐着性子等答复。答复还没来，他已然穿越美国来到了旧金山，买票登上了一艘美国的邮轮。此时，日本大使的答复到了：大日本帝国政府当局遗憾地通知您，对于为冯·欣茨海军上将发放安全通行证的请求，实在无能为力。不知出于什么原因，布莱恩国务卿一周之后才将这一消息通知德国。不过，冯·欣茨在旧金山就得到了信儿。他退掉了自己买的美国船票，这艘船在前往上海途中要经停三处日本港口。然后，他就从外界的视野中消失了。

与此同时，德国方面极力渲染“黄祸论”，企图恫吓美国不要出兵。整个1914年冬天，美国驻柏林大使吉拉德的官邸几乎被德国高层人士踏破了门槛。这些人日日登门拜访，向他透露日本的严重威胁，向他转交一份份机密情报。情报显示，墨西哥遍地是日本军队官兵，美国处处有日本间谍潜伏。德国驻华盛顿使馆的新闻专员布劳恩·冯·舍恩原本在东京任职，日本加入协约国后他才转到美国。9月份刚一赴美，舍恩就公开宣称——日本国内的仇美情绪弥漫，加之日本人的亲墨西哥情绪强烈，战争恐怕“无法避免”。此人大肆鼓吹，惹得美国总统向德国方面提出——这位先生不应在美国继续待下去，调他回国“不仅是合适而有利的，更是必须而迫切的”。舍恩走了没几天，谨言慎行的德国外交官菲尔博士来接替他的位置。他此前也在东京任职，是德国驻当地的商务专员。他虽受权主管德国使馆的新闻事务，却拒绝接受媒体的采访。美国军方情报部门在报告中称，菲尔博士“与日本沆瀣一气，煽动破坏美国和墨西哥的关系”。几周之后，美国西海岸谣言翻沸，说日本军队在墨西哥登陆了。过了很久，美国海军情报部门搞到一位德国将军的日记，才发现这些谣言的源头乃是德军“盖尔”号巡洋舰。“盖尔”号为躲避英国海军而停泊在珍珠港里，正是舰上人员利用无线电发送了这些谣言。每当发报时，舰上乐队便演奏午后音乐会，盖住发报的声音。

下一个登场的角色借助赫斯特通讯社[1]的渠道，炒红了“黄祸论”。此人是路德维希·斯泰因教授，号称德国著名的东方学泰斗。此君警告美国人：“今天，由于巴拿马运河，你们在地理位置和道义角色上成为了替白种人抵挡黄种人的桥头堡。你们肩负重任——阻止东方的入侵。”这话与当初威利跟尼基说的如出一辙。

不过，在这些真假混杂的恐慌和谣言里，的确有一些是事实。1914年12月，冯·欣茨尚在去远东赴任的路上，一位日本海军的舰长访问了墨西哥城。彼时墨西哥城在潘乔·维拉将军的占领之下，他刚刚推翻了卡兰萨政权，正处于权力的巅峰。维拉留下了一张著名的照片——他四仰八叉倚在代表权力的黄金宝座上，脸上带着得意的笑，仿佛在说：“看看坐在这儿的是谁？”

[1] 美国著名国际通讯社，今赫斯特集团的一部分。——译者注

也就是从这时起，威尔逊抛弃了对卡兰萨的幻想，转而支持维拉。看起来这个雄心勃勃的土匪头子很快就能控制整个墨西哥。日本特使询问维拉将军，假如日美开战，墨西哥将是什么态度？日本特使接着又说，如同维拉对自己的好友，驻守边境的美军将领、后来的美军总参谋长休·斯科特将军讲过的那样，日本恐将迫不得已与美国开战；美国已经为与日墨两国开战做了三年准备，看来还要再准备上两年。日本特使说这些，是有意试探日墨两国联手的可能性。维拉正沐浴在美国人温暖的友谊之下，并不知道用不了几天美国人就会将这友谊收回去。他告诉日本特使，自己的军队始终与美国站在同一立场上。无论美国与谁开战，他都将追随美国。

日本特使的提议是真的，墨西哥的地理便利也是真的。按照美军总参谋部拟订的计划，假如日本真的入侵美国本土，一定是取道墨西哥，攻入密西西比河谷地，将美国拦腰斩断为两截。墨西哥的铁路网每隔固定距离就有一站，交会于美国边界；太平洋沿岸和墨西哥湾沿岸各有一个终点站。要入侵美国，用这套铁路系统来运输军队和补给物资堪称完美。“任何一个欧洲国家和亚洲国家的总参谋部，只要研究过与我国开战的可能性，”潘兴将军的一位参谋如是说，“都会认识到同墨西哥结盟的巨大好处。”

这一边，日本特使心中暗藏玄机，前来拜会维拉将军。另一边，一艘不是定期出航的挪威邮轮“克里斯蒂安·鲍斯”号驶离了旧金山，锅炉轰鸣一路向西，缓缓穿越了太平洋战云密布的辽阔海面。1915年1月9日，船到上海。一位旅客下了船，入住礼查饭店[1]。入住登记时，他留下一行端庄的亲笔签名——“V. 海因茨先生”。上海滩的酒吧里很快就传开了——那位端庄正派的绅士竟然给了克里斯蒂安·鲍斯”号船长价值一千美元的黄金，让他不要经停任何日本港口，直航中国。人们刚想起问问这位端庄正派的绅士究竟是谁，他却已经悄然消失。一周之后，保罗·冯·欣茨海军上将出现在北京。他将姓氏从非贵族所用的“V”改回了视若珍宝的“冯”（Von），以德国驻华公使身份递交了国书。

欣茨对自己接洽日本的任务感到乐观。他完全同意德皇和柏林其他重要智囊的看法——日本与协约国方面的联盟脆弱不堪。事实上，的确如此。由于缺乏真正的利益一致性，这个联盟只是徒有其表。日本加入协约国，为的是攫取觊觎已久的亚洲大陆。日本参战之初，中华民国大总统袁世凯便洞悉了其参战的幕后动机，一语点破了其真正目的：“日本无非是想借此战之机控制中国而已。”不过数月，日本趁着那些或敌或友的列强忙于厮杀而无暇东顾，果然将魔爪伸向了中国的主权——日本强逼中国接受

[1] 礼查饭店（Astor House），1959年后改名为浦江饭店。——译者注

"二十一条"。接下来，日本要确保自己在战胜一方营造的战后和平局面中据有一席之地。所以日本时不时跟协约国方面讨价还价，提提价码，强调要让自己保持对协约国的忠诚，协约国就得向日本付出相应代价。

日本对协约国的忠诚非常可疑，日本对协约国的贡献更是微乎其微。日本对协约国的唯一价值，就是不去跟德国结为同盟。不过，仅这一点就极为重要。因为一旦日本转换阵营，下一个必然就轮到俄国。无论如何也不能让日本投入德国的怀抱。日本很清楚自己的价值所在，所以毫不在意搞得满城风雨，有意让协约国方面知道德国一直有求于日本。无论何时，德国人只要一私下里向日本开出诱人的价码，详细的情报线索立刻就能传到协约国方面的耳朵里。

于是，不管欣茨用尽什么手段，他的行动也免不了如此。甫抵北京，欣茨马上开始试探日本的意向。他向日本驻华公使保证，自己转达的是德皇陛下本人的意思，建议德日双方结盟。在与东京主流报纸《朝日新闻》的记者进行私下谈话时，欣茨重申了这一提议。他说，德国同意日本在战后保留青岛和那些太平洋岛屿的控制权，还承诺日本将拥有在华自由行动的权利，而且自由度比协约国方面承诺的要更大。欣茨建议，可以由德国出钱支持日本在华进行扩张。在另一个中立国的首都斯德哥尔摩——敌对双方的外交使节可以在那里自由会晤——日本大使发现自己受欢迎的程度骤然升高。1915年3月和4月间，德国、奥地利和土耳其特使相继拜会日本大使。每位特使都站在同盟国的立场上，提出的提议跟欣茨的建议别无二致。日本方面用心听取了这些提议，转过头来又小心泄露给了俄国。没有人知道，日本人是否认真考虑过接受这些提议。俄国驻北京公使倒是相信日本人认真考虑过，他为此担惊受怕已极。

就在此时，1915年4月，一场实实在在、迫近眉睫的战争恐慌席卷美国。有消息称，日本海军"浅间"号战列巡洋舰神秘出现在墨西哥下加利福尼亚海岸的海龟湾中。赫斯特通讯社大声疾呼，美国陆海军将领们在国务院走马灯般进进出出，军方情报部门报告称：日本军舰出现在海龟湾已经几个月了，日本人的无线电信号已被截获，美国海军太平洋舰队司令霍华德上将请求增援。

究竟"浅间"号真的是搁浅了，还是故意放烟幕弹？它究竟在海龟湾干什么？美国军方情报部门的报告中提到，"浅间"号自从去年12月就在那里了。它如果是搁浅在礁石上，或者只是搁浅在泥滩里，仅需一周就能拖出来。如果真是这样，何须另外三艘日本巡洋舰和几艘补给舰在附近徘徊游弋？美国政府的情报人员急忙从洛杉矶赶过去，美国海军"新奥尔良"号巡洋舰也被派去调查此事。

赫斯特通讯社情绪激动地回顾了近几年来有关日本向墨西哥扩张势力的一次次警报：1911年，日墨签署秘密协定；1912年，日本声称试图从墨西哥手中购得马格达莱纳湾；还有外间纷纷传言，日本既向韦尔塔，也向卡兰萨提供武器援助，韦尔塔的军队中有日本军官，卡兰萨的军队中有日本军官，维拉的军队中居然还有日本军官。新报告添油加醋，说日本在圣迭戈湾建立加煤栈，在马格达莱纳湾建立捕鱼定居点，还让墨西哥到处充斥着日本渔民。这些日本渔民人人都会说两三种语言，随身带的不是鱼竿和渔网，而是测绘工具。

日本方面的发言人坚决否认一切不轨图谋，说海龟湾事件全系德国间谍捏造。德国媒体重申，日本板上钉钉正在墨西哥建立海军基地。德国人别有用心地特意暗示道，倘若此事引发日本与美国之间的战争，德国将不畏艰难，与美国并肩面对这一不幸。

尽管遭到广泛的怀疑，日本却并未表现出不快。就协约国方面而言，日本越是靠不住，就越得付出更高的价码让它靠得住。日本毫不在意让协约国方面知道敌人跟自己有接触。英国海军少将霍尔在伦敦得知了这一消息。美国国务院则是在华盛顿得到了消息。1915年6月，神经衰弱的英国大使塞西尔·斯布林—赖斯爵士在疲倦已极的状态下匆忙发表了一番看法。他说，目前与日本的关系极度恶化，实际上已经跌至最低谷。他深信，日本定将在战后与德国结盟为伍。虽然塞尔西爵士是经年累月的杞人忧天，但此时此刻他的预言还是被认真记录了下来，经过官方的隐晦修改写入了外交档案。塞尔西爵士曾告诉美国国务院参赞钱德勒·P. 安德森，日本终将与德国走同一条路。安德森在日记中写道：“其实我已经独立得出了相同的结论。”豪斯上校[1]则在自己的日记中写道，假如德国与日本真有联手之日，“便是美国形势严峻之时”。罗伯特·兰辛刚刚取代布莱恩成为美国国务卿，他说得更加直白坦率。“我认为，”他在一份谨慎担忧的备忘录中写道，“如果秉承军国主义且独裁专制的德国政府能在战争结束后不倒台，其必将卷土重来再度向民主国家开战。届时德国必将拉拢两个强国，即俄国和日本。这两个国家与德国一样，既独裁专制又扩张成性。”

美国海军部长丹尼尔斯一向瞧不起兰辛，将兰辛揶揄作“心细如发，生硬如金，胆小如鼠”。尽管如此，兰辛却自有出众的一面，能够一下子准确抓住事物的本质。就此事而言，他仅仅漏算了一点：德国人没有坐等战争结束，他们已经在拉拢日本和俄国了，试图让这三个独裁国家的天然同盟成为现实。这是德国人的美梦，更是协约国的噩梦。与之相配合，冯·欣茨公开告诉日本记者，德、日、俄三国将共组一个坚不可摧的同盟，“统治东西半球，确保世界和平”。在日本军队的高级将领中，有不少赞

[1] 即爱德华·豪斯，美国政坛人物，威尔逊总统的智囊，活跃于外交界，曾任驻英、法、德等国的美国总统代表，协助起草《凡尔赛和约》及国际联盟盟约。后因和威尔逊意见相左，在凡尔赛和约问题上不欢而散。富兰克林·罗斯福当选美国总统后，他再度成为罗斯福总统的智囊。——译者注

同欣茨的听众。这些人一直坚信德国必将赢得这场战争的胜利，常常就此公开发表意见。日本政府从不采取措施禁止发表这些观点。日本政府发现，让德国和协约国双方都以为日本终将拜倒在德国的引诱之下，对于日本大为有利。日本有朝一日背叛协约国，这是德国一直希望发生而协约国一直害怕发生的事情。不过，在整场第一次世界大战中，这事却一直没有发生。

日本当然要受到《伦敦协定》的制约，协定要求所有缔约国不得单独媾和，但协定似乎并不能禁止大家私下里动心思。1915年底，驻德大使吉拉德发来的电报让华盛顿绷紧了神经。电文写道："我怀疑德国和日本正在勾结。"一周之后，华盛顿方面得到了新证据——冯·欣茨依然试图与日本和俄国实现相互理解。1916年4月，德国派出工业巨头胡戈·斯廷内斯前往斯德哥尔摩。看上去斯廷内斯好像大力神赫拉克勒斯一般威风八面，为了单独媾和而上阵角力。斯廷内斯与日本大使多次会晤，但他毕竟是人不是神，奈何只得两手空空回国复命。

日本忠实地向协约国方面通报德国给自己开出的价码。但协约国还是放心不下，唯恐哪天日本真会改换门庭。华盛顿就深陷于这种担忧之中。美国政府深知，如今欧洲列强全都无暇他顾，日本若要冒险借道墨西哥对付美国，此乃是千载难逢的良机。人们戴着有色眼镜看问题，举目所及尽为黄祸。如此一来，事情的真相和人们的想象混为一谈，难以区分。无论日本是否真的谋划过进攻美国，我们都不可能得出明确结论。因为没有哪怕一个西方人能随便接触日本的档案文献。不过，我们可以毫无疑义地说，当时绝大部分人，包括与此事有利害干系的德国人、其他欧洲人，还有美国人，都深信不疑——日本正策划准备对美国采取某种行动，不知何时将在墨西哥动手。

德国在美国大肆宣传，赫斯特通讯社以及其他利益相关各方也一直警告美国公众，日本有假道墨西哥入侵美国的危险。赫斯特电影公司拍摄了一部系列影片，由艾琳·卡斯尔主演。她扮演了一位理想化的美国女性，在银幕上历经艰险，见证了日本和墨西哥企图征服美国的阴谋。特别是第十集，她为捍卫自己的贞操而与日本人殊死搏斗，拼死出逃。日本人的头目是一个邪恶的武士，为日本天皇的间谍机构工作。按照剧情，这些日本人入侵了加利福尼亚，一路之上自然是罪行累累。

日本在墨西哥的真正企图，可能只不过是见机行事。日本的确是准备从于己有利的局势中捞上一把，但并不打算入侵美国。不管“浅间”号究竟带着什么使命来到墨西哥海龟湾，都绝不可能是因为事故或操作不慎，日本人重新现身墨西哥的可能一直没有消失。就在“浅间”号搁浅泥滩，日本海军舰队围在四周，看似毫无章法地要将船拖出泥滩的这个月——1915年4月，两位访客抵达了美洲大陆的另一端。他们来墨西哥，也是身携秘密使命的。

5

第五章 “冯·林特伦先来一步，他后面还有几百万……”

“Von Rintelen Came Here, Backed by Millions...”

从1914年起，韦尔塔将军蛰伏巴塞罗那，如同当年拿破仑隐居厄尔巴岛一样，等待机会东山再起。德国当初帮他离开墨西哥，现在又想将他送回去。1915年2月，一位身着便服的德国特使前来拜访，此人是德国海军上校弗兰茨·冯·林特伦。林特伦告诉韦尔塔，德国愿支持韦尔塔发动军事政变，扶保韦尔塔重回墨西哥执掌大权，助他报威尔逊的一箭之仇——德国人希望能借此掀起一场美墨战争，让美国人将原本要送去给协约国的军火物资用在这上面。

德国人一手导演韦尔塔卷土重来，目的是让威尔逊埋头闭眼，一头扎进墨西哥乱局。这个乱局一旦陷进去，可比上回的韦拉克鲁兹事件更加棘手。目前格兰德河下游[1]革命形势的错综复杂远超以往，威尔逊与之脱不了干系。革命自马德罗开始，中间被韦尔塔的统治短暂打断；到了“最高领袖”卡兰萨和他的死敌那里，革命又焕发新生。经过这些年的革命，墨西哥早已给蹂躏成了哀鸿遍野的废墟。维拉、萨帕塔、奥布雷贡诸位将军，还有那些抢生意的革命领袖，率领以胡乱放枪为乐的好汉们呼啸而过。菲利克斯·迪亚兹、奥罗斯科诸位将军，这些韦尔塔的追随者，则致力于率军镇压革命。在这残酷而复杂的革命形势中，威尔逊绝望地迷失了方向。墨西哥国内每一个派系在美国都有自己的支持者，也都有自己的反

[1] 指墨西哥。——译者注

对者。无论支持者还是反对者，都想方设法给华盛顿施压。美国的大财团和饱受墨西哥匪帮劫掠骚扰之苦的边境居民大声疾呼，要求美国出兵干涉；美国的自由主义者则同样大声疾呼，反对出兵干涉。毫无疑问，德军最高统帅部希望借韦尔塔重回乱局，将局势引爆，把美国人的全部精力都拖在大西洋这一侧。

林特伦正是德军最高统帅部挑选来执行这一任务的人选。他有勇有谋，而且颇有些自大狂倾向，人格特征类似于瓦斯穆斯。这些却正是从事间谍工作最重要的素质。心怀壮丽崇高到半点不输于自己那位波斯同行的自信，林特伦打定主意要在墨西哥开辟一条美国战线。作为计划的一方面，他打算收购杜邦[1]的军火工厂，再通过罢工和破坏来阻滞美国剩余的军火产量。他年方38岁，身材高挑，富有魅力，出身高贵，衣着得体，讲一口流利的英语，了解美国、墨西哥和南美洲的第一手资料。林特伦早年在德国海军服役，后来又在德意志银行工作多年。1906年他第一次去美国，身份是德国第二大银行——贴现银行（Disconto Gesellschaft）的代表。林特伦利用常驻纽约三年的机会，在美国商界和银行圈中广交朋友。更不必说纽约游艇俱乐部，会员花名册上显示林特伦很早就获得了会员资格。他就住在游艇俱乐部，他的办公室与莱登伯格证券公司的实体银行共处一地。这让他成

[1] 杜邦（Du Pont），美国历史悠久的大型化工企业。——译者注

了光芒四射的钻石王老五，从南安普顿到纽波特的社交晚宴都少不了这位座上宾。1909年林特伦离开美国赴墨西哥上任时，美国朋友们与他依依惜别，颇为感伤。他在墨西哥和南美花了一年工夫拓展银行业务，1910年返回德国。他跟一位富家女结了婚，生了个女儿。战争爆发后，林特伦重新加入德国海军，穿上军服在海军部任财政顾问。

林特伦审慎地接受了任务。与柏林官方不同，他从自己的专业知识出发，公允地评估了局势。美国的体量巨大，一旦参战必将最终打破战事平衡。因此，他坚信战争的成败并非取决于欧洲战场，而是取决于美国。根据自己在美国的道听途说，林特伦希望在官方委派的任务上再加一项任务——“让威尔逊认清形势”，让他知道，美国的军火贸易是多么的罪恶。德国，这个军火生意的行家，在美西战争、布尔战争还有日俄战争中都借机发过军火财，不过现在，德国认为美国与协约国的军火贸易简直罪恶滔天，并且热烈鼓吹反美情绪，而此时美国人对德国人的厌恶尚不过是零星自发，未成气候。

1915年4月3日，林特伦抵达纽约。十天之后的4月13日，韦尔塔将军也抵达纽约。他们想要在墨西哥复辟，并非没有可能。“可怜的墨西哥，”波菲里奥·迪亚兹曾一度哀叹，“离上帝是如此之远，离美国却又是如此之近。”这其实正是墨西哥的悲剧所在。嗅到了镇压墨西哥革命好处的不只是德国。墨西哥的无政府状态乃是美国面临的首要外交问题，对美国人来说，从边境那边传来的枪炮声可比欧洲战场传来的要刺耳得多。美国石油工业的领军人物多汉尼和参议员福尔（即后来的“茶壶山双杰”[1]）、铜矿大亨古根海姆和其他各大矿业和铁路业巨头，在墨西哥均有巨额投资。那是外国大亨在墨西哥说话有分量的年月，大亨们的看法出奇一致——乐于见到韦尔塔复辟。就连在墨西哥国内，局势也发展到亟需军事强人政变上台的程度。如同威尔逊承认的那样，这个国家“陷于饥荒，却没有政府”。卡兰萨的统治一片混乱；这位“最高领袖”本人被从首都赶了出去，只能坐镇韦拉克鲁兹；素来声名狼藉的潘乔·维拉和双目炯炯放光的萨帕塔洗劫了墨西哥城，在国家宫里沐猴而冠，坐上了权力的宝座。墨西哥国内道路两侧的树上挂满了腐烂的尸体，随风晃荡；披挂武装带、纵马来去如风的匪帮肆意抢掠粮食和牲口；天花和斑疹伤寒在城镇中悄然传布；土地撂荒，铁路和桥梁废弃；扛枪打仗的人比种地产粮的人还多，死人更是家常便饭。革命是以墨西哥劳苦大众的名义发动的，他们是威尔逊口中那“85%沉

[1] 1911年美国海军改为以石油为燃料，翌年决定建立海军石油储备地。1921年哈定当选美国总统，将石油储备地从海军部划归内政部管辖。内政部长福尔是哈定的亲信，1922年底没有经过公开招标，即将“茶壶山”等石油储备地租赁给多汉尼的泛美石油公司。事情后被披露，成为一桩政治丑闻。1924年，多汉尼在听证会上承认，他曾给予福尔政治献金作为获取利益交换。1931年福尔被判入狱，多汉尼被判无罪。——译者注

默的大多数”。然而现在，他们只能蜷缩在破败不堪的村庄废墟里，瑟瑟发抖，苟求活命。

革命理想暂且不论，诱使内战各方将革命果实出卖给韦尔塔的可能性绝对存在。至于各派军阀、大地主、资本家还有旧政权的其他实力派，都时刻准备着一旦接到韦尔塔的信号便马上重新聚集到他的旗下。大部分重量级的人物此时已经在纽约了，他们忙于跟美国的大财团和墨西哥国内各派系串通密谋，策划着要让流亡海外的独裁者卷土重来。

因此，林特伦有许多工作要做。而且，他已经有了现成的渠道铺垫——一个德国公使，数名德国领事，诸位德国商务代表，一个约4000人规模的德国侨民社区，数家由德国资助的报纸，韦尔塔倒台前就在墨西哥无线电接收站中安装完毕的数台德国无线电发报机，担任墨西哥军需武器生产总监的德国将军马克西米连·克劳斯，还有大约50名以中立身份在墨西哥军队中任职的德国人——这些早已让德国的影响遍及墨西哥。

不幸的是，有一件事林特伦和韦尔塔在纽约始终没能做到。若能做到，本可以让他们的阴谋更加成熟——这便是保持足够的私密。自从他们踏足纽约的那一刻起，各国情报人员便开始围着他们转。这些情报人员嗅到了阴谋的味道，前一拨刚走后一拨又来，在纽约饭店进进出出四处打探。由于林特伦的出现，在德国外交人员中引起了嫉妒和猜疑，这使得阴谋的味道更加强烈。后来当上了德国总理的弗兰茨·冯·巴本对林特伦尤感厌恶。衣冠楚楚、风度翩翩的巴本当时还是一名德国陆军少校，担任德国驻华盛顿和墨西哥城的陆军武官。在他看来，林特伦是到自己的私人领地里插了一脚。巴本与外交间谍活动缘分不浅，此后他在这一行又干了三十年，职业生涯最后的职位是在第二次世界大战时期担任希特勒政府驻土耳其大使。不过，这次巴本以外交官身份从事了太多非正式的工作，这让他在年底前即遭驱逐出境。林特伦远道而来，一派“我来接手工作”的神气，还态度生硬地宣称总参谋部命令自己对美国的军火贸易“采取积极措施”。结果林特伦搞得自己窝里起了内斗，所有人立即开始想方设法要将他赶走。胜算全在巴本这边，他的诡计多端、精打细算可是胜过林特伦太多，看看他日后的前途便是证明。他总是能设法安然摆脱困境，而且对手总是自己人，从不是跟外人斗——无论是在德意志帝国时期、魏玛共和国时期还是第三帝国时期，皆是如此。今天巴本依然在德国安度晚年，他是本书中登场的所有角色里唯一在世者。[1]

巴本的同事，德国驻华盛顿海军武官博伊—艾德上校同样憎恶林特伦，后者直接听命于海军部，凌驾于博伊—艾德头上。博伊—艾德海军上校有一半土耳其血统，身强体壮，沉默寡言，目

[1] 本书完成于1958年。巴本于1969年在德国逝世。——译者注

光中透着狂热。当时大批德国船只被扣留在大西洋沿岸的美国港口，这些船和那些无所事事的德国船员简直是从事破坏活动的现成指挥部和军队。林特伦宣布，所有这些船只和船员都要服从自己的命令。这惹恼了巴本与博伊—艾德，他们两人正披着驻中立国外交官的外衣全力策划炸毁美国的码头、运河、铁路桥梁以及其他目标。接下来，他们这位新同事脚下的绊子究竟是否为此二人所下，无从考证；但是林特伦一直坚信就是他们在作怪，而且在战后的好几年一直与他们不和。

他们还有一位同事，德国驻华盛顿商务专员海因里希·阿尔伯特，威尔逊将其形容为“所有这些煞风景的阴谋家中最危险的头目”。阿尔伯特博士本是德国在美国一切地下秘密活动的财政后盾，林特伦却设立了一些归自己支配的独立小金库，这让阿尔伯特相当不满。

这一切事情令阿尔伯特的上级，温文尔雅的冯·伯恩斯道夫伯爵头疼不已。约翰·海因里希·安德里亚斯·赫尔曼·阿尔布莱希特·冯·伯恩斯道夫伯爵，为人举止优雅，一副贵族气派，才学更是卓著。他父亲就是外交官，他四海为家——出生在英国，驻美六年在社交界大放异彩，被美国五所大学授予荣誉学位（包括威尔逊曾任校长的普林斯顿大学），这为他的驻美生涯增色不少。他比任何本土的德国人都更了解美国。他深知，德国一旦与美国开战，即便战事之初能保持优势，最终亦无法与美国匹敌。所以，伯恩斯道夫伯爵殚精竭虑只为一个目标：阻止美国加入协约国。尽管受制于柏林方面的命令，但对那些可能授美国以口实、激怒美国对德开战的阴谋诡计，对那些可能给美国脆弱的中立立场造成破坏的小花招，他是强烈反对的。伯恩斯道夫伯爵的目标堪称外交史上所需圆滑老练之冠，但他偏偏是最长袖善舞的人选。他的魅力、坦率、从善如流、温润举止，言谈中流露出对别人的尊重，这些都与传统意义上动辄吹胡子瞪眼的普鲁士人大相径庭。故此，他可谓是路路畅通。他用华尔兹舞步和温暖的蓝眼睛征服了贵妇，用高尔夫球和扑克牌技征服了绅士，连新闻记者都给他征服了——伯恩斯道夫伯爵下令使馆警卫对所有打电话来请求采访的媒体同仁一律放行。他能说能写完美无瑕的英语和法语，在有些场合谈锋颇健。而他却又能一坐几个小时，与宾客们一道用晚宴、抽雪茄，洗耳恭听别人的高谈阔论。不管那些夸夸其谈者所论何等怪诞不经，他脸上始终报以理解的微笑。据说，伯恩斯道夫成功的秘诀是，他能心甘情愿忍受无聊。

身为德国驻西半球的最高级别外交官，伯恩斯道夫有责任在当地推行德国的政策。当地德国外交人员接受国内指示，向国内递交报告，都是通过他。一旦德国外交人员从事不法行为败露，他也要因自己职权所在而遭外界谴责。他全力维持美国的中立地位，柏林方面的威胁叫嚣和轻率举动就对他毫无帮助。伯恩斯道夫的处境，如同一个受过良好教育的少年在追求一位清教徒家庭的少女；清教徒少女有着最为敏感的懿德忠贞，少年却有着一群粗鄙下流的亲戚，亲戚们的粗野无礼给少年帮足了倒忙。

林特伦的到来并没有让伯恩斯道夫放松自己的目标。不过，林特伦毕竟有德国最高层的支持。大使先生先是一连数周对林特伦避而不见，随后又将他召至位于纽约丽思卡尔顿酒店的总部开会。再过不久，大使特意与德军总参谋部做了沟通，对林特伦身负的任务尤为关心。除了德国驻美大使在丽思酒店拥有一个套间，德国驻美外交使团的每位重要人物在纽约都拥有自己独立的办公室。巴本的办公室在百老汇60号；博伊—艾德的办公室在德国领事馆，位于百老汇11号，正对着鲍灵格林的海关大楼；阿尔伯特博士的办公室位于百老汇45号的汉堡—美国航运公司大楼内。上述所有人物都将中央公园南112号的德美俱乐部用作会议场地，另外还时常在第42号街的曼哈顿饭店和麦迪逊大道召开大型集会。

一天下午，林特伦闲庭信步地走进了曼哈顿饭店。他一边等人，一边漫不经心地用自己的手杖戳着一棵棵盆栽棕榈树。一辆大型黑色豪华轿车驶进了酒店入口，停在了门廊处。车上走下一个嘴唇紧抿、戴夹鼻眼镜的印第安人，正是韦尔塔将军。一群穿天鹅绒领子大衣的墨西哥流亡显贵簇拥着他。林特伦也加入了这群人的行列，一起走上楼梯，消失在别人的视野之外。这些家伙浑然无觉，他们一行两侧的饭店房间早已被人订下，夜以继日监视着饭店中一举一动。要介绍这几个订房间的人，我们必须先回过头从伦敦说起，讲讲战争爆发前几周的事情。

威克姆·斯蒂德是《泰晤士报》的国际版编辑。一天早上他刚出家门，便在门口的台阶上遇到一个体格粗壮的斯拉夫人。这人中等身材，胡子拉碴，浑身脏兮兮，看上去快要累垮了。这人开口言简意赅："我叫沃斯卡（Voska），教授派我来的。"斯蒂德长期关注巴尔干政局，他知道所谓"教授"指的是托马斯·马萨里克（马萨里克后来成为捷克斯洛伐克首任总统）。但他不知道这位沃斯卡是何方神圣。这个精疲力尽的男人向他解释，自己是美国波西米亚人同盟的领导人。他带着女儿花了五天时间横穿欧洲大陆来到英国，带来了一些机密文件。这些机密文件是马萨里克准备的，内容是关于奥匈帝国秘密备战的情况。从布拉格出发之前，沃斯卡将一部分文件缝进了自己的鞋底。他又把余下的文件卷做撑条状，塞进了自己女儿的紧身胸衣里。一路之上，鞋和内衣都寸步不离身，父女二人和衣睡了五天。这算是沃斯卡这位志愿情报员的第一桩谍报杰作，他后来成为了协约国在美国最有价值的谍报人员。

沃斯卡本是土生土长的波西米亚人，少年时代因参与领导社会主义革命活动而遭奥匈帝国政府驱逐。他移民美国，在堪萨斯州开了一处大理石矿，一举发达。现在，他将自己开采大理石获得的全部财富都用于组织美国的捷克移民投身民族主义事业。

1914年初，沃斯卡前往布拉格。萨拉热窝事件之后，马萨里克挑选他担任信使，负责捷克民族主义运动与协约国之间的通信联络事宜。一切自不必说，捷克的民族主义者寄希望于见证奥匈帝国的灭亡。

沃斯卡在伦敦出色地完成了任务。他身携一封斯蒂德写给《泰晤士报》驻美人员的信件，返回了美国。他在美国第一桩成功的谍报行动，是通过一位在奥地利领事馆当邮件收发员的捷克爱国者，搞到一份美国境内德奥两国预备役军人的名单。这些德奥预备役军人皆手持从失业水手那里搞到的中立国护照，他们计划过几天就以荷兰人、瑞士人或瑞典人的假身份乘船离境，回国重新参军。通过《泰晤士报》的渠道，沃斯卡将这份名单送到了英国大使馆。沃斯卡拿不准，给自己这份名单的那人到底是真正的捷克爱国者，还是内奸（*agent provocateur*）。他焦急地等待着结果。过了一周，一位塞尔维亚外交官的夫人格蕾希女士邀请沃斯卡前去喝茶。她告诉沃斯卡，“有人”要跟他秘密会面。她要沃斯卡前往纽约上西区的一处地址，找到一栋公寓楼，乘电梯上四楼，打开右手边第一扇门——门没上锁，直接走进去，就在里面等待对方出现。

沃斯卡依言而行，去了那个地址，推开了那扇门。门里面是一套家具齐备的房间，房间里没有人。他在寂然无声的房间里默默坐等，带着几分紧张胡思乱想——来的会是谁？十五分钟就这样过去了。突然，门开了一道小缝，闪进来一个衣着华丽的年轻人。这个年轻人动作敏捷，脸上喜色难掩。他赶快反锁住身后的门，向沃斯卡自我介绍——海军上校盖伊·冈特，英国驻美海军武官，负责海军情报部门。他称赞沃斯卡提供的这份假冒中立国人员名单，名单上所有人都已被逐个逮捕，拘禁关押。“干得太漂亮了，我亲爱的伙计，太漂亮了！”

如同德国人那边的博伊—艾德上校一样，冈特上校的谨慎小心有过之而无不及。他是情报机构中负责上传下达的角色，直接向海军情报处的霍尔少将汇报。现在他向沃斯卡提出，希望能将波西米亚人同盟的成员用作协约国一支反间谍行动的尖兵，在美国发挥作用。这些波西米亚人当初都在学校里被迫学会了德语。他们中许多人在奥匈帝国的驻外机构身居敏感职位。他们从未意识到激情的力量，而这种激情终将因争取身为捷克人和斯洛伐克人的自由而迸发。冈特告诉他，英国在美国仅有两三名情报人员，在法国和比利时一个也没有。俄国倒是一直在各国派驻有大批情报人员，但这些人信不过。因为这些俄国情报人员中有太多来自波罗的海沿岸国家，普遍有德国血统，感情上亲德。

两个人就此制订了计划。截至林特伦抵达美国时，沃斯卡已经招募到了一群同胞。这些人渗透进了同盟国的大部分驻外机构和部门。他手下有一个情报人员是冯·伯恩斯道夫伯爵夫人的贴身女仆，有一个是奥地利大使馆的办公室主任助理，有四个人在奥地利领事馆工作，两个人在汉堡—美国航运公司上班，有一个是德国大使馆的司机，还有一个是萨维尔无线电通讯站的发报员——这座通讯站位于纽约长岛，德国人用来与海外进行联络。沃斯卡的情报组织最后达到了八十人的规模，其他人都在遍及全美各地的德国俱乐部、商业公司、领事馆和德美双语报纸工作，职业有办事员、侍者、邮差、女清洁工，不一而足。沃斯卡的家位于纽约约克维尔区东第86号街，这里便是情报组织的总部。这个总部像蜂巢一样热闹，不时有人心急火燎地赶来口头汇报电话、文件和会议的消息。一旦有文件偷到手，影印机便忙到昼夜不停，以便及时送还。每天的午饭时间，尽职尽责的邮件收发员都会来。这边邮件收发员坐着大嚼三明治，那边人们加紧影印他送来的信件。然后，邮件收发员再将信件拿走，像刚收到一样继续投递。

沃斯卡收集到的情报，经冈特上校之手转递给了美国政府。这些第一手的真实证据让美国政府了解到，德国人在策划阴谋，这对美国中立立场的土壤造成了损害。冈特上校也乐于将这些情报披露给美国公众。他认识了《普罗维登斯日报》（*Providence Journal*）的编辑约翰·R. 莱塞姆（John R. Rathom），后者生于澳大利亚，就学于英国，和冈特上校一拍即合。随即这份报纸就发布了一系列关于德国人的既令人震惊又极其深入的内幕消息。根据事先的安排，《纽约时报》也同时刊登这些消息，《纽约时报》的开场白“《普罗维登斯日报》今晨将有报道……”很快变得家喻户晓。

这伙在曼哈顿饭店德国人的套间隔壁开房窃听的人，正是沃斯卡的手下。事实上，他们中有一个人在德国大使馆打工，恰好负责布置此番的会议室。这人前一天已经来过这里，和他一起的还有一个手提黑色袋子的人，是个专业电工，也是一位热忱的捷克爱国者，曾为沃斯卡完成过许多次艰巨任务。电工在套间里转了一圈，仔细钻研了客厅里那张大圆桌。他明白，明天那些人就要在这张圆桌上密谈。他将圆桌朝窗户稍稍推近了一点，窗户上挂着厚窗帘、内遮阳的薄窗帘还有百叶窗。电工把录音电话机藏在这些窗帘后面，沿着窗框走线，电线接到隔壁房间，然后在隔壁接上两部耳机。沃斯卡本人一连两天亲自坐镇，坐在饭店门廊里佯装看报纸。就是在门廊里，他亲眼看到那个身材高挑的德国人跟那群墨西哥人会了面，一起走上楼梯，然后消失了。

韦尔塔抵达美国，自然早已引起了卡兰萨和维拉的警觉。两人立马叫嚣起来，呼吁美国逮捕这个“恶棍”，这个“让人类蒙羞的魔鬼”。两人呼吁美国将韦尔塔驱逐出境，还希望借早年谋杀马德罗的指控，让美国将韦尔塔引渡回墨西哥。卡兰萨的间谍紧盯着韦尔塔，监视跟他谈过话的所有人。现在已经有两帮人盯梢这场密会，稍后第三帮人也加入进来，足能在曼哈顿饭店里开一场间谍大会了。第三帮是美国人。美国司法部的调查人员早已从那些破坏活动中拾得了林特伦的踪迹。不同于韦尔塔，林特伦用一本化名埃米尔·V. 加谢（Emil V. Gasche）的伪造瑞士护照入境美国。这名字是从他妹妹埃米莉那儿借来的，埃米莉嫁给了一个姓加谢的瑞士人。到了纽约，林特伦将自己改头换面为E. V. 吉本斯，注册了一家进出口公司，同时自称墨西哥西北铁路公司驻美代表，在自由街55号租下了办公室。就是从这里，他掷出50万美元，组织了一个叫“劳工全国和平大会”的团体，策划引发罢工，让码头工人和军火工人消极怠工。替林特伦操办此事的代理人叫大卫·拉马尔（David Lamar），号称“华尔街之狼”，后来也受到了参议院的调查。他总是向林特伦夸大其词地报告“和平大会”的进展，从林特伦那里掏出越来越多的钱装进自己口袋。

当林特伦不是吉本斯时，他还是弗雷德里克·汉森，办公室在威廉街57号拐角，和跨大西洋信托投资公司（Transatlantic Trust Company）在同一幢楼，他的小金库就存在这家公司。他以汉森的身份施行破坏美国军火贸易的计划，将一艘被扣押的德国商船“腓特烈大帝”号的轮机舱作为指挥部。在他的亲自指导下，一个名叫舍勒博士（Dr. Scheele）的化学家在这里造出了定时炸弹。他们打算将定时炸弹安放到给协约国运送武器的美国商船船舱里。有几枚这样的炸弹在茫茫大洋中成功爆炸，支持了后来对林特伦的指控，最终林特伦接受了审判，被判有罪。

同时扮演吉本斯和汉森两个身份，林特伦居然还有余力用真实身份出马，重新到长岛湾的游艇锚地中跟老朋友们搭上了线，由此开始了自己的主要目标——通过让韦尔塔将军卷土重来，策划让美国与墨西哥陷入战争。

美国政府自然不会殷勤接待威尔逊总统最不待见的人物。自从韦尔塔踏上美国领土的那刻起，美国政府便对他严加监视。不过，起先美国人并不知道德国人跟韦尔塔沆瀣一气。这年5月，威尔逊走了一步棋，往纽约增派了一组特工人员，从而在这场激烈角逐的秘密战中牵涉更深。过去一段时间以来，豪斯上校已经接到了冈特上校有关德国在中立国领土上从事不法活动的情报，并做出了回应。总统一直极力避免此事被公布出去，因为他仍希望与德国维持适度的平稳关系，以达到那个穷极自己全部心智、心心念念无可忘怀的至高目标——藉美国之手调停，终结这场战争。然而，5月7日，“卢西塔尼亚”号[1]被击沉，全美上下举国震惊，整个美国一齐愤怒声讨霍亨索伦王朝[2]的罪行。国人的愤

[1] 来往大西洋两岸的英国邮轮，1915年5月7日在爱尔兰外海被德国潜艇击沉，船上1200多名乘客死亡，其中有128名美国人。此事在美国引起巨大反响，国内“对德宣战”呼声一时高涨。这迫使德国宣布取消“无限制潜艇战”，以免激怒美国参战。——译者注

[2] 指德国。德意志第二帝国皇室为霍亨索伦家族，故帝国称霍亨索伦王朝。——译者注

怒让总统脸上无光。5月14日，威尔逊指示财政部长麦卡杜——他的部门下属有特工处——监视德国和奥地利外交使团，查清他们一切与外交官身份不符的行为。

“我们租了一套公寓，”特工处的负责人威廉·J. 弗林（William J. Flynn）多年后证实，“电话工人引进来线路，接好。如此，任何打进这两座大使馆的电话，我们的电话都能接听到。大使馆里只要有人拿起听筒，我们公寓里有盏灯就会闪亮起来。大使馆里电话铃一响，我们的公寓里电话铃跟着响。四位速记员轮流值班，全是专业的语言学家。”

每天晚上，弗林都会接到一份书面记录，上面记录有过去二十四小时内的全部通话情况。记录副本上交国务院，再通过规定程序呈递总统。这些令人感兴趣的通讯记录中，居然夹杂着一些伯恩斯道夫伯爵与华盛顿上流社会名媛们的电话聊天。聊天内容颇为香艳，给通讯记录增色不少。他谦虚地对一位女士抗议道，不，他没法跟彼时的流行剧《情圣》（*The Great Lover*）的主人公相提并论，因为剧中的男一号可不会跟他一样，竟然“停下”。“或许你是要休息一下，但不要就此停下，”一位女性的声音回答道，调门升高八度，“你需要休息。”

在纽约，借助纽约警察局长阿瑟·伍兹（Arthur Woods）的配合，即便是更繁忙的德国外交使团电话线路都遭到窃听。弗林手下的两名特工奉命对频繁外出拜访的德国驻纽约外交官进行盯梢。司法部的防爆小组，职责原本是追查恐怖爆炸等破坏活动，现在也来增援监视窃听。众多任务齐头并进，两组美国特工终于嗅到了林特伦的踪迹。但是，此时他们尚没有将林特伦跟韦尔塔将军联系起来。司法部的特工沿着追查破坏活动这条线顺藤摸瓜，锁定了弗雷德里克·汉森，发现他名下拥有可以无限透支的小金库，还发现他跟一个墨西哥人在商谈什么。美国人误以为这个墨西哥人是维拉的代表。7月，有司法部官员从一位女性情报员那里得知，她认出了汉森——这个汉森就是她的老朋友，弗兰茨·冯·林特伦海军上校。

与此同时，林特伦再次跟韦尔塔会面磋商。会见的地点还是在曼哈顿饭店，以及第五大道上一处名称不详的宾馆。有可能是荷兰饭店（Holland House），那里是德国人最喜欢的另一处见面地点，位于第五大道和第30街的交汇处。就是在这两处地点之一会面时，林特伦注意到有两个密探如影随形。林特伦离开旅馆后，这两个密探又跟上了韦尔塔。“我们的会面，”林特伦在自己的回忆录里夸张地写道，“已经被监视了！”尽管如此，他还是用德国海军密码拍发电报，向柏林报告了会谈的内容。他说，韦尔塔需要资金在美国购买军火，需要道义支持，需要用U型潜艇沿着墨西哥海岸为自己的追随者运送武器，只要他一越过边境回到墨西哥，追随者就会揭竿而起。韦尔塔自称，只要一重新掌权，马上整军经武对抗美国。韦尔塔是个头脑冷静的现实主义者，真要盼着他跟美国开兵见仗，那是不可能的。不过阴谋家们都是彼此利用，向来对许下承诺毫不吝啬。也有可能是这样——林特伦给自己所谓的英雄角色冲昏了头脑，眼见仅凭自己一己之力就能发动战争，切断美国的军火贸易，才对柏林夸大了此事的前景。

第40号办公室是否拦截了这份电报，档案中没有记载。柏林与伯恩斯道夫的大使馆之间的电报往来，都经过了不断的变换加密。用于加密的有德国外交代码，编号13040；还有另一套代码，代号为5950；以及一套海军密码，代号VB 718。这三种密码中的两种——也可能是全部三种——第40号办公室已经可以破译。两个月后，霍尔少将用三种密码中的一种作饵，引诱林特伦本人自投罗网。

林特伦全神贯注于自己复杂的阴谋设计，他把墨西哥事务的进一步谈判工作交给了巴本和博伊—艾德，把起事的具体准备工作——购买军火、在边境地区做好筹划、跟墨西哥国内各派别打交道等等——交给了阿尔伯特博士的头号助手卡尔·海宁，以及弗雷德里科·斯塔尔福斯。卡尔·海宁是汉堡—美国航运公司前任驻坦皮科代表，弗雷德里科·斯塔尔福斯是在墨西哥拓展事业的一位著名德国银行家，特意赶来纽约协助韦尔塔复辟。斯塔尔福斯和他兄弟阿尔贝托负责墨西哥的事务，是这场墨西哥阴谋的焦点。两人跟墨西哥国内的人物见了多少次面，可能就意味着有多少人叛投到韦尔塔麾下。两人自然受到卡兰萨一派的严密监视。就在这段时间之内，林特伦的手下们在圣路易斯购买了800万发子弹，又在纽约追加了300万发子弹的订货；80万美元的启动资金存入了韦尔塔在哈瓦那的德意志银行账户，还有9.5万美元存入了他在墨西哥的账户。他们也和前任老独裁者的侄子——菲利克斯·迪亚兹将军谈妥，一旦韦尔塔越过北方边境重返墨西哥，他立马在墨西哥南方举兵起事。巴本曾于1914年去过墨西哥，此时也被林特伦派去边境地区，以军事眼光研究当地的地形，筹划建立一条地下交通线，美国境内的德国预备役军人可以经由进入墨西哥。林特伦又让巴本在布朗斯维尔、艾尔帕索和圣安东尼奥开设账户，供韦尔塔使用。

回到纽约，博伊—艾德负责与韦尔塔继续谈判。他乘车去韦尔塔下榻的安索尼亚酒店拜会，那里位于百老汇大街和第72街的交汇处。给他开车的大使馆司机，正是沃斯卡的人。柏林方面对韦尔塔做出了谨慎的答复，承诺一旦墨西哥与美国进入敌对状态，便将继续向他提供大笔资金，派U型潜艇和辅助巡洋舰为墨西哥提供支援。沃斯卡的人偷听到，博伊—艾德在跟韦尔塔进一步会晤时，承诺将向他提供1万支步枪，以及1万美元的先期贷款。现在韦尔塔陷入太深，已经是箭在弦上。他的家人也从西班牙来与他会合，事情一步一步朝着他命定的方向发展。

韦尔塔选择了一个混乱得无以复加的时机。4月份“浅间”号出现在海龟湾，美国人还未从日本人要发动战争的恐惧中平复，5月份“卢西塔尼亚”号被击沉的事件又迅即将美国人民抛入了愤怒的旋涡。威尔逊向德国提出严厉谴责，德国竟驳斥了威尔逊的原则性观点。当威尔逊更加严厉地谴责德国时，国务卿布莱恩居然因此辞职，因为他那热爱和平的内心无法承受威尔逊对德国强烈的批评。美德两国走到了战争的边缘，全美国上下都紧张不安。

正当全美上下对德国一片愤慨之时，6月25日，星期五，韦尔塔将军在看完一场棒球赛后告诉一位户籍调查员，自己没有退休。他买了一场警察舞会的门票，登上了一列西行的火车，说是要去旧金山参观世界博览会。星期六下午，国务卿兰辛按照往常的习惯，将办公桌日程表上记录的事项全都处理完毕。他是个一丝不苟的人，这样的习惯雷打不动。“周末已经过半”，兰辛下午1点回了家。晚上8点，国务院急忙打电话给他，告诉他一条新闻——韦尔塔在堪萨斯城换车，据信明早6点半将抵达艾尔帕索。国务院驻艾尔帕索专员科布正等待指示。拿破仑逃离厄尔巴岛东山再起的时刻眼看就要来临。

这是一个极端敏感的时刻。倘若坐视韦尔塔穿越边境，华盛顿方面就将濒临又一场韦拉克鲁兹危机。此时此刻如果威尔逊不采取任何措施——况且他正因无限制潜艇战问题与德国处于危机边缘——一场韦拉克鲁兹事件立刻会上演。偏偏就在前一天，威尔逊本人居然离开华盛顿，到新罕布什尔州度假去了。韦尔塔的火车则加速南行，必须做些什么来阻止他。兰辛电令科布，马上在当地配合司法部特工的行动，负责为行动提供建议。结果急不可耐的科布先生将这理解成上面给了他自行其是的足够授权。他发现，此时司法部的人尚未得到指示，而且韦尔塔打算在新墨西哥州的纽曼下车。那里距离边境20公里，韦尔塔将在该地跟奥罗斯科将军碰头，后者开车载他前往墨西哥。科布临时召集来一位陆军上校、25名士兵还有两名当地警官，率他们星夜赶往纽曼，竟然抢在了韦尔塔的火车之前，于周日黎明时分赶到了地方。

太阳升起来了。火车慢慢减速，在纽曼车站停了下来。奥罗斯科将军亲自驾车驶来，韦尔塔将军也从卧铺车厢中走出。突然，科布先生率手下从车站装行李的大板条箱后面闪出，将两位将军当场逮捕，送往艾尔帕索扣押。成功抓捕以后，科布才尴尬地发现，韦尔塔被美国人逮捕的消息大为刺激了当地的墨西哥人——不管他们支持哪个墨西哥国内的派别。所以当地警方让韦尔塔交了1万5千美元的保释金，便把他放了。华盛顿向科布发来贺电，科布却如履薄冰地向华盛顿回禀——当地因韦尔塔的到来而商业信心大涨，艾尔帕索市长已经同意充当韦尔塔的辩护人，当地各路武装也强烈支持韦尔塔，艾尔帕索城中充斥着前韦尔塔政权的官员和支持者，边境局势扰攘不安。只要韦尔塔乐意，随时可以将格兰德河对岸华雷斯[1]的全部驻军尽数收买。奥罗斯科集结起了1万人规模的雇佣军，时刻准备听命于韦尔塔。一旦他攫取了据点，维拉就将崩坏，通往墨西哥首都马上会畅通无阻。美军当初同意在韦尔塔穿越边境时将其逮捕，却同时邀请他到布利斯堡[2]共进晚餐。只要韦尔塔在美墨边境的艾尔帕索逗留一天，局势就没法安宁。科布向华盛顿苦苦哀求，一定要赶紧把韦尔塔从边境地区弄走。

然而在华盛顿，棘手的问题是——怎么弄走？想想看，不过一年之前，那次鸣炮致歉事件的可怕后果尤历历在目。如今，威尔逊政府中再无一人敢跟那个狡诈如狐的阿兹特克人起深度冲突，恐怕再惹纷争。当时威尔逊的注意力全都在新罕布什尔州。他在那里有了一位红颜知己，两人的亲密程度不断升温。此人是高尔特女士，是威尔逊女儿一位新结识的朋友。兰辛跟国防部

[1] 墨西哥北方边境城市。——译者注

[2] 美国重要的军事基地，位于得克萨斯州。——译者注

长、智利大使、司法部长以及其他同僚一场接一场地开会；科布则一天一封电报，向兰辛软磨硬泡，请求他采取行动，“趁着夜晚尚未过去”一定将韦尔塔弄走。7月2日，奥罗斯科逃往墨西哥。华盛顿方面感到事情不能再拖延了，下令重新逮捕韦尔塔，将他关进县监狱。不过，韦尔塔实在是个烫手山芋，为了劝他自行从公众视野中安然消失，什么手段都用上了。有威胁，要将他以外国人身份驱逐出境；也有苦劝，只要他离开边境地区，同意居住在美国北方，就能让他重获自由。但是，韦尔塔的顽固倔强一如既往。过去他拒绝鸣礼炮致歉，如今他拒绝给华盛顿方面台阶下。他既不肯离开边境，又不肯追加保释金，同样不肯接受任何条件以换取自由。“只有无条件释放，我才会离开监狱。”他说，“我不会做出任何妥协。要我接受条件换取自由，还不如要我将牢底坐穿。”他从儿童识字课本开始学英语，只是抱怨监狱看守给自己的冰水里“冰块有点少”。他难过地告诉记者，“我都大概一、二、三、四天没酒喝了”。可就算拿白兰地做条件要挟他，他也不肯妥协。

现在，科布的电报内容渐趋慌乱。“奥罗斯科正在山区集结军队，”他报告道，“军队行动非常缜密，实力强大异常。”借引爆墨西哥局势牵制美国，德国人期盼已久的这步棋终于收到了成效。通过派驻纽约的情报人员发来的报告，德国人对此举在华盛顿收到的成效看得一清二楚。联邦监狱里关着韦尔塔，如同关着一枚点燃了导火索的炸弹。7月9日，美国国防部下令将韦尔塔转移到布利斯堡的军方监狱。科布长长吁出一口气，拍来电报：“问题可算解决了。”

他错了。只要韦尔塔不死，这问题就解决不了。而现在，还远不到时候。

另外说一句，从此事中可以看出伯恩斯道夫的性格特点——把自己撇清得一干二净。第一次遭到逮捕时，韦尔塔曾向伯恩斯道夫发去电报，请求他代为保护自己的妻子和孩子，因为美国警方“不让他们吃饭睡觉，肆意搜查我的住宅”。伯恩斯道夫则殷勤地将这封电报交给了兰辛，外加自己当初写给韦尔塔的承诺书。伯恩斯道夫声称，自己没有兑现给韦尔塔的那些承诺，甚至根本没拿承诺书当回事。伯恩斯道夫的承诺书被转呈到总统面前，只引起威尔逊一句话的评价，“这可真是太不寻常了”。

林特伦的本事也快用到头了。7月6日，韦尔塔被捕两天之后，他接到了一份用德国海军部密码发来的电报，要他立即回国，因为他的行动已经暴露，随时可能被捕。他又一次以埃米尔·加谢的身份踏上旅途，于8月3日登上了中立的荷美航运公司“诺丹”号邮轮。此时距他来纽约尚不过4个月。“诺丹”号在英国停靠时，一队全副武装的士兵登船搜查，其间对瑞士公民埃米尔·加谢先生产生了异乎寻常的兴趣。英国人宣布，他们对加谢的身份有所怀疑。不顾加谢的强烈抗议，将他带下了船，押往伦敦进一步审查。由于事先早已仔细排练过加谢其人的真实生活细节，林特伦在苏格兰场第一次接受审问时表现得无懈可击。审问者的自信发生了动摇，怀疑自己收到的情报是错的。苏格兰场同意林特伦的要求，带他去见瑞士大使。瑞士大使也对他的故事表示信服，愿意为他担保。临道歉和释放这位瑞士绅士之前，出于最后的小心起见，苏格兰场决定再审问他一次。这个让苏格兰场怀疑自己从头就搞错了的人欣然受邀接受审问。

此时的林特伦，身份还是那个态度愤愤不平的瑞士人。他一踏进房间，立时感觉一道目光盯住了自己。房间里多了个新来的生面孔，那人身着海军制服，是一位短头发、红脸颊的海军少将。副官用德语向林特伦提问，海军少将抬头仰望，不时眨动双眼，犹如猫一般目不转睛地注视着林特伦。海军少将建议，为何不第一时间询问英国驻伯尔尼公使馆，确认一下埃米尔·加谢是否有可能人在伦敦？这个冒名顶替的瑞士人清楚，自己无法再继续假扮了。在英国当战俘，总好过在美国蹲监狱。于是，他承认，自己其实是德国皇家海军上校冯·林特伦。霍尔少将点点头，他从一开始就知道林特伦的身份。按照有些人的推测，干脆是霍尔少将本人发电报将林特伦从美国召回来的。也有可能是他截获了德国要召回林特伦的原始电报。接下来的21个月，林特伦就一直待在英国的战俘营里。[1]

林特伦离开美国，远非故事的结束。8月4日，他乘船离开纽约的第二天，冈特上校的喉舌《普罗维登斯日报》便采用沃斯卡提供的证据，刊发报道揭露德国人的阴谋，披露德国人企图扶助韦尔塔卷土重来，引发美墨战争。报道并未提及林特伦，却将策划阴谋的责任推到伯恩斯道夫和博伊—艾德身上。让这两人名誉扫地，更符合英国的利益。至于伯恩斯道夫，他历来不变的策略是否认一切可能让自己下属遭受指控的不利传闻，否认报纸上的

[1] 美国参战后，林特伦被遣返美国。原因是他在美国曾借“全国和平大会”策划破坏活动，阴谋煽动工潮。他被判有罪，入狱服刑一年，缴纳了2000美元的罚款。德国方面曾提议用21名相同军衔的协约国军官交换林特伦，遭到拒绝。1918年，他又接受了两场审判，两次都被判有罪，罪名是伪造护照和企图在英国船只中安放炸弹。林特伦总计被判刑4年零2个月。至于他在墨西哥问题上的阴谋活动，并未被列入指控。1920年11月19日，林特伦得到释放。对于司法部长签署命令为林特伦减刑，美国公众（至少是媒体）或表示惊讶，或表示愤怒，或推测幕后另有重大隐情。后来舆论便渐渐降温了。战后，德意志共和国拒绝承认林特伦在战时从事的秘密任务，这让他极度愤怒。于是，他将自己的真实经历写成了一部两卷本的自传出版。书中内容极尽夸张之能事，其荒诞不经之处简直与《孟豪森男爵历险记》（德国著名的民间故事集，又译《吹牛大王历险记》——译者注）相若，此书倒也因此闻名遐迩。由于跟霍尔少将结为好友，他前往英国定居。第二次世界大战爆发时，他一度预测希特勒很快会销声匿迹，尼莫拉牧师（德国著名神学家，和平运动领袖——译者注）将取而代之。他提出要加入英国海军服役，英国海军未予接收。战争中他在英国一处为敌国居民设立的拘留营里度过。离开拘留营，林特伦有了人生中最后一次辉煌——他接受邀请，前往纽伦堡为10名纳粹首要战犯辩护。他形容自己乃是临时客串“国际法专家”，是一个被指派专供人们痛恨、专供人们铭记的形象。1949年林特伦于伦敦逝世，终年72岁。——作者注

故事。然而，这次尽管他还是如法炮制，另一次更猛烈的曝光却已经在酝酿之中了——这便是著名的公文包失窃事件。

7月24日下午3点，阿尔伯特博士与为德国工作的美国记者乔治·西尔维斯特·威利克离开了位于百老汇45号的阿尔伯特办公室。特工处的美国特工弗兰克·伯克跟在后面，尾随盯梢。这两个人中，伯克只认识威利克。但他发现，威利克对自己的同伴毕恭毕敬。而且，这个同伴符合对阿尔伯特相貌的描述——男性，约50岁，身高6英尺，脸上的伤疤颇为显眼，这是从前参加决斗留下的痕迹。而且，他手里提着一个沉甸甸的公文包。两个人乘有轨电车沿第六大道来到雷克托街，威利克在第23街独自下了车，伯克则继续紧跟他的同伴。阿尔伯特在电车上一路打盹；电车到达第50街车站，电车门打开时，他才醒过来。他急忙跳起来，慌慌张张冲出车门，落下了自己的公文包。伯克手疾眼快，抓起公文包跟着他下了车。伯克眼睁睁瞧着阿尔伯特又冲回电车里，再从电车的另一头跑下车。阿尔伯特心急如焚地四处寻找拿走自己公文包的人，伯克却背靠站台的墙悠然而立，佯装点雪茄。阿尔伯特冲到街上找人；伯克趁机走另一边的楼梯，跳上了一辆刚开动的电车。直到这时，阿尔伯特才发现拿自己公文包的人是他。伯克告诉电车售票员，车窗外那个满眼凶神恶煞、沿着轨道一路追电车的人是个“疯子”，从前曾经逼得电车停止运行。售票员告诉了司机，司机善解人意，径直从下一站开了过去，没有停车。到了第53街，伯克换乘市中心的有轨电车一直坐到终点站。一到站，他赶紧打电话给自己的上司弗林。弗林赶了过来，检查了公文包里的东西，然后向正在缅因州度假的财政部长麦卡杜发去一份电报。当天晚上，这个公文包就送到了麦卡杜手里。

阿尔伯特的文件，虽然其中的证据尚不足对德国人的非法勾当进行起诉，但毕竟揭露了他们方方面面不可告人的勾当。美国政府决定，处理这些文件的最佳办法是让其大白于天下。于是，美国政府将这些文件交给了《纽约世界报》（*The World*），该报在8月15日为这些东西腾出了半个头版。时值盛夏，报道引起了轰动。《纽约世界报》索性将其做成系列持续连载，把这些罪证全部公之于众。伯恩斯道夫汲汲于让下属避免陷入丑闻，如今自己也只得避居阿迪朗达克山中。美国国务院得到的情报是，“过去十天里他跟情妇一道埋头深山，不问世事”。倒霉的阿尔伯特变得家喻户晓，“丢包的外交官”之名人尽皆知。林特伦的名字依旧无人知晓。但是，美国公众从阿尔伯特公文包里的内容了解到，德国人对于美国的领土并无逾矩的图谋，所以反倒对后面披露的内幕更容易接受。

不久又有好戏上演。沃斯卡手下那些价值无法估量的情报人员发现，同盟国的诸多信使中居然还有一位美国公民。由于缺乏电缆，同盟国被迫依赖信使这种方式，勉力维持着自己千疮百孔的通信体系。每艘中立国船只上，都搭载着一位持中立国护照作为掩护的同盟国信使。8月的上一周，驶离纽约的“鹿特丹”号邮船上，就有一个名叫约翰·J. 阿奇博尔德的信使。沃斯卡—冈特—霍尔，警报层层发出。船在英国海岸停靠时，英国人干净利落地将他逮个正着。阿奇博尔德身上携带了多达110份文件，整个人简直像一个里面填满了李子的水果蛋糕。这些文件中有一份奥地利驻美大使顿巴伯爵写给本国政府的报告，其中描述了他在美国的匈牙利裔军火工人间推动罢工的情况以及其他轻率举动；还有17份德国外交官写给德国外交部的报告；又有资助破坏活动和亲德宣传的支付票据和收款凭证；更有巴本和博伊—艾德拟定的破坏计划详细报告。另外，里面也有巴本写给自己妻子的私人信件，信里酣畅淋漓地表达了他的真实观感：“这些白痴一样的美国佬。”博伊—艾德当初就是借这样的通信方式跟韦尔塔达成了协议。巴本一年前深入墨西哥，力图组织德国侨民建立社区以实现“自卫”（他因此被推荐授予勋章），用的也是这种方式。

霍尔少将一一检视着这些文件，在里面发现了从前自己搞到过的东西。霍尔少将欣喜若狂，将这些证据连同英国人的问候一起交给了美国大使佩奇。佩奇身为英国人满心热忱的亲密盟友，在威尔逊那边饱受无视和排斥之苦。他只是兴高采烈地将东西转呈给华盛顿而已。英国人并不指望威尔逊能因这次警告而真正愤怒起来，索性于9月以国会白皮书的形式将这些文件中最重要的罪证予以了公布。

美国总统勉勉强强做出了回应。他宣布奥地利大使为“不受欢迎的人”，要求奥地利将其召回。对于几位德国武官，他却没有采取任何措施。阿奇博尔德文件的真正影响，其实远在阿尔伯特的公文包和林特伦—韦尔塔的密谋之上。若是不加公开，此事的意义反倒更为深远。此时此刻，美国官方的对德态度因“卢西塔尼亚”号事件久拖不决而怒火中烧，两国最终决裂似乎已成板上钉钉之势。德国人的破坏活动和阴谋计划被公之于众，却让美国国务院在巨大的震惊中回过神来，意识到一个事实——德国人太危险了。“还没等你拿到这封信，变故即可能猝然发生。”豪斯上校在这年盛夏写道。所有人的目光又一次投向了美国的麻烦之源——墨西哥边境。威尔逊的墨西哥政策突然踩了个急刹车，倒回去，来了个180度大翻转。

第六章 维拉万岁！——德国炮制 6

Viva Villa!
–Made
in Germany

自从卡兰萨取代韦尔塔执掌墨西哥的那天起，他便对威尔逊抱有清醒的认识。卡兰萨抱怨道：“我就从未见过比他（指威尔逊）更没法打交道的人。”他一度推崇“宪政主义”，以颁布法令的形式对抗外国资本。事实证明，在美国的压力面前他并不比韦尔塔更能扛。真说起来，卡兰萨跟韦尔塔的区别似乎仅仅在于他没有下手害死自己的前任而已（几年后，他谋杀了萨帕塔将军，算是补上了这一课）。威尔逊暂且忍痛思考，奥布雷贡将军可能当得起墨西哥的“真命天子”。但随后不久，在国务卿布莱恩教唆一般的影响下，威尔逊得出了惊人的结论——潘乔·维拉，这位大字不识的土匪头子，这位留着厚厚的小胡子，双目精光四射，其时正控制着整个墨西哥北部地区，乃卡兰萨头号劲敌的人，或许才是美国“最安全的人选”。

布莱恩身为一个只喝葡萄汁的禁酒主义者，认定维拉是一位“理想主义者”的原因在于，维拉不抽烟也不喝酒。在布莱恩的头脑中，理想主义者显然保持着未被玷污的心灵。虽然维拉手下的那些乌合之众每天必用龙舌兰酒把自己灌醉两回，两回之间大麻片刻不离口，但维拉就是出淤泥而不染。然而，支撑布莱恩想法的这些论据根本就毫无逻辑性可言。他和威尔逊的这位新人选，其实是一个耀武扬威成性的自大狂，平时更惯于朝人肚子上开枪而不是跟人握手。有一回，维拉接受美国记者的采访，外面有喝醉酒的士兵大吵大闹，他想也不想便拔出手枪，从窗口将那个士兵击毙，然后继续接受采访。

跟美国总统成了好哥们儿（*amigo*），维拉倍感光荣。美国人这边，1915年8月9日，布莱恩的继任者兰辛国务卿得到建议，支持维拉。因为“至少从表面上看起来”，此举能为自负而嚣张的卡兰萨培植敌手，进一步将卡兰萨逼到低头屈服的境地。

但是，阿尔伯特和阿奇博尔德事件接踵而至，在舆论界掀起轩然大波；紧接着是韦尔塔复辟背后的德国推手被彻底曝光；还有U型潜艇引发的危机不断深化。人们预测，与德国人撕破脸已在所难免，墨西哥局势即将发生大反转。1915年10月，美国一项抽风般的举动让全世界都闪到了腰——美国突然宣布承认卡兰萨为墨西哥合法总统。维拉惨遭自己的“好哥们儿”抛弃，气得发疯。其他人个个大惑不解，但此事的前因后果显而易见。兰辛将其写在了自己的日记中：

德国人企图维持墨西哥的乱局，直至迫使美国介入其中。**因此，我们决不能介入其中**。

德国人不希望看到任何一个派别在墨西哥局势中占据上风。**因此，我们必须承认一个派别，让其在墨西哥局势中占据上风……**

归根结底：我们与德国保持关系，必须以我们的利益为首要出发点；我们与墨西哥的一切交往，必须得到相应的掌控。

新政策迅即得到落实。当时卡兰萨在墨西哥北方的部队正固守阿瓜普里伊塔，守株待兔坐等维拉的部队前来进攻。美国与卡兰萨北方军队司令官达成了协议，允许其使用横贯美国领土的铁路运兵，以绕过当地的群山。11月初，尚蒙在鼓里的维拉下令进攻。他的部队从阿瓜普里伊塔城外的山上冲下，结果遭遇惨重伤亡。阿瓜普里伊塔之役让维拉兵力丧尽，迫使他率残部在严冬冒着封山的大雪撤退。他跟自己的残部死里逃生，他们丢掉了一切，除了一双赤脚，身带冻疮，饿到半死，就只剩了疯狂的复仇之心，要向那些背叛自己的美国佬复仇。这在后来终成祸患。

11月7日，又一艘商船“安科纳”号被鱼雷击沉，美德关系进一步恶化。威尔逊想要采取比发外交照会更加强硬的措施，明白无误地传达美国的愤怒。我们难道不能把那些“讨厌的走狗”赶回老家去吗？豪斯上校建议。我们完全可以。阿奇博尔德文件里的证据被公之于众，让巴本和博伊—艾德无所遁形，美国随即强令德国将这两人召回本国。此事引发了轰动，所有报纸都开始连篇累牍地刊发手里掌握的一切有关“德国阴谋”的消息；美国政府趁机火上浇油，小心翼翼地将去年夏天四个特工小组搜集到的许多情报透露了出去。现在，美国公众第一次了解到德国人密谋让韦尔塔复辟的全部细节，以及林特伦在这一阴谋中扮演的主导角色。12月8日，《纽约时报》如此夸大这桩丑闻：“**（此次曝光）让德国人企图挑起美墨战争的阴谋大白于天下。美国当局**

获悉，冯·林特伦潜来美国，以数百万巨款为后盾，居心叵测。其目的是扶持韦尔塔实现野心。一旦墨西哥境内革命再起，则美国的军火输出便只得转移方向，无法继续供应协约国。”

据《纽约时报》报道，德国资助韦尔塔镇压墨西哥革命的资金达3000万美元。其中1200万美元已经用于购买武器和筹建军队。司法部特工追查到了这些秘密资金的下落，找到了多处存放步枪和弹药的仓库，其数量足够“装备一支实力令人生畏的远征军”。巴本和博伊—艾德还曾亲自前往边境，根据地形具体筹划。菲利克斯·迪亚兹将军时刻严阵以待，准备从墨西哥南部杀回首都。林特伦被曝光是上述这些计划的主谋，更有许多武装人员准备为他和韦尔塔还有那个“华尔街之狼”的交易前赴后继。

事实上，所有与林特伦见过面的人，所有林特伦下榻过的旅馆，他打过的所有电话，收发的每一封电报，甚至他本人存在跨大西洋信托公司中那50万美元里几乎每一分钱的去向，都被司法部一一建立了卡片档案。四个月的时间，林特伦一直处于这样的监控之下，他除了动用资金造了几枚放置在船舱里的炸弹，并没有什么其他的动作。那种炸弹每枚成本不过10美元，随便哪个技工都能造。

一片喧嚣愤怒之中，唯一能安然若素的人还是伯恩斯道夫。他私下里向国内发去电报：“确定林特伦是召回诸位海军武官的首要原因。官方有必要立即对林特伦的任务进行否认。”但是，当兰辛召见他时，伯恩斯道夫却显得“异常吃惊，表示自己对此一无所知。”兰辛告诉他，自己手里有确凿的证据，足可以将博伊—艾德上校起诉定罪——因为他曾在曼哈顿饭店和安索尼亚饭店数次密会韦尔塔。德国大使沉着冷静，否认对此事有任何了解，坚持要求美国国务卿收回指控。而且，他自己公开宣布，已经受命否认德国官方派遣林特伦来美国执行秘密任务。

巴本也想照着葫芦画瓢，鼓起勇气跟美国人拼上一把。他向美国国防部长提出正式抗议，指出一切“大错特错”。他说，不管是他还是博伊—艾德，都未曾“出于任何目的而直接或间接地接触墨西哥任何政府、派别、个人以及团体”。可惜，他胆气不足，还是跟博伊—艾德两人先溜一步。只剩伯恩斯道夫孤身一人留在美国，在步步惊心间周旋自如。美国政府并非没有抓到他足够的罪证；而是因为威尔逊希望斡旋和平，非借重伯恩斯道夫不可。

整个事件的中心人物却已然临近谢幕。在墨西哥边境，韦尔塔将军落到了生命垂危的境地。他在布利斯堡莫名其妙地身染重病，被确诊为黄疸。外间谣言疯传，说他被下了毒。倘若韦尔塔将军在美国监狱中死去，看起来可大为不妙。于是，美国人在11月释放了他，将他交由家人照料——他的家人早随他来到了艾尔帕索。谁知道，这个不屈不挠的印第安人拒绝再次保释，坚决不给美国人台阶下。他病一好，刚从鬼门关回来，马上又被押回了布利斯堡。等到他在牢里二度染上重病，美国人又赶紧释放这个“情况殆危”的犯人。而圣诞节刚过，美国总统正在弗吉尼亚州温泉城与自己新婚的妻子共度两周的蜜月[1]。他知不知道自己的老对手已经是苟延残喘了？无论他知不知道，关不关心，都没有留下文献记载。哪怕到了弥留之际，韦尔塔的一举一动还是在美国人的监管之下。美军士兵日夜守在他的床边，只有当他陷入昏迷时才会离开片刻。1916年1月14日，在异国的土地上，心怀未能夺回故国的遗憾，韦尔塔抱恨而终。

不管是韦尔塔含恨而死，还是林特伦奉召回国，都无法阻止德国继续挑起美墨战争。韦尔塔成了过去式，现在美国自己给自己树立了一个新的劲敌，这便是维拉。对于德国来说，通过支持维拉将美国拖入墨西哥乱局，前景胜过从前的诸般人选。维拉的价值很快得到了证实。1月10日，奇瓦瓦州的桑塔·伊莎贝尔，一伙维拉的手下拦截了一列火车，车上有17名美国的采矿工程师。匪徒们命令这些美国人排成一列，剥光衣服，一个接一个地枪杀。其中有个叫托马斯·H. 霍尔姆斯的美国人，虽中枪倒地，却一息尚存。待匪徒们上马离开，他咬紧牙关爬起来，拖着浑身是血的身子走了整整一夜，终于在第二天早上7点坚持到了奇瓦

[1] 威尔逊总统的夫人艾琳于1914年逝世，威尔逊于1915年迎娶了新女友高尔特女士。威尔逊是少有的任内丧偶的美国总统。——译者注

瓦城。他把同伴全部遇害的消息带了回来。

桑塔·伊莎贝尔大屠杀立时被贴上了标签，在全美国激起了雷霆之怒，美国人纷纷要求对墨西哥进行武装干涉。愤怒的美国公民组织抗议大会，递交请愿书，极力呼吁采取行动，对“这场卑劣残忍的谋杀行径”以牙还牙。在艾尔帕索，当地居民集体携枪出去找墨西哥人干架，迫使该地只得实施军事管制。上千名矿工和牛仔自组民兵，威胁要自己保卫边境，猎杀匪徒，凭自己的双手复仇，除非军队出动。美国国会众议员，尤其是得克萨斯州籍的众议员，滔滔不绝地在国会演讲发生在边境的惨剧——凶杀、强暴、劫掠，当地美国妇女遭受的暴行甚至比死亡更加悲惨，美国人民的生命安全与圣洁名誉都得不到保障。来自边境地区诸州的国会参议员愤怒地表示，威尔逊只关心马德罗之死，根本不将美国公民遇害放在心上。力主干涉墨西哥的一派人声称，只要威尔逊还是美国总统，任何美国人前往墨西哥都不再安全。前总统罗斯福收到了一份来自边境地区的请愿书，请愿书呼吁立即出动正规军，直捣墨西哥。

威尔逊刚刚度蜜月回来不过一周，尚未被外界舆论所打动。想起美国第一次与墨西哥开战，威尔逊心中深以为耻。当初对韦拉克鲁兹动武，给威尔逊留下了满心的污点。他曾经对一个朋友狠咬牙关地说，他再也不会被迫对墨西哥发动本可以避免的战争了。全美国纷纷给他起外号，嘲笑他胆小怯懦，威尔逊充耳不闻。他牢牢遵守着兰辛备忘录中的话：德国想要我们跟墨西哥开战，因此我们绝对不能跟墨西哥开战。我们在墨西哥所采取的行动，必须符合美德关系的现状。威尔逊非常清楚，从一个意想不到的来源——得克萨斯州州长——那里发出的声音，其实句句在理。州长指出，美国若是毫无准备贸然与任何国家开战，必将是愚蠢至极的闹剧。即便对手是满目疮痍的墨西哥。

维拉渴望着跟美国人打上一仗，德国人趁机在他耳边多加鼓励。于是，维拉在美墨边境一带上蹿下跳，如同一只发怒的公鸡，一门心思要引得美国这条大狗朝自己扑过来。维拉仔细审视自己的处境——自从贝努斯蒂亚诺·卡兰萨抱上美国人的大腿，自己便遭外界遗忘。他的实力日渐萎缩，部下弃他而去。维拉深信，自己只能寄希望于迫使美国入侵墨西哥。如此，自己便能以“反美起义”为号召，让广大墨西哥人民汇集到自己的旗下。到时候，就将是他，而不是卡兰萨，当上墨西哥的民族英雄。“维拉万岁！”这样的战吼又将重新响彻索诺拉省到尤卡坦半岛的墨西哥大地上。一定要把那个老而无用的“贝努斯阁下”[1]扫进历史的垃圾堆，让他尸骨无存，只留下他那部长长的白须给勇猛的潘乔做帽子上的饰带。这跟德国的利益完美契合。德国人并不指望维拉真能将卡兰萨赶下台。只要维拉的梦想一日不休，就能将

[1] 指贝努斯蒂亚诺·卡兰萨——译者注。

美国人多拖在墨西哥的武装冲突中一天，德国便能为自己减轻巨大的战略负担。

德国人的实际动作，始于西奥多·罗斯福那敢为人先的出兵号召。当时罗斯福并不知道，这其实也是德国人策划的。有机警的美国情报人员发现，是艾尔帕索的两个德国商人——埃德加·希尔德和路易斯·赫斯，一手炮制了那份递交给罗斯福的请愿书。两人还曾全力抨击威尔逊对墨西哥无所作为。作为仇德派的领袖人物，西奥多·罗斯福绝不乐意给德国人当枪使。他幸运地免除了这份尴尬——威尔逊如同一堵石墙一般驳回了他的号召。

即便如是，维拉随后一击的威力还是让这堵石墙轰然倒塌。因为潘乔杀回来了。1916年3月9日夜，新墨西哥州的小城哥伦布市在睡梦中突遭浩劫。400多名墨西哥匪徒纵马横行街头，狂呼大叫，肆意放枪，纵火烧房，抢劫店铺，杀害了20多名平民，然后于天亮前消失在边境的另一侧。事情到这一步，不管再提出何种警告，拿出何种政策，美国都必须出兵报复了。威尔逊满心悲凉，再想不出更好的办法。这是他在自己的内阁中第二次被迫下令向墨西哥采取军事行动。他曾倾尽全力避免动武，却终究无法挽回。威尔逊尽可能地慎重行事，他先是勉强说服了卡兰萨，让他允许美国军队“出于搜捕匪帮头目维拉之唯一目的”而进入墨西哥。威尔逊又广泛搜求了一番能挽回此事的机会，最终未果。

一切不能再拖了，威尔逊只得下令，由潘兴将军指挥美国军队越过边境，向墨西哥境内发动惩罚性作战。

这是一次旷日持久又声势浩大的搜捕行动。一个月之内，潘兴率6600名美军，深入墨西哥境内300英里，与卡兰萨的摩擦日益加深，却始终没能找到维拉的踪迹。在华盛顿，美军总参谋部做好了最坏的打算，拟定了对墨西哥发动全面入侵的计划。有关维拉下落的情报十次二十次地冒出来，后来干脆多到数不清——有的说他死了，有的说他被俘了，有的说他藏得入地三尺，有的说他被斩首清除，有的说他被自己的手下绞死，还有的说他落到了卡兰萨部下的手里。墨西哥的每一株仙人掌上似乎都有维拉的脸，咧着嘴嘲笑焦头烂额的美国人。等美国人想过去抓他时，维拉却像柴郡猫[1]一样悄然消失在空气中。

柏林的媒体欣喜若狂，随即重施故技，暗示是日本在秘密支持维拉。美国驻德大使詹姆斯·吉拉德向国内发电："我敢肯定，维拉的所作所为系德国一手操纵。"所有人猜测纷纷，维拉的幕后主使究竟是谁。因为贸然在哥伦布市制造惨案，显然缺乏明确目的，其真正动机令人费解。即便在墨西哥，墨西哥人自己也说，潘乔干出这事纯属"神经错乱"（delirio de grandeza）。许

[1] 英国名著《爱丽丝漫游奇境》中的著名角色，是一只会隐身的咧嘴大笑的猫，当他逐渐隐身的时候，最后消失的是他的笑容。——译者注

多美国人,包括美国总统则相信，美国商人对石油和金属资源的贪婪攫取才激起了此事。还有一些人，比如《科利尔周刊》[1]的记者，则大胆指出“目前正深陷战争的某欧洲国家致力于让美国分身无术”。

德国策划阴谋的证据，实际上虽经反复泄露，在华盛顿仍被作为高度机密。只因那时美国政府由于德国潜艇击沉“苏塞克斯”号商船而陷入了新一轮危机，美国政府实在不想再送给公众跟德国开战的其他理由。但是，整个5月和6月，每过几天兰辛的工作日志中都会赫然出现特工处递交报告的记录：“据悉有德国军官出现在坦皮科”，“德国人在墨西哥北部绘制地图”，“司法部称墨西哥边境有德国人活动”。科布专员的干劲一如既往，过去他劲头十足地追踪韦尔塔，现在他又向兰辛发来电报，请求获准额外雇用探员来帮助他调查“所有卷进当前墨西哥问题的德国人”。科布怀疑的几个对象，竟都被证明是国防部派来追查同一线索的情报人员，这让国务院一度相当难堪。虽是虚惊一场，美国人却又得到了另外的足够证据，让局势骤然紧张。沃斯卡的手下发现，先前林特伦提供给韦尔塔的武器，如今竟转而给了维拉。将武器运过边境的方式是这样：把武器装进廉价的棺材或封好的油桶，再用马车运过去。油桶里装满油，等到了墨西哥港再

[1] 《科利尔周刊》（*Collier's Weekly*），美国著名时事杂志，创立于1888年。——译者注

将油放干。如此，军火在取出来时能保持完好。

德国人与此事的其他关联也证据确凿。为什么当得知维拉被俘的新传言时，德国驻华雷斯领事马克斯·韦伯会一脸狡黠的笑意，而且他还能从私人渠道得到消息，反驳那些传言？当维拉的匪帮洗劫奇瓦瓦城和帕拉尔的所有店铺货栈时，为什么只有那些名字发音听起来像普鲁士军队士官口中训练口令的德国公司——卡拉卡尔、佐克&莫亚、卡特尔森&德格塔乌——能够得以幸免？

德国对放不开手脚的潘兴远征极不满意，认为简直愚蠢透顶。据美国大使吉拉德向国内汇报，每天晚上，“5000万德国人都要气得大吼大叫一番才能上床睡觉，只因为墨西哥还没有爆发反美总起义。”为了让墨西哥局势进一步恶化，德国人一方面推动维拉继续反美，另一方面又资助了流亡古巴的一位迪亚兹以前的将军几百万马克，让他镇压革命活动。与此同时，德国还变本加厉，以双倍力度教唆卡兰萨政权跟美国真刀真枪地干上一场。当时卡兰萨的老巢在韦拉克鲁兹，美国驻韦拉克鲁兹领事向国内报告，一个德国间谍私下密会卡兰萨，表示愿意借给墨西哥军队32名军官；作为回报，德国人要求得到圣·安东尼奥·利萨尔多半岛。那里位于韦拉克鲁兹以南30英里，有一处天然良港。这件事，加之一直盛传墨西哥境内可能有一处德国潜艇基地，让华盛顿方面不寒而栗，总统下令要求迅速调查清楚此事。

美军负责墨西哥边境地区防务的是芬斯顿将军，一份来自蒙特雷的情报令他颇为苦恼。情报显示，该地的德国和奥地利领事正资助一伙叛军，准备进攻得克萨斯。为数不少的险恶传言一时间从蒙特雷四散而出。传言是关于神秘的“圣地亚哥计划”，德国领事巴勃罗·布尔夏德与之关系密切，他从前是一位优秀的生意人。布尔夏德曾于后半夜秘密拜会卡兰萨麾下的军官格雷罗上校，据说此人是“圣地亚哥计划”的负责人。布尔夏德还与该计划的另外一名负责人毛里利奥·罗德里格斯上校频繁会晤。他送给该计划的第三位负责人路易斯·德·拉·罗萨一枚光彩夺目的钻戒，乐得罗萨戴着钻戒满城夸耀。这一切说明了什么？美国驻蒙特雷副领事总算搞到了望眼欲穿的“圣地亚哥计划”全部细节。该计划的目标，是枪杆子和笔杆子并举，在得克萨斯掀起一场革命，继而将革命的火种烧到新墨西哥、亚利桑那、加利福尼亚、内华达、科罗拉多和俄克拉荷马去，在这些前墨西哥领土上建立一个属于墨西哥人、黑人和印第安人的独立共和国。这个独立的共和国最后要并入墨西哥，更要帮助美国南方六州的黑人发动起义，建立黑人政权。这种计划几与妄想无异，只是真切反映出百年来墨西哥人对白面孔的美国佬那刻骨铭心的仇恨。或许正是布尔夏德先生提交给自己上司齐默尔曼的“圣地亚哥计划”报告，第一次在德国外交大臣的脑中种下了帮助墨西哥收复失地的点子。

兰辛读着类似这样的报告，想到墨西哥境内美军给当地民族主义情绪带来的影响，尤其是德国不断煽风点火，让美国在墨西哥越陷越深，不禁忧心忡忡。兰辛对墨西哥固然关注，但他更关心的是要确保和德国相安无事。他与新任国防部长牛顿·贝克一起，建议威尔逊赶紧将潘兴的部队撤出墨西哥。不管有没有活捉维拉，一定要在局势发生不测、事情变得不可收拾之前撤出美军。这边正在考虑撤军，那边局势已变。6月18日，美国驻韦拉克鲁兹领事坎纳达发来电报称，德国领事埃克哈特正在竭力唆使卡兰萨对美开战。坎纳达深恐卡兰萨“手下那些冲动鲁莽的将军会将他拖入战争”。第二天，据闻美国境内的德国预备役军官和士官都接到命令，去墨西哥领事馆注册报到，违令者以逃兵论处。

这些信号堪为不祥之兆。长期以来，卡兰萨麾下的将军们早已饱听德国人的蛊惑。两天之后，6月21日，一支美军侦察队无视墨西哥人的警告外出行动。墨西哥人事先言明，美军除非往北，否则朝任何方向行动都会招致墨西哥人开火。果然，这支美军侦察队在卡里萨尔遭到卡兰萨军队的痛击，美军12人死亡，23人被俘。美国政府现在想要撤军已然太迟了，整个国家都不会站在政府一边。美国国内主张干涉的一派怒吼着要让墨西哥付出更多血的代价，要给墨西哥狠狠一击。美国总统与墨西哥保持友好关系的一切努力都化为了泡影，如今不得已下令动用国民警卫队保护边境，向墨西哥东西两侧海岸派出军舰。

德国人总算如愿以偿，美国最终像是陷了进去。经过几年时间的苦心谋划、反复施压和大笔援助，一切终究没有白费。德国禁不住沾沾自喜。《纽约时报》警告，卡兰萨此番对美国翻脸，背后正是德国人在操弄。一家柏林的报纸则反击道："所谓德国策动墨西哥与美国开战，以阻止美国对协约国出口军火，我们认为此事根本不值得否认。事实是，美国藉向法国和英国出口军火，获利丰厚；此番美国的不义之财因墨西哥战事而大受影响，我们诚然对这一结果绝无半点怜悯。"

德国人耐着性子坐等美国人将行动扩大为一场吞并墨西哥的战争，他们无法理解，为什么美国人的行动如此慢慢吞吞。美国相关利益财团也无法理解，他们摩拳擦掌，认为与墨西哥打一场战争，比卷入欧洲战祸可是有用得多。"命运在墨西哥留给我们一颗金苹果，而在法兰德斯只给我们备下一枚苦果。"《芝加哥论坛报》写道，"只有赢得与墨西哥的战争，我们才会真正清楚我们到底获得了什么——一个安全稳定的大洲，实际上我们将再不可能丢掉对这个大洲的控制权。"德国人对这个看法万分赞同。德国人的宣传机器向拉丁美洲人民灌输这样的理念——美国人会处心积虑兼并从得克萨斯到巴拿马运河之间的全部领土。依德国人看来，只有这样的做法才是符合逻辑的。美国人要没抓住机会，连德国人都会替他们大动肝火。

"你们美国人真是蠢透了，"赫瓦尔特·冯·毕典菲尔特少校评论道，他可是煽动美墨战争多年的老手，“从国境到巴拿马运河之间都还不是自己的领土，居然就妄想控制住运河。”在柏林他激动地对一位美国女士说，“从战略上来说，巴拿马运河对你们毫无用处，因为从陆路通往运河的土地不属于你们。想想看，没有石勒苏益格—荷尔斯泰因，我们德国怎么能控制住基尔运河！”

现在，赫瓦尔特少校和柏林其他那些拉美局势的幕后推手们，可以就德国对卡兰萨政权的影响力不断增长而击掌相庆了。“贝努斯阁下”那副圣贤般的尊容不过是表象，其实他好勇斗狠又愚蠢自负，野心膨胀却又生性多疑，而且才智匮乏。德国人慢慢在他周围收网，他肯定会就范。只要开出的价码合适，甚至可以说服卡兰萨放弃中立地位，公开与德国结为同盟。前景很美好。英国从坦皮科获得石油的供应线将被切断，U型潜艇将以墨西哥湾为庇护所，美国将被钉死在大西洋遥远的另一侧，根本无暇他顾，遑论出兵欧洲。

这年夏天，新任墨西哥驻德公使苏巴朗先生抵达柏林。他受邀与齐默尔曼进行了长谈，而且全然不顾外交礼节，故意不去拜会美国大使。墨西哥的德国侨民联合会兴高采烈地报告，目前已经下辖二十九个地区性宣传委员会，大家正满腔热忱地宣传伟大的日耳曼精神。“大批墨西哥人已被劝服，理解我们采取战争手段乃是正义的；现在墨西哥人倾向于接受我们的宣战公报[1]。”墨西哥的德国军人协会[2]也不甘示弱，报告称已在墨西哥全国各地设立了七十五个分支机构，成员遍及墨西哥各个领域，有些在墨西哥政府内部担任办事员和部门负责人，十人在墨西哥军队中担任军官，两人当上了师级军官，还有两人追随在维拉身边。德国人用钱收买了墨西哥媒体，支持出版一份专门刊登战争新闻的画报，专供不识字的墨西哥农民阅读。德国间谍在坦皮科的码头工人间煽动罢工，在亚利桑那和加利福尼亚的墨西哥劳工间散播反美情绪。德国银行界放宽了对卡兰萨政府的财政支持。德国各大矿业财团贿赂卡兰萨政府，让卡兰萨政府颁布法令，允许德国财团在美国人被迫离开的情况下收购留下的矿场。德国人效率如神，很快就将这看似没影的事变成了现实。有一家名叫托雷翁[3]冶金公司的德国企业，其掌握的墨西哥矿产资源份额实际上已经超过了古根海姆家族的美国冶炼公司。局势的发展速度令人瞠目结舌，美国情报人员向上级提交的报告字里行间都透露出惊恐不安。

更糟糕的是，卡兰萨与德国公使埃克哈特打得火热。前者与

[1] 指德国发动第一次世界大战。——译者注

[2] 原文为Iron Cross Society，即“铁十字协会”。——译者注

[3] 墨西哥北部城市。——译者注

后者频繁会面，不经过任何中间人。埃克哈特亲自驾驶汽车前往国家宫，到墨西哥总统的私人办公室里与其会谈，这一场景变得司空见惯。卡兰萨对美国仇恨滋养了他的梦想，他做梦都想把拉丁美洲国家整合成一个强有力的泛拉美联盟，从而能够跟美国人平起平坐。跟冯·埃克哈特联手，此事大有可为。于是，他们两人合伙策划镇压中美洲各国的革命，在中美洲各国建立亲墨西哥（或者是德国）的政权。

早在接替冯·欣茨来墨西哥上任之初，埃克哈特便深感缺乏与柏林联络的有效通讯手段，这让自己的工作大受影响。墨西哥没有能隔大西洋发送电报的大功率发报机。虽然在墨西哥能收到德国的无线电报，但是无法保证电报能送到埃克哈特手里，因为墨西哥法律禁止外国人使用无线电密码。埃克哈特向卡兰萨抱怨此事，墨西哥电信部长马里奥·门德斯先生随即通情达理地接受了德国侨民协会每月600美元的贿赂，从而对此事睁一只眼闭一只眼。如此安排，便利了埃克哈特与派驻中美洲其他国家的德国外交官和间谍的联络，但依旧无补于跨大西洋的电报通信。

不过，德国想出了跨越鸿沟的办法。德美之间跨大西洋的电报绝大部分经由伯恩斯道夫的渠道，都经过了某种加密，第40号办公室迄今无法破译。华盛顿和柏林的天空中隐藏着一个神秘的通讯死点阻隔了监听。破译人员无法搞清电报加密的套路。

起初，这些电报通过所谓的“主线路”发送，线路一端是距德国柏林数英里的瑙恩无线电通讯站，一端是位于美国长岛的萨维尔无线电通讯站。1915年夏天，美国将萨维尔收归海军监管。因为德国人利用这里的通讯站向潜艇发送协约国船只方位，等于是在中立国领土上设立了一处支援海战的军事设施。按照规定，如果没有向美国政府备案，德国人不得使用萨维尔无线电通讯站发送密码电报。事实上审查并没有什么作用，德国人略施小计就规避了它——电报表面上被登记为商船和其他商业公司发送的，实则是伯恩斯道夫的加密电报。

但不管怎样，美国的管制还是逼得德国人一再强烈抗议，自己无法与柏林进行直接的联系。这不公平，这不公平，伯恩斯道夫不断向美国国务院表示。在柏林，德国首相贝特曼—霍尔维格和齐默尔曼也时不时召见美国大使吉拉德，就同一问题向他指出——德国人的感情受到了伤害。这些抗议都经过了仔细筹划，目的是取得一条中立国默许的电报线路。德国人成功了。

霍尔少将一度困惑不已。“我们追踪了差不多每一条电报线路，”他在给冈特上校的信中写道，“以下事实令我沮丧——他[1]将电报往南发到布宜诺斯艾利斯，再从那里发到大陆另一侧的瓦尔帕莱索[2]。”这条线路霍尔查得一清二楚，但从阿

❶ 指伯恩斯道夫。——译者注

❷ 智利中西部港口城市，位于南美大陆太平洋沿岸。——译者注

根廷和智利再往后的线路却像是凭空蒸发了。“我查不到电报从瓦尔帕莱索又发往了什么地方，”他告诉冈特，“是途经了中国还是俄罗斯，沿途中立地区对此是否持默许态度，均一无所知。”而今，1916年的冬季，一条线索偶现墨西哥，为此提供了答案。

瑞典临时代办福尔克·克隆霍尔姆先生，是驻墨西哥城的亲德国家外交官中行事最高调的人物之一。最近，一个好打听的英国人注意到，克隆霍尔姆先生跑电报局比从前大为频繁，而且大异于瑞典与墨西哥淡薄的关系。这个英国人之所以对此刨根问底，只因他是霍尔少将手下的情报人员。我们只知道他代号“H”，他的身份在第40号办公室的档案中至今仍是机密。

若是克隆霍尔姆从前行事低调些，他跑电报局也就不至于引人注意。但他对德国人扩张野心的一贯赞誉实在是臭名昭著，所以他频繁的电报往来也就尤其引人窥探。“H”先生注意到了这一点，疑窦顿生。他将自己的观察报告给霍尔少将，保证要进一步调查下去。

时隔不久，霍尔少将读到一份截获的电报。电报是埃克哈特发给柏林的，内容是催促柏林对一份早先的授勋表彰申请做出答复。埃克哈特请求授勋表彰的对象正是他的瑞典同行——克隆霍尔姆先生。尽管对德国人收集和佩戴勋章的热情全欧洲无人不知，霍尔少将仍然敏感地嗅探起埃克哈特的申请。驻墨西哥城的瑞典临时代办，凭什么要获得德国的勋章？霍尔少将非要打破砂锅问到底。他仔细检视“H”的报告，反复琢磨克隆霍尔姆为什么不循常理频繁地去电报局。接下来，“H”又有了让人眼前一亮的发现——克隆霍尔姆的电报费用账单远远超出瑞典政府拨给他的此项经费，这背后隐藏的真相隐隐令人不安。有没有可能是这样，瑞典——这个国家毫无疑问是亲德的——这时违背了官方的中立立场，偷偷为德国人发送电报？

一开始，这还只是一种怀疑，但很快便证据确凿。一封埃克哈特写给德国首相贝特曼—霍尔维格的信落到了第40号办公室手里，信中即有埃克哈特第一次替克隆霍尔姆邀功求勋的申请。信里解释了为何克隆霍尔姆够得上德国人的嘉奖。“他巧妙安排，”埃克哈特写道，“让官方电报能送达阁下之手。”每一次“他都孤身一人，常常是趁三更半夜，亲自前往电报局送交要发送的电文”。克隆霍尔姆先生没有获得过瑞典的勋章，只有一枚智利的。（比起墨西哥军队里军衔最高的德国军官马克西米连·克劳斯将军，他一定感到胸前空空荡荡。克劳斯将军曾自豪地给写家书告诉父母：“我至今获得了九枚勋章和三枚高级奖章。我将勋章、奖章挂在军服外套上，另外将十字勋章戴在脖子上。”）埃克哈特问道，德意志怎能不向克隆霍尔姆颁发二级铁十字勋章，以此表达对瑞典的感谢？当然，这是私下的，战争结束前德国官方不能公开消息，以免招致敌人的怀疑。

长久以来困扰第40号办公室的谜题终于有了答案。德国的越洋电报原来是由瑞典代发的！证据唾手可得，因为瑞典的海底通信电缆就是在英国与跨大西洋海底电缆相交接。霍尔只是下令搞来一些瑞典政府电报密码的副本，三下五除二就破解出了真相。剥去上面几组瑞典密码的伪装，特征明显的德国密码露出了庐山真面目。余下的加密都不难破解。德国驻外使节先将电报用德国密码加密，交给瑞典同行，就像埃克哈特将电报交给克隆霍尔姆一样；瑞典人再用自己的电缆将德国人的电报和自己的电报一并发往斯德哥尔摩的瑞典外交部；瑞典外交部把德国电报交给德国驻斯德哥尔摩公使，后者再将这些电报发往柏林。回电如法炮制，顺着原路返回，即从柏林经斯德哥尔摩发给驻各国首都的瑞典外交官，由他们转交给德国同行。大部分华盛顿和墨西哥之间的通信都是经由布宜诺斯艾利斯。

第40号办公室给这条线路取了个名字，叫“瑞典迂回”（Swedish Roundabout）。查实了这条线路，霍尔不但能监听到埃克哈特的通信往来，连伯恩斯道夫都不在话下。从伯恩斯道夫那里，霍尔洞悉了威尔逊的动机、政策以及和平斡旋，比华盛顿其他消息来源都要来得准确而深刻，包括豪斯上校那些态度暧昧的官方公报都没法跟这相提并论。伯恩斯道夫如果使用萨维尔—瑙恩这条线路，线路已在美国海军的监控之下，太冒险；如果使用“瑞典迂回”，速度又太慢。于是他继续向豪斯上校抱怨自己很难与本国政府联系，他得到了豪斯上校的让步。我们要理解这个微不足道但意义深远的事件必须有诗人们所说的“自愿终止怀疑”[1]的精神。豪斯上校的“神机妙算”在适当的时候自会显现出效果。

时值1916年11月。空气中飘荡着僵持与无望，阴沉厚重恍如煤烟的浓霭。全欧洲的一半人口都在战壕里挨饿，生病，等死。波兰人、巴尔干人和饱受斑疹伤寒折磨的塞尔维亚人渴盼着美国人调停，贝特曼—霍尔维格对此不存希望，仅报之一哂：“这些人怎么能跟枉抛在索姆河大屠杀的几十万人命相提并论？”

每隔几分钟，第40号办公室的铁丝篮里都能落进新截获的电报，几乎从不停歇。这提醒霍尔，危险愈发令人担忧，U型潜艇倾巢而出的时刻步步逼近。冯·埃克哈特的游说达到了顶峰。10月，他向国内报告：“卡兰萨如今公开对德友好。如有必要，他愿意尽其所能支援德国潜艇在墨西哥海域活动。”一截获这份电报，霍尔赶紧转给了美国。兰辛严厉警告卡兰萨，不要做动摇墨西哥中立地位的勾当。倘若事情属实，定会招致“最具灾难性的后果”，迫使大英帝国对墨西哥采取“断然行

[1] 自愿终止怀疑（willing suspension of disbelief），英美文学概念，最早由19世纪英国诗人柯勒律治提出。即在具有超现实元素的文学作品中，作者需要通过渲染人文情怀和文中场景与现实的相似度，以使读者自愿放弃对作品本身超现实部分的怀疑，从而融入其中，享受作品。此处作者是在极言此事不可思议，读者要想理解就要有放弃怀疑、享受故事的精神。——译者注

动”。卡兰萨尚犹豫不决，柏林已经动手了。11月12日，德国外交部以最严肃的语气通知埃克哈特：德意志帝国政府即将恢复“无限制潜艇战”，以此作为“迫使我方头号劲敌屈服之有效手段”。这意味着德国潜艇将在美国海域内展开猎杀行动，因而“在南美洲和墨西哥获得用于协助潜艇进行作战的基地将至关重要”。在第一轮与墨西哥的结盟试探中，冯·埃克哈特受命询问：德国要以怎样“合适的条件”作为交换，才能获准使用墨西哥领土为德国潜艇提供支援。

卡兰萨会怎么办？美军在墨西哥的土地上盘踞越久，对墨西哥人的尊严伤害越深，将卡兰萨推入德国人怀抱的可能性就越大。如果U型潜艇从墨西哥的基地出击，必将切断从美国到欧洲的海上运输线。更可怕的是，坦皮科的原油供应将危如累卵。重中之重则在于，威尔逊会怎么办？

眼下，五分之四的美国常备军都拴在了墨西哥境内，或者是被迫沿着美墨边境一线部署。潘兴麾下的1.2万美军依然在奇瓦瓦州的山间徒劳地追捕着维拉。日本因利乘便，借用墨西哥的仇美情绪，拉拢墨西哥牵制美国，这种可能性陡然增大。有关日本的情报比之平时数量激增，搞得美国政府疲于奔命。这些情报有的来自美国政府的情报人员，有的是由焦虑不安的美国公民主动提供。内容从日本移民到日本的捕鱼船队，从日本的无线电通信到日本与维拉的交易，林林总总，不一而足。美国政府只得派人一件件详加调查。日墨秘密协定的魔影再度不胫而走，这一次不是老调重弹，而比以往都更加活灵活现。

截至11月，美国加入欧洲战事的前景预期愈发灰暗，日本与卡兰萨之间不断升温的亲密关系则愈发显而易见。驻墨西哥的日本使节出手阔绰，殷勤款待墨西哥的政府官员；墨西哥人投桃报李，在国家宫宴请日本使节，极尽奢华之能事，借以“彰显诚意”。同样是在11月，一位名叫卡皮奥少校的墨西哥军官搭乘“亚洲特快”号邮轮前往东京，肩负着前去购买军火的使命。他抵达日本后的行踪被负责监视的美国人逐日记录下来，其中包括与多位日本海军的高级军官会面，前往位于吴市、佐世保和横须贺的日本海军基地参观访问。尽管日本早已签署协议，不向任何协约国集团以外的国家出口军火，但卡皮奥少校还是从日本手里买到了机关枪和步枪。他还买到了用于在墨西哥建立军火工厂所需要的一切设备。卡皮奥少校还发现，从日本聘请几十位军火生产方面的专业人才回墨西哥协助运营军火工厂，再雇一艘日本船连人带货一起运回国，一点麻烦都没有，日本方面一路绿灯。他在日本的所作所为，引发了许多有关日本扩张的荒唐传言。乍一听，真恍若“黄祸”终要降临世间了。

柏林方面巴不得见到这一幕。此时此刻，德意志军国主义者正强推决策，冒着引发美国参战的风险，要孤注一掷重启无限制潜艇战。德国的陆海军将领自信满满，信誓旦旦地向政府保证，不必担心美国采取进一步行动。因为美国的侧翼有日本牵制。日本虎视眈眈，定要伺机袭取下加利福尼亚或者巴拿马运河。德国政府急不可耐要再吃一颗安心丸。但是，眼看1916年行将岁末，谁知道日本究竟会如何行事？与此同时，威尔逊还要赶在德国的U型潜艇兴风作浪、殃及美国之前，从交战双方的意图中榨出些许和谈的积极信号加以撮合。威尔逊与威廉大街之间进行的是一场严酷的角逐。双方都叫苦不迭。

海军少将威廉·雷金纳德·霍尔爵士（Russell, London）

7

第七章 “我们的朋友齐默尔曼”

“Our Friend Zimmermann”

欧洲战事僵持不下。人们期盼和平，如大旱之望云霓。1916年11月，“一个大体上性情活泼的德国人”（美国大使吉拉德语）新任德国外交大臣，这让美国人看到了一丝和平的希望。美国人厌恶战争，又唯恐被拖入战争，所以时刻准备，只要看似有可能打破交战双方无望死斗的机会，都要去试试。美国人深信，德国外交副大臣阿图尔·齐默尔曼升任外交大臣乃是德国政府内部自由派占上风的积极信号。自由派将把德国人民从军事独裁的枷锁之下解放，开启通向和平的大门，最终将全世界从战争的灾难中拯救出来。美国人对齐默尔曼热烈欢迎，恍若他是能消融冰雪的太阳。如果美国人少点幻想，他们就该明白齐默尔曼出任德国大臣，意味着德国下一步会空前强硬。

齐默尔曼在美国人这里大受欢迎，因为《纽约时报》满怀感情地称其为“一介平民”。在迄今为止由容克贵族们把持的德国外交部里，齐默尔曼是平民出身而荣登高位的第一人。他身材高大，面色红润，四方脑袋，年过五十还是单身汉。齐默尔曼有一双碧蓝的眼睛，一头金发略微泛红，还留着浓密的大胡子。这是极其典型的德国中产阶级形象，不过齐默尔曼刻意用自己脸上那道参加决斗留下的伤疤来掩饰出身。他的姓氏中没有“冯”；早年受训和供职的领事馆，也都聚集了姓氏中没有“冯”的人。德国前任首相冯·比洛笔调恶毒的四卷本回忆录遗作于1930年出版，结果在欧洲各国的外交机构间引起了一片厌恶。他说，如果齐默尔曼还在领事馆，或者他当上了省级官僚，一定会被群众爱戴，当他每天早上在城里最豪华的酒店露台上享用餐前开胃酒时，当地人一定会满怀尊敬地笑脸相迎："早上好，祝您健康，尊敬的阁下！"

命运由此对齐默尔曼偏爱有加，让他仅凭纯粹的个人奋斗就能破网而出。1902年，齐默尔曼调入外交部；1911年，他爬到了外交副大臣的位子。一个传言从荷兰驻德国大使那里传遍了柏林，大使断言齐默尔曼一定会在1913年取代戈特利布·冯·雅戈，坐上德国外交部的头把交椅。但不论齐默尔曼还是戈特利布，都根本不想扛起外交部这份重担，因为德皇肆意插手外交事务，外交大臣可不是什么美差。接掌外交部遂一推再推，齐默尔曼屡试不爽的借口是自己患有胆结石。于是，"冯·雅戈先生只得继续主持外交部的工作，别看他自己胆囊里的结石比齐默尔曼多十倍"。

或许齐默尔曼当初态度如此勉强，是由于自己身为圈外人，自感一个靠自我奋斗爬上来的人在外交部这种贵族圈子里难有作为。这让所有美国人对齐默尔曼极有好感，美国人自动假设——凡是自我奋斗成功的人，必定品德高尚。而在德意志帝国，这种情况只会让齐默尔曼变得比德皇更有霍亨索伦范儿——在阶级壁垒森严的社会中这种情况太常见了。因为齐默尔曼想要成为"他们中的一员"，他越急于进入主流正统，他才越容易被统治精英吸纳。他们任命齐默尔曼为外交大臣，并非如美国人的想象，是要让这个“一介平民”把政府改造得更加自由化，而是他们知道，齐默尔曼比他的前任冯·雅戈更倾向于顺从全面使用U型潜艇的决定。冯·雅戈生而为贵族，但他和伯恩斯道夫一样，相信有必要通过妥协达成和平。在美国，齐默尔曼取代冯·雅戈被视为德国政策软化的标志；其实恰恰相反，决策层面更重大的转变早在两个月之前就开始了，这只是其顺理成章的一个后果。

1916年8月29日，就在罗马尼亚加入与德国为敌的阵营第二天，德军在东线的两大巨头冯·兴登堡将军和鲁登道夫将军奉调回国，接掌总参谋部。年已七旬的兴登堡乃是坦能堡战役❶的英雄，其实他只是名义上的军务总负责；鲁登道夫担任兴登堡的军需总监❷，以一人才智集众人所长，实际上替兴登堡发号施令。这就是一言堂，一切由他们两人说了算。两人这次升迁的影响，在当时每天的职位调动和事件中并不显眼，事后看来却是意义非凡。1916年从头到尾，他们都与德国的文官政府龃龉不断。武将

❶ 第一世界大战初期，1914年8—9月间东线爆发的著名战役。俄军主动进攻，以第一、第二两个集团军的兵力开进东普鲁士。德军第8集团军司令官兴登堡、参谋长鲁登道夫诱敌深入，从俄军第二集团军两翼实施钳形攻势，成功围歼其主力，俄军第二集团军司令萨姆索诺夫兵败自杀。此战德军赢得了辉煌的胜利，俄军伤亡被俘合计达16万人，直至战争结束再未主动向德国领土发动进攻。——译者注

❷ 相当于副总参谋长。——译者注

们强硬坚持要打到底，要以大获全胜结束战争，实现大德意志的扩张兼并之梦；文官们则坚信，德国必须马上恢复和平，即便维持国土的战前状态也在所不惜。然而，8月29日之后，文官政府便彻底输了。德皇威廉依然把最高统帅部当摆设，平时以备建议咨询，遇事越过其直接决策——仅仅像镜子一样反映他的意志。帝国政府运转良好，各部部长依然尽职尽责；帝国议会的反战情绪实际上不断滋长；首相贝特曼—霍尔维格仍能镇住局面。但是，将军们的威望如日中天，无可替代，而将军们对此心知肚明。德皇鄙夷鲁登道夫那“一副陆军军士长的丑恶嘴脸”，盼着将鲁登道夫一脚踢开，但又不敢没有鲁登道夫。只要将军们威胁辞职，德皇威廉便只能就范。

齐默尔曼选择站在将军们一边。一开始他并没有选好，直到他明白德国军方打算强推主张。1916年3月，主战派关于实施无限制潜艇战的请求遭驳回，德高望重、留着分叉长须的提尔皮茨海军元帅在失望中辞职。纷争由是放缓，因为新海军元帅希望确保手中握有足够数量的潜艇，再重提计划，确保成功。这年秋天，海军元帅准备好了。这个事关国运的重大问题又一次摆在了桌面上——是冒着引起美国参战的风险，派U型潜艇倾巢而出；抑或在机会尚存的时候尝试和谈。军方欲铤而走险，首相则表示反对。直到此时，齐默尔曼还在支持首相。年初时他在帝国议会一次秘密会议上如是说：“我们面临的局势，让我们承受不起与美国为敌。”就良知而言，他清楚这千真万确。但内心深处，他又渴望与那些铁血英雄们并肩战斗。更重要的是，跟其他人一样，齐默尔曼坚信首相的政治生命快到头了，他可不想跟首相一起倒台。

贝特曼并不是那种秉承“强权即公理”的典型普鲁士人。但他的著名言论却让外界认定他就是那样的人。当初贝特曼斥比利时的中立地位为“废纸一张”，其实并非是玩世不恭地断言国际条约一文不值，只是以此表达因眼见英国将就此参战而生出的悲观失望。绝没有人想要战争，至少绝不能两线作战——贝特曼深知这一点。那时世界和平的希望尚未破灭，这位身材高大、满面愁容的德国首相让美国大使吉拉德想到了亚伯拉罕·林肯。两者的相似之处其实不能深究。的确，贝特曼身高背驼，双眼忧郁，肖似林肯。至于内心世界和精神状态，他倒是更像下一次世界大战中的英国首相内维尔·张伯伦。贝特曼善良，严肃，但说服力不够强。一旦立场动摇，他会自打折扣。据说每逢贝特曼代表柏林，与英国人一起围坐在谈判桌前，对方代表都会感到幸运。

早在两年前贝特曼就旗帜鲜明地反对实施无限制潜艇战，坚称此举将“无可避免地让美国加入我们的敌方”。他指出，倘若美国参战，协约国方面将获得巨大的财政支持，士气亦将提振，被扣留在美国港口内的所有德国船舶也将为协约国所用，另外还会影响其他中立国的态度。德国内部这场要求使用U型潜艇的斗争，变成了反对贝特曼的斗争。主战派早在1915年就清楚认识到，德国不可能在陆地上赢得这场战争了。因此，战争胜利的唯一机会就寄希望于德国最后的秘密武器——U型潜艇。要让这种秘密武器奏效，就必须解除对U型潜艇的使用限制，充分发挥其可怕的威力。德国打算一面通过保持地面战争的压力放干协约国的血，一面用U型潜艇展开海底绞杀战，彻底置协约国于死地。

贝特曼的压力越来越大。在一次开了一整天的会议上，有人形容贝特曼烟不离口，一天足足抽了六七十支。他变得头发花白，面色惨淡，布满皱纹。有人说，贝特曼看起来简直就是“绝望的化身”。

一切右翼人士——包括军方、大德意志主义者、保守派——都要求将贝特曼免职。只有一件事救了他：谁都想不出能代替他的人。德皇紧抓住贝特曼不放，唯恐让他走了，自己就只得将那个看似谦和儒雅、实则奸诈狡猾的冯·比洛亲王召回来，后者很久以前深深伤害过德皇陛下的感情。与此同时，贝特曼将政府权力紧紧抓住，希望大小事皆取决于自己一人。他谨遵俾斯麦的建议：“我们所能做的只有等待，用耳朵捕捉到上帝在历史中的脚步声，然后飞扑上前，试着抓住他的衣服后摆。”

“无可替代”的鲁登道夫等不到上帝了，决定自己动手，不管凭何种方法也要释放U型潜艇的威力。他自有办法，足能减轻文官政府冲自己来的压力。鲁登道夫一时赶不走贝特曼，但他至少能赶走反对无限制潜艇战的另一个重要人物——外交大臣冯·雅戈。冯·雅戈算不上难对付的角色，微不足道的啮齿类而已：他留着查理·卓别林式样的小胡子；面相怎么看也不像条顿人后裔，反倒像只逼急了的兔子。这副尊容让所有人——连同他自己在内——都不相信他能胜任目前的职位。但是，冯·雅戈一直对人在美国的伯恩斯道夫言听计从，后者反对使用U型潜艇，提供了强有力的论据，并请求给美国总统威尔逊一点时间，如果他能连任，则可能从协约国那里争取到和平条款。不过，决心甘冒万险、要用U型潜艇夺取最后胜利的德国军方根本不想再听威尔逊的聒噪了。而冯·雅戈身为伯恩斯道夫的传声筒，必须让出外交大臣的位子。时任德国外交部副大臣，那位能干、诚实、勤恳、优秀的齐默尔曼，必将接替冯·雅戈的位置。一直以来努力维持平衡，避免闹翻的贝特曼准备丢卒保车，相信齐默尔曼与鲁登道夫共事会更加融洽。“有了齐默尔曼”，战后冯·雅戈伤心地写道，“那些U艇狂人便认为自己可以随心所欲了。内心深处他一直赞成使用U型潜艇；换言之，他一直掺和在这股舆论潮流中，跟那些叫嚣起来动静最大的人沆瀣一气。由于这个缘故，他被当成是‘强硬派’。”

除了其他的那些优点特质，齐默尔曼还被认为是“知美派”。差不多二十年前，他从一个驻中国的领事任上回国，途经了旧金山和纽约。齐默尔曼乘火车横穿美国，这就是他对美国本质的切身认识。从那时开始，他就以美国问题专家自诩。从冯·雅戈手里接过外交部的公开事务之后，齐默尔曼与豪斯上校、吉拉德大使进行了私人接触，同时与巴本、博伊—艾德保持密切联系。他会直接收到德国驻纽约总领事的报告（经伯恩斯道夫之手）。总领事对伯恩斯道夫笃信威尔逊一片热忱为和平奔忙嗤之以鼻，他坚信威尔逊只会对有利于协约国的条款感兴趣。领事还不断发给齐默尔曼注了水的评估结果：声称德国的宣传大获全胜；由于害怕德裔美国人起义，美国政府将不会冒险参战。看这些，成了齐默尔曼的业余爱好。

一次，齐默尔曼和吉拉德就美国对协约国军售问题争论至酣处，他警告吉拉德，“如果有了麻烦，美国境内有50万受过训练的德国人，他们将加入爱尔兰人，发动一场革命”。美国大使天性幽默，以为齐默尔曼是开玩笑，等他发现齐默尔曼竟然是认真的，随即给出了一句著名的回击：“真要是到了那一步，美国有50万根路灯柱等着吊死他们。”

吉拉德喜欢这位平时和蔼可亲的德国副大臣，对齐默尔曼午餐时两夸脱摩泽尔白葡萄酒的酒量赞誉有加——但是，吉拉德写信告诉美国总统，齐默尔曼的谈话“荒谬绝伦”。齐默尔曼对着自己办公桌上一份1910年的美国人口普查报告异想天开。普查报告显示，美国有1337000名出生于德国的移民，繁衍至今在美国的德裔人口约达1000万人。这让他更加坚信，如此一个令人生畏的庞大德裔社群足以让美国不敢轻易做蠢事。1916年，美国驻土耳其大使亨利·摩根索借道柏林回国。齐默尔曼用自己最喜欢的话题来“款待”摩根索——倘若战争爆发，德裔美国人将如何联手“发动起义”。

直到1916年春天，齐默尔曼仍跟德国外交部的主流观点保持一致，即实施无限制潜艇战将使美国加入协约国阵营，而一旦美国参战，英国便不可战胜。除了那位咄咄逼人的德国驻纽约领事，其他任何对美国有所了解的人都持该观点。德国外交部美国司司长冯·斯图姆如是说，国外舆论分析处亦如是说，更遑论伯恩斯道夫昼夜不停地重复这一观点。然而，事情渐渐起了变化。随着被“卢西塔尼亚”号事件和“苏塞克斯”号事件引发的争吵所激怒，齐默尔曼开始对美国有了火气，几乎盼着战火烧到美国。他越来越频繁地拾起德国官员那种所谓“给人留下深刻印象”（imponieren）的习惯。如吉拉德所言，当德国人迫切想要将自己的观点强加给对方时，他们会声音压低两个八度，“直勾勾瞪着你，活像一只发怒的牛蛙”。“我认为，齐默尔曼冲上校吼了起来。”豪斯上校肩负着商讨和谈基本原则的任务来见齐默尔曼，陪同的吉拉德后来在报告中写道，“他一定是想吓倒我。”

5月的“苏塞克斯”号事件中，美国总统威尔逊坦率宣布：只要德国承诺不再未经事先警告即向商船发动袭击，他便不会破坏两国关系。齐默尔曼又一次在一个德国媒体的新闻发布会上叫器——这次未见于档案记载——“先生们，犯不着跟那个卑鄙无赖、厚颜无耻的威尔逊白费口舌，我们已经撕下了他脸上的假面具。”从那开始，齐默尔曼将威尔逊视作“跟英国人一个鼻孔出气”的伪君子，自己完全转到了主战派一方。无论如何，当时美国还不是一个值得德国煞费思量应对的军事强国。如今，齐默尔曼耳听得更多对海军方面请求的赞同声。人们说，德国海军被捆住手脚，坐困囚笼，满腔怒火无处发泄。他又发现了更有说服力的观点——陆军方面坚称，美国不可能按时训练和调遣足够的军队，从而影响欧洲战事的最终结局。还没等美国军队登上欧洲大陆，只要将数不胜数的U型潜艇派出去，英国就已经被打得俯首认输了。

饱听了对军事冒险的鼓吹，齐默尔曼终于迈出了实际的步伐。贝特曼和冯·雅戈依然针锋相对；德皇厌恶贝特曼，但又忌惮军方将领，因而犹豫不决。于是，这一议题反复被拿上高层会议研究。海军将领铺开图表和照片，证明在规定的时间内U型潜艇可以击沉多少吨的英国船只，直至让英国人——用一位海军将领的话来说——“像鱼一样躲在水草里苟延残喘”。争吵火气十足，自由党和社会民主党议员在帝国议会上大声疾呼：“人民不要潜艇战，只要面包与和平！”他们在议会走廊里交换着悲观的看法，纷纷传言：军方再发动一次冬季战役已成定局，所以必须抢在秋天实现和平。但是，德国民众对议会里的事情丝毫没有关心。无论怎样忍饥挨饿，德国人总是保持着服从精神。“这就是德意志，”一位德国议员说，“我们爆发不了革命。除非是局势崩坏到警察亲自将宣布进行革命的官方告示贴到每一处街角。”

到这年11月，U型潜艇计划已成定局。在军方的压力之下，反对声几近不存。齐默尔曼已经完全转变了立场。11月12日，就在取代冯·雅戈的职位前十天，齐默尔曼向人在墨西哥的埃克哈特发出电报，暗示向墨西哥提出结盟，以换取潜艇基地。实际上，为了阻止美国参加欧洲战事，他应该是向墨西哥和日本做出了一些承诺，达成了私下的交易。这也成了他升官的资本。11月22日，齐默尔曼出任德国外交大臣的任命正式宣布。

由于对这项任命背后的真正意义一无所知，美国人居然带着一股与生俱来的热心，感情上对这位德国新外相翘首以盼，热烈欢迎美国在德国多了一位朋友。“我们的朋友齐默尔曼”——纽约《晚邮报》（*Evening Post*）的大标题光芒四射。“德意志迈向自由化！”《文学文摘》（*Literary Digest*）公开赞扬。“自战争爆发以来，德美关系的最佳福音之一”，《邮报》（*Post*）补充道。

“所有美国人都喜欢他。”文章作者如是说。事实上这并非夸张。“我曾与齐默尔曼一起开会，这个人极度热情，讨人喜欢。”豪斯上校在1915年初给总统的信中写道，“我一直喜欢他，很高兴我们能重续友好关系。”豪斯上校公开指齐默尔曼为

“帝国最伟大的人物之一”。吉拉德大使同样也非常倾向于齐默尔曼。“我与齐默尔曼相交甚笃。”他说。不久，吉拉德又称齐默尔曼为“一个典范般的男人……我热心的私人好友，为人正直，对美友好，乃今日德国最杰出的人物之一。”

专注于德国事务的美国记者一窝蜂地发表了一批为齐默尔曼高唱赞歌的评论。他们将齐默尔曼的友善亲切与冯·雅戈所谓的冷酷、傲慢以及容克贵族的保守进行对比（其实冯·雅戈仅仅是不愿和人打交道而已，生来的自卑感让他将需要亲自出马的外交事务都交给了性格更加外向的副大臣）。美国记者形容齐默尔曼“坦诚、直率且天性活泼”，“在德国外交部的所有官员中对世界局势有着最高明的把握”；在他们笔下，齐默尔曼是媒体、公众和议会间的宠儿，“让人不禁想到务实的美国政客”；他“为人警觉，头脑敏锐，思路清晰，视野开阔”，是遵从美国人的习惯、与美国记者谈笑风生的德国高官第一人；齐默尔曼会主动起立迎接访客，面带微笑与之攀谈；他举止亲民，乐于助人，诚挚热心，理解美国人的民族性格，嘴里从不吐出其他普鲁士官员最喜欢用的那个词，“*ausgeschlossen*”——意即“根本不可能”。这些美国记者就齐默尔曼的小资产阶级背景大做文章。他们发现，齐默尔曼在自己的领事生涯中必须习惯跟商人打交道。这让美国记者大受鼓舞，纷纷写道，齐默尔曼“据信”属于推动德国政府民主化的自由派阵营。他那“本是一介平民”的传奇故事也让美国记者在好奇的同时备感欣慰。

美国记者们兴许知道，却没有哪怕一个人提起过：迈入皇室贵族的大门所带来的崇高与激动，足以让如齐默尔曼这般人变得极端危险，有如醉狂。齐默尔曼穿梭往返于同僚之间，每次下级官员弯腰给他开门时，都会靴子磕脚后跟向他致敬。齐默尔曼与头戴尖顶盔的高级军官、身居高位的皇室贵族一起，被皇帝陛下接见，跟鲁登道夫开会，绝不肯拥护任何半点有损于极端军事爱国主义的政策。

为使用U型潜艇开了绿灯之后，齐默尔曼意识到必须马上做好准备，应对随之而来的美国参战。如今战争近在眼前，就他对政府负有的责任而言，他不可能再诉诸德裔美国人叛乱之类轻浮的借口。齐默尔曼看到了更光明的前景，足以酝酿一场更庞大的变乱，其意义不亚于让墨西哥和日本结成同盟。早在两年前，那位圆滑干练的欣茨先生，海军将领和国王们的密友，便试图将日本拉入同盟国阵营，可惜失败了。他，齐默尔曼，一个贵族圈外人，定要做成这件事。如此，他便是让德国再添新盟的第一人。几年以来，德国外交部遭受着最严厉的批评——那些把持外交部的容克贵族，在为德国争取友邦上毫无建树，在让德国丢掉盟友上倒屡屡得手。齐默尔曼预计中成功可能性极高的外交大捷让他兴奋异常。他根据自己的理解阐释了日本驻斯德哥尔摩大使的某些言论，指其为“我们有达成协议的可能”。埃克哈特向他保证，墨西哥和日本之间存在着密切的联系。在进一步鼓励下，卡兰萨总统写来一封辞藻华丽的信件，公开表明自己亲德的感情立场，以及自己寻求与德国更紧密经济和政治联系的渴望。他要德国人帮他强化海军，给他更多军火。埃克哈特发来一份大有用处的电报，其中说尽管英国威胁报复，但卡兰萨还是愿意“向我方潜艇提供帮助，并最终在墨西哥海岸为潜艇提供一处永久性基地”。

齐默尔曼饱受鼓舞，开始筹划与墨西哥缔结军事同盟。他要让墨西哥承诺，一旦美德开战，墨西哥会主动进攻美国。在搜寻一个有效的说辞时，齐默尔曼同样想起了阿拉莫；他要用收复旧土来诱惑墨西哥。其实他压根儿就不相信墨西哥能将失去的得克萨斯和其他州再拿回来，但是他相信这对卡兰萨有难以抗拒的诱惑。齐默尔曼认为，墨西哥心怀恢复昔日疆界的宏图大志，会无所不用其极，但求与日本结盟。他敢肯定，一旦墨西哥被收入囊中，成为入侵美国的基地，日本一定会抓住这个天赐良机。

一个看似微小实则严峻的难题困扰着齐默尔曼。如何以必要的秘密方式商谈如此敏感的计划呢？最不巧的是，墨西哥驻柏林公使临时有事去了瑞士，谈判只得跨大西洋，经埃克哈特之手进行。为了给双方的秘密往来再加一道额外保险，齐默尔曼决定启用一个特殊的渠道，这个渠道本来是留给伯恩斯道夫用来传达威尔逊的和平建议的。可以肯定的是，使用了那个频道，日后就必须遗憾地自食其言。但眼下没有时间顾及这些细枝末节了。“无论表里不一还是秘密勾结，都不存在于齐默尔曼阁下的外交辞典里。”一位美国时事评论家如此夸张地赞扬道。同样的论断亦可见诸冯·比洛亲王的观点，在他看来，齐默尔曼“根本对外交的艺术一无所知”。人们猜测，这意味着齐默尔曼太过愚拙坦率，不会使诈行骗。这实在是太低估他了。他狡诈起来不逊于比洛本人。然而，他完全可以活得更幸福一些，历史的面貌也该完全不同，如果他没有那样做的话。

The Trap

第八章 陷阱 8

"局势发展十分迅速。"11月初威尔逊在给豪斯上校的信中写到。威尔逊深恐，如果自己不能马上带来和平，"我们势必会因潜艇问题卷入与德国的战争。"

伯恩斯道夫大使仿佛也能听到，时间有若轰鸣的战车，在自己祖国背后紧迫地催促。对于发动无限制潜艇战的后果，纽约的伯恩斯道夫比他那些远在柏林发号施令的上司看得更加清楚。他的性格挽救了他。伯恩斯道夫生在海外，就学异邦，身上没有沾染普鲁士人傲慢自大和痴心妄想的常见顽疾。他不相信德国靠厉行潜艇战就能打垮协约国。战后，他将全部热情奉献给了国联事业。希特勒甫一上台，伯恩斯道夫便离开了德国，有生之年再没有回去。眼下，他正与本国政府为德国的前途命运角力。一年以前，当德美两国关系因德国潜艇击沉"阿拉伯"号商船事件而陷入危机时，他不惜越权安抚美国，将美国从与德国断交的边缘拉了回来，为此他遭到了训斥。如今，一支崭新的U型潜艇水下舰队已经整装待发，柏林那些支持使用U型潜艇的好战分子大力鼓吹采取行动。伯恩斯道夫又一次要将德国从他认为注定战败的歧路上拉回来。他深信，阻止军国主义者的唯一办法，是先停止战争本身。

这恰恰也是威尔逊总统的夙愿。他迫切的动机与伯恩斯道夫的一样重大。战争会阻碍改革，一旦美国卷入战争，威尔逊有关"新自由"理念的全部计划都将受挫。"新世界"的前景令威尔逊目眩神迷。他要通过一己之力，赋予“旧世界”和平，还要组建一个国际联盟，以确保长久和平。这个旧时的理念重新流行，威尔逊珍若己出。如果他能终止战争，他就能挽救自己的计划，并用这一计划拯救欧洲。自从战争爆发，威尔逊便努力劝说，施加压力，劝说双方拿出和谈条件，却丝毫没有成功的迹象。1916年底，两股暗流险些将美国拖入战争——美国在经济上与协约国牵涉太深，并且在潜艇问题上与德国人起了争执——两股暗流交相作用，漩涡吸力之大几乎无可抵挡。威尔逊决心硬扛到底，没有人比他更不愿意成为当前事态的受害者了。威尔逊打定主意，如果11月的大选自己能够成功连任，他将倾尽全力做最后一搏，用和约代替屠杀。如伯恩斯道夫了解的那样，威尔逊感到，用来折冲樽俎的时间和空间都所剩无几。

伯恩斯道夫恳求本国政府，推迟做出全面使用U型潜艇的决定，直到美国大选结果揭晓，给威尔逊一个提出和平倡议的机会。德国统治集团此时也乐于让威尔逊来替他们结束战争。一段时间以来他们已经明白，不可能在地面战中赢得决定性胜利了。如果能够在合法拥有既得土地的情况下退出，他们时刻准备停战。如今德国控制的领土横跨欧洲，从英吉利海峡一直到俄国前线，从波罗的海延伸到里海。德国占领的范围包括波兰、罗马尼亚、比利时、阿尔萨斯—洛林，还有远及兰斯的法国工业地区。与德国并肩结盟的那几个帝国依然金瓯无缺。奥匈帝国占领着从意大利到希腊的巴尔干半岛；从巴格达到耶路撒冷，仍归奥斯曼土耳其帝国统治。当时德国的和平主张依托于帝国议会通过的一份协议草案，草案提出：分割俄国，吞并比利时四分之三的领土，“将从敦刻尔克到布伦的法国海岸并入德国”。如此一份“要求不多”的协议，居然还是进步人民党起草的！德国人要威尔逊做的，不是按他的理解实现和平；而是要协约国停止作战，欧洲局势保持战前状态原封不动，再给德国额外加上一点利益。除非威尔逊先生能够按照这般吩咐效力，否则德国军方便要孤注一掷，靠全面使用U型潜艇来赌这场战争的决胜之局。

但是，德国内部的意见并不统一。贝特曼—霍尔维格、雅戈还有文官政府的其他成员都强烈盼望威尔逊能赶在德国军方使用U型潜艇前结束这场战争。他们相信目前是德国实现和平千载难逢的良机，不可错过。他们眼见美国走向参战边缘，U型潜艇无疑是一种自取灭亡的武器。一群群愤怒的暴民聚在首相官邸的窗户底下，对此高声叫骂。这些暴民里有军方领袖、宫廷近臣、容克贵族、右翼党棍，绝大多数还是普通民众。他们都被教育得将未来的信心跟潜艇捆绑在一起，坚信潜艇是打破粮食封锁、迫使英国屈服的法宝。听到这些叫骂，首相大人不禁浑身发抖。帝国议会的秘密会议上，每天都要就这个问题干架。德国海军部以狂热的速度进行着准备。整个夏天，伯恩斯道夫都勉励首相一定死死顶住，绝不让步，直到美国大选结果揭晓。四面树敌、饱受围攻的贝特曼担心自己撑不了那样久。9月，他哭求伯恩斯道夫一定要让威尔逊动作快些，军方即将“正式”开始无限制潜艇战。一周之后，雅戈要求吉拉德大使以私人身份回国催促威尔逊动作再快些。

10月10日，吉拉德抵达美国。他前脚刚到，德国人后脚送来一份气势汹汹的备忘录。备忘录据说出自德皇本人的手笔，实际上是要威尔逊在是战是和间做出选择。

威尔逊性情古怪，厌恶听取第一手报告，甚至在长达十天的时间里拒绝接见吉拉德。在兰辛的催促下，他还是见了。但威尔逊完全没有提到和平倡议，只是交代驻德大使要态度友好，“对德国人好言相劝”，说服他们事先未经警告即对武装商船开火是错误的行为。吉拉德说，自己会尽力一试。结果总统先生一拳头擂到桌子上，说：“我不要你仅仅支持我的观点，我要你赞同它。”

事实是，威尔逊对吉拉德评价不高。他习惯性地将美国驻外大使都当成办公室里打杂的，只是要他们传达自己的观点，并不让他们知道背后的政策。而且，在和平倡议的问题上，他不愿被人催促。目前选战方酣，威尔逊认为不便拿出如此重要的举措，只有赢得大选，自己说话才更有分量。

加利福尼亚的计票结果让竞选形势在两天里摇摆不定，威尔逊几乎就要推出他的和平倡议了，不过选情最终让威尔逊放了心。即便如此，他还是犹豫不决。他不知道，贝特曼手里时间的沙漏还差一点点就要流尽。11月7日，美国驻柏林代理大使约瑟夫·C. 格鲁发来电报称，数量不明的德国潜艇突然驶离基尔港。这些潜艇都加满了燃料，装载了足够在海上维持三个月的给养。这是危险的前兆，但威尔逊仍在犹豫。11月22日，德国首相召见格鲁，似乎是想要美国采取行动。贝特曼的疲惫不堪和灰心沮丧给格鲁留下了深刻的印象。“他像是精神上已经垮了，脸上的皱纹深如刀刻，举手投足间的悲伤无以言表。”贝特曼之所以会这样，因为11月22日是雅戈卸任、齐默尔曼出任德国外交大臣的日子。明眼人都该看出来，危险朝美国又逼近了一步。相反，这竟然被美国人解读为“自由化”，威尔逊也当这是为自己争取到了更多时间。伯恩斯道夫想催威尔逊快点行动。威尔逊电告，“一有机会马上抓住”，促成和平。德国大使则回信道，和平“就放在地上等着人去捡”。伯恩斯道夫纯属一厢情愿，就跟其他对威尔逊的苦劝一样，半点作用不起。

其实，威尔逊是畏惧试探。他生怕失败，所以坐等协约国方面出现支持自己的迹象。结果，什么迹象也没出现。只有更加强硬、不肯妥协的迹象。早在这年9月，劳合·乔治[1]便告知全世界，英国不会“容许”中立国干涉自己的立场，英国将坚持战

[1] 时任英国陆军大臣。——译者注

斗，直至将对手“击倒”，将普鲁士的战争机器彻底摧毁得再也无法复原。白里安[1]宣称，想想那些为法兰西光荣捐躯的英雄们，媾和的想法不啻为对他们的“侮辱”。现在正逢大选前夕，诺斯克利夫勋爵[2]（Lord Northcliffe）从舰队街以权威的姿态发表了一份气壮如牛的声明，宣布“凡建议英国考虑媾和者，唯应以敌人视之……只要德国还占领着哪怕一寸协约国的领土，也绝不会有和平谈判”。

事实上，协约国可怜到没有谈判的资本。他们在西线的战略完全破产。索姆河有如享用活人祭祀的摩洛神[3]（Moloch），在历时三个月的绵绵秋雨中吞噬了协约国几十万条人命。黑格将军把作战计划抛诸脑后，一个劲地大喊“进攻”。冲锋的士兵陷进烂泥，被炮弹炸得粉身碎骨。11月底，攻势停止了，协约国军队总计向前推进了7英里，交战双方总计伤亡过百万人。1916年2月，进攻达达尼尔海峡的行动最终宣告失败；12月，新加入协约国阵营的罗马尼亚宣布投降；沙皇俄国的统治开始出现裂痕，俄

[1] 时任法国总理。——译者注

[2] 英国报业大亨，英国现代新闻事业的创始人，《每日邮报》的创办者。——译者注

[3] 上古时代中东神话里的一位神祇，是古代迦南人所拜祭的神明。摩洛信仰要求用活人祭祀，古代迦南人膜拜摩洛最特殊的方式是由父母将自己的子女作为祭品献上，放到火里焚烧，以使神明保佑。后用来比喻引起巨大牺牲的可怕事物。——译者注

国人准备单独媾和的传闻不胫而走；12月5日，垂头丧气的阿斯奎斯[1]黯然下台，英国政府由战意高昂的劳合·乔治接手。但他很快就会谈判求和。

以上事实足以让任何人就范，除了威尔逊。他那坚定的目标外面披着一层刀枪不入的护甲。威尔逊有两个主要原则——让美国保持中立，通过谈判为欧洲带来和平。这是他坚持的政策基本点，绝不允许为任何现实所变通。威尔逊不再看驻英大使佩奇一周接一周从伦敦写来的内容丰富的长信，因为威尔逊觉得佩奇死心塌地地偏向协约国。尽管任何一个历史时期都不曾有过这样截然不同的两个人物，但威尔逊竟然还是跟德皇有一个共同特点——丝毫听不进自己不欢迎的观点。德皇威廉是惧怕那些观点，威尔逊则干脆认为跟自己相左的观点统统是浪费时间。他一心要挽救欧洲，根本不关心欧洲人怎么想。如同他当初不管墨西哥人准没准备好，都要赋予墨西哥民主；如今他不顾欧洲人想不想要，都决心把和平带给欧洲。威尔逊全然不知，自己的态度于欧洲人而言是何其傲慢。他只听从自己内心的声音，而对欧洲人充耳不闻。威尔逊似乎意识不到，这场已经打了两年半的战争夺去了这些国家一代菁英的生命，早已让这些国家同仇敌忾，绝无妥协的可能。每一方都要求一些看得见摸得着的收益，以体现几

[1] 时任英国首相。——译者注

年来的牺牲与付出确有所值；每一方都有着不可妥协的目标——收回阿尔萨斯—洛林只是其中一个，但只要有一个，事情就无法妥协。对于双方的要求，威尔逊都没有清楚地认识。

威尔逊眼中所见，唯有暴力的蔓延。土耳其人正大肆屠杀亚美尼亚人，如果美国大使报告的真相属实，“其惨状无论男女都会为之悲泣”。波兰给血战的两军践踏成了一片废土，皑皑白雪下覆盖着累累白骨，整个国家都再找不出哪怕一头牲畜，一把柴火。巴尔干的战俘像牲口一样被装上船，运去德国当牛做马。索姆河战役之后，战争的漩涡中殊死相搏的双方依旧无力自拔，全然找不到摆脱战争的出路。威尔逊眼见这个世界陷于不见尽头的自相残杀，只有一位与各方利益无涉的局外人方能让这一切停下来——这人就是他自己。彼时尚不见他公开断言交战双方的是非对错。威尔逊认识到，德意志军国主义的胜利“将改变人类文明的进程，让美国也变成一个军国主义国家”。不过他相信，阻止这一灾难的途径并不在于加入协约国，而是制止整场战争。如果能有机会让交战双方都倾听自己的意见，威尔逊会义不容辞地——至少表现得如此——对双方不偏不倚，一视同仁。他深信不疑，只有谈出来的和平才有保证，强加的和平只能迫使战败一方“在屈辱中接受，在威胁下容身，付出不堪忍受的代价，唯留下痛苦、憎恶和仇恨的记忆，和平将无法维系长久，如构筑在流沙之上一般，转瞬即逝”。

"唯有双方对等达成的和平方能持久"，即"没有胜利的和平"——这是威尔逊一代伟人的智慧所在，但这种智慧着眼于长期，却忽略了当前的现实。交战各方打得你死我活，根本无心理会威尔逊。他们在浸满血浆、污泥和恶臭的堑壕间战栗发抖，痛恨一个事不关己的家伙从遥远的白宫向自己提出和平倡议。那个家伙竟然还说他是"骄傲到不愿参战"。威尔逊自命找到了一条更好的解决之道，只是欧洲人不愿接受。如果全世界是一座大学校，威尔逊是校长，那他就是有史以来最伟大的政治家。只可惜，世界各国的政府和人民不是小孩子，没有服从他的义务。这个世界倒像是一小群任性的家伙，既不愿、也不能按照威尔逊教给他们的那样去行事。威尔逊算是一位空想家，他的成就与目标完全不相匹配。在他仅剩的那几年总统时光里，威尔逊成为了这个世界希望的象征——以及希望沦丧的象征。他属于极罕见的那种为全人类构想目标的人，但他同时又在毫无可能的处境下企图将空想和实践并行。他执掌政治大权，政治乃可行性的艺术，他偏偏不肯接受这一现实。他遵循着人生的格言，一个人所达到的高度应该超越其手中所有。他的悲剧也就在这里——他期望的高度实在是太高了。

12月9日，大选已经结束了一个月，威尔逊还在犹豫不决。伯恩斯道夫接到了德国外交部发来的警告："我们不能再等下去了。"他试图将问题的紧迫性传达给威尔逊，谁知困难重重。因为威尔逊根本不相信“此人消息的准确性和诚意”，将伯恩斯道夫视为一个“诡计多端又寡廉鲜耻的家伙”。另一方面，豪斯上校却赞扬伯恩斯道夫是驻华盛顿的外国使节中唯一具备分寸感的人物。兰辛则讨厌伯恩斯道夫，他怀疑伯恩斯道夫在报纸上散布谣言攻击自己，努力要将自己从美国国务卿的位子上排挤下去。总的来说，华盛顿的外交圈子里，大家相互之间评价都不高。圆融通达、一副学者气派的法国大使朱瑟朗也被别人留心警惕，因为他曾是西奥多·罗斯福组织的网球俱乐部的亲密成员。俄国大使巴克麦提耶夫被视为“最坏的那种反动分子，比疯子差不了一星半点”。英国的斯布林—赖斯则被认为是极度敏感，于他的职务而言太过情绪化，还是召回英国为佳。威尔逊对这些人都不屑一顾，对他自己的驻外大使也一样。他更信赖从豪斯上校那里得来的信息，然而此人并不像他以为的那样，能一直扮演好信息来源的角色。

伯恩斯道夫既无法让威尔逊赶快行动，又无法让本国政府继续等待。随着雅戈离任，贝特曼失势，伯恩斯道夫在国内的影响力日渐衰落。恰恰就在此时，一段“出水芙蓉”的著名插曲让伯恩斯道夫彻底声名扫地了。

那是阿迪朗达克山间的一个周末，在一位经常款待伯恩斯道夫的女士家里，有人拍下这样一张照片——伯恩斯道夫身披浴衣，双臂亲热地环搂着两位装束相似的女士。他的一位客人获赠了这张快照的副本，在下一个周末一场于长岛举行的晚会上公开展示。参加晚会的人中，有一个是英国间谍。晚宴过后，那张照片被悄悄地塞进了这位间谍的手里。他心领神会，把照片交给司机，要司机赶快将照片送到纽约去。照片在纽约被翻印，原件赶在黎明前送了回来。没过几天，一幅放大的照片送到了俄国大使巴克麦提耶夫伯爵那里，大使“似乎兴高采烈”。他把照片摆出来，颇为古雅地装上了相框，放在自己的壁炉架上，让所有驻华盛顿的外交官对之一览无余。照片很快上了报纸。

在关键时刻此事打击了伯恩斯道夫在德国的声望。想当年军事部长（Chief of Military Cabinet）[1]、堂堂的伯爵冯·海尔森—哈塞勒（Von Hülsen-Haeseler）将军穿着芭蕾舞女演员的短衫裙，头戴玫瑰花冠，翩翩起舞为皇帝陛下助兴[2]，德皇只是开怀大笑。但这回，伯恩斯道夫一点无关大雅的小过错却深深伤害了德皇陛下那脆弱的端庄感。那些U型潜艇的狂热支持者痛恨伯恩斯道夫，痛恨此人力阻这种让他们魂牵梦萦的武器投入使用。他们遂抓住这事不放，以示伯恩斯道夫风流不检点，从而他的政治判

[1] “Military Cabinet”又译“军务院”或“军事内阁”，成立于1808年，负责普鲁士军队及后来德国军队的人事管理与日常事务，理论上与负责军队指挥的总参谋部地位平等。——译者注

[2] 这事发生在1909年。“人人都乐翻了天，因为伯爵跳得太美妙了”，宫廷大臣如是说。停下来休息时，伯爵一头栽倒，死于心力衰竭。——作者注

断也有几分不可靠。

即便他们成功了，心满意足地将伯恩斯道夫的建议贬得一钱不值，但德国的统治集团还是没有准备好冒险使用潜艇。除非他们向德国公众和全世界详尽地证明，实在无路可走。他们不想再听威尔逊先生那久等不来的和平倡议了。他们深信，威尔逊是为协约国的利益而蓄意拖延。如今对他们而言再清楚不过，威尔逊拿不出能让德国人接受的和平方案。协约国只会接受一种和平——德国投降罢战、割地赔款的和平——这意味着霍亨索伦王朝乃至整个德国统治集团命运的终结。他们必须取得战争的胜利——必须让别人为这场战争买单，否则德意志帝国将走向破产。妥协达成的和平无法带给德国扩张的结果，这就要德国在战后开征重税，弥补苦战数载、徒劳无功的损失。这样的后果，定会激起革命。"德国人民不要主动放弃战争的和平，"当奥地利人支支吾吾地劝德国媾和时，鲁登道夫怒吼道，"我不想被人当靶子扔石头活活砸死。达成这样的和平，王朝就无法存在下去。"战争拖得越久，德国皇室及其廷臣、容克地主、实业家和军方将领们对前景就看得越明白——唯有战争在满足德国利益的条件下宣告结束，他们方能继续统治这个国家。倘若当时威尔逊对自己内心的动机少一点珍视，而对跟自己打交道的政权多一点本质上的了解，他本该看清楚这一层。有一次，豪斯上校对齐默尔曼说，只要和平谈判能启动，"无论如何都有让各方接受和平的机会”。齐默尔曼则直言不讳地告诉豪斯上校，这将意味着德皇陛下和德国政府的垮台。对于这样的和平，这种“美国人的”和平，德国的统治集团绝无兴趣。他们所指望威尔逊先生的，是要他让协约国停止作战，而不是什么公正的仲裁。考虑到国际舆论，也为了将威尔逊先生排除在调解人之外，德国人现在决定自己拿出戏剧性的姿态。

12月12日，德意志帝国议会突然召开，没人知道原因是什么。整个柏林人心浮动，人们猜测纷纷。12日当天，全体中立国外交使节被召至帝国首相官邸，一个个排队等待首相接见。由于吉拉德不在德国，美国临时代办格鲁替他前去。格鲁正在候见室里等着，瑞士公使走了出来，低声悄悄对他说：“*Friedens Antrag*”，意即“提出和谈了”。丹麦公使紧随其后，小声道：“要是和谈失败了，照看好我们的船。”

与此同时，外交大臣齐默尔曼主持召开了一次非正式的新闻发布会。会上他言辞兴奋，说德国“饱受威尔逊先生和平运动的威胁，我们将着手改善，让此人无法染指我们的事情”。

同盟国居然提出和谈，这一爆炸性的新闻在某种程度上却因他们粗心到不提和谈条件而打了折扣。当然，之所以这样，是因为提出和谈的用意就是要让和谈无果而终。提议的用词也证明了这一点。德皇张口即高谈阔论德意志那“不可战胜的力量”，结束时又发出威胁，倘若拒绝德国的和谈建议，德国会将战争进行到底，直至赢得辉煌的胜利，并且德国“在人道主义和历史方面不会承担任何责任”。德皇向自己的军队解释和谈时，又精明地补充道，他是在“深信我们乃绝对的战胜方”这一前提下，向敌人提出谈判的。虽说披着一层和平鸽的外衣，德皇还是忍不住趾高气昂地招摇吹嘘。

一如所料，德国人的和谈建议成了协约国方面的笑柄，招来滚滚洪流般的哂笑和嘲弄。威尔逊顿时无处着力，他都搞不清对于德国人的行为，自己该感到愤怒还是欣慰。不过有一件事是肯定的：不用非等到各方心理上的合适时机再提出和平倡议了；要么就是现在，要么就再也没有机会了。

12月18日，圣诞节前一周，威尔逊宣称自己“是所有参战国家的朋友”，要求参战国家各自发表声明，阐明本国的战争目标，以此作为谈判的基点。威尔逊言，从根本上来说，和平要通过“明智地整合全人类的共同利益”来确保实现。这份倡议乃威尔逊毕生之精华，言辞恳切又意味深长，逻辑缜密又无可置疑，可惜倡议针对的所有国家没有一个表示欢迎。一方面在于，威尔逊将交战双方的目标同等看待，说它们“本质一样”。这引得英王乔治大为伤心，克列蒙梭公开称法国的战争目标只有胜利。

不管怎样，这份和平倡议终究是拿出来了。德国首先回应，表示断然拒绝。威尔逊不肯放弃，一定要等协约国的答复出炉。协约国可能会砰地关上谈判大门，也可能会给谈判留一个小小的立足点。威尔逊感到必须让谈判的机会始终存在，直至协约国给出答复。任何国家的政府中，没有哪个人至今还心存一线希望，指望让交战双方坐在一起达成任何条款。唯有伯恩斯道夫仍在努力。他放弃了太过奢侈的希望，却依旧连续11小时据理力争，阻止自己的祖国自取灭亡。他跟威尔逊一样，认为最要紧之处即与柏林保持对话。伯恩斯道夫坚信，只要能朝着和平做出一些摸索，就能有效阻止德国发动无限制潜艇战。伯恩斯道夫在不断努力，美国总统与这位德国驻美大使用的一条联络渠道却被证明是战争的陷阱。这个陷阱的设计者，正是豪斯上校。

1916年12月27日上午，伯恩斯道夫拜访豪斯，讨论总统提出的一项新方案：如果德国向威尔逊私下提交谈判的基本条款，威尔逊会把自己的作用局限于将敌人召集到谈判桌前，而不会坚持本人参加谈判，除非最后要讨论建立国际联盟。这天早晨，豪斯已经在电话中同威尔逊讨论过这个主意。伯恩斯道夫来了，拿到这份方案，眼前顿时一亮。但是他告诉豪斯，他认为德国政府不会愿意通过美国国务院秘密递交谈判条款，“因为可能走漏风声的漏洞太多”。伯恩斯道夫话里的意思是，他不愿跟兰辛打交道，因为他清楚，兰辛对威尔逊总统的和平草案根本不抱赞成态度。伯恩斯道夫说，如果能事先安排，让德国政府通过豪斯直接与威尔逊沟通，定将有更大机会进行全面而坦诚的商谈。豪斯同意了。其实就豪斯本人而言，他对和平计划也不抱希望。与兰辛一样，豪斯将威尔逊的和平计划视为给协约国帮倒忙，但是他劝威尔逊："我们眼下跟德国人谈得越多，由于潜艇活动造成局势崩坏的危险就越小。"

不待总统同意，豪斯便将筹划良久、用于助伯恩斯道夫一臂之力的渠道投入了使用。豪斯告诉德国大使，是否继续使用这条线路，一切取决于总统的答复。第二天，12月28日，总统的六十岁生日，豪斯收到了威尔逊发来的一封加密电报。豪斯通知伯恩斯道夫，总统的答复是——可以。

豪斯安排的，也是总统授权的联络渠道，是允许德国政府借用美国国务院的电缆线路，使用德国的密码，在伯恩斯道夫和柏林之间进行双向的电报往来。这其实就是一个美国版本的"瑞典迂回"，只是更加快捷。经由瑞典的那条线路，电报回复往来需要长达一周的时间。按照中立国的守则，美国须要求参战国将电报译成清楚明白的美国电码，然后提交发报。事实上，豪斯拿着总统的授权，指示美国政府不循常规，头脑单纯到直接安排德国人发送用未知密码加密的交战国电报。

国务卿兰辛必须知晓此事，因为他的部门需要在其中扮演电报局的角色。结果，兰辛每一寸克己守法的灵魂都遭到重击，他甚至不惜抗命。每次使用这条联络渠道，都要总统给兰辛本人下命令，强迫他服从。总统只会意识到自己目标的正当性，完全不关心具体的手段。或许威尔逊仅仅看重中立国的权利，而对中立国的义务无感。他无视中立国的责任，但心安理得，因为觉得自己一心谋求的是终结战争。威尔逊自知目标高尚，但他却没想到，在德国会有人利用这条特意为之开辟的联络渠道来搞不高尚的勾当。兰辛视这种方式为不守中立，威尔逊视兰辛为不识大体和囿于法条的书呆子。另外，威尔逊要求伯恩斯道夫作出承诺，将电报内容严格限制在和谈条款的主题内。对于伯恩斯道夫的新上司齐默尔曼，威尔逊的大致印象跟公众的认知一样——这是一个伟大的自由主义者，诚实的中间人，美国的朋友。显然，他认定伯恩斯道夫的请求会得到齐默尔曼的回音。豪斯上校进一步强化了威尔逊头脑中的这一印象。豪斯向他保证，德国政府当下"完全掌握于自由主义者之手"。是人都可能会犯错误，但错得如此离谱，实在危险。

回溯到遥远的1914年9月，豪斯便已经谋划出了这条渠道。在早期试图促成和谈的努力中，豪斯曾提出邀请德国大使伯恩斯道夫和英国大使斯布林—赖斯来自己家中共进私人晚宴。豪斯在日记中曾写道，他以自己的职位向伯恩斯道夫担保，如果会谈中取得某些成果，"我国政府允许他使用密码直接与德国政府联络"。此事未能促成，因为斯布林—赖斯拒绝会见伯恩斯道夫。不过，由此可见豪斯上校那典型的异想天开——他自以为通过双方彬彬有礼的交流就能操控历史的进程。他迷信用台面上的人物去搞秘密外交。战前豪斯上校两度远赴欧洲各国首都，鼓吹裁军，要促成列强之间紧张关系的缓和。多少个世纪以来的对抗与角逐，数不胜数的矛盾与对立，根植于烽火不息的巴尔干半岛那些错综复杂的古老仇根，摩洛哥危机❶，泛斯拉夫主义❷，海军军备扩张，《再保险条约》❸，大国力量均衡，两国同盟，三国协约，塞尔维亚黑手会❹，协和广场上用黑纱遮盖起来的阿尔萨斯和洛林女神雕像❺——所有这些，豪斯上校居然打算通过与政

❶

1904—1905年和1911年，法国与德国两次争夺北非国家摩洛哥的控制权而险些导致战争的危机。德国与英法两国在这两次摩洛哥危机中结怨更深，协约国与同盟国两大集团进一步滑向第一次世界大战的边缘。——译者注

❷

19世纪欧洲的一种思潮，即在俄国的主导下，全世界斯拉夫民族统一为一个整体。这意味着中欧和东南欧奥斯曼土耳其帝国和奥匈帝国统治下的各斯拉夫民族国家应实现独立，然后转为接受俄罗斯的统治。俄罗斯因此与这两个帝国矛盾重重，并以巴尔干半岛上斯拉夫国家（如塞尔维亚）的保护者自居。这是俄国后来参加第一次世界大战的关键因素。——译者注

❸

德国首相俾斯麦为孤立法国，拉拢俄国，于1887年 6月18日同俄国签订的一项密约。由于1879年德奥同盟已经保证奥国在德法战争中保持中立，这一条约又保证了俄国的中立，德国因而获得了双重保险，故得此名。条约有效期为3年，俾斯麦去职后，德国政府拒绝续订。——译者注

❹

塞尔维亚激进民族主义者的地下组织，正式名称是“不统一毋宁死会”（或译“统一或死亡会”），主张采取恐怖行动，摆脱奥匈帝国的威胁，实现塞尔维亚的统一。1914年6月28日，该组织策划暗杀了奥匈帝国皇储斐迪南大公夫妇，此举引发了第一次世界大战。——译者注

❺

1871年普法战争战败后，法国被迫将阿尔萨斯与洛林两省割让给德国。巴黎协和广场的八尊城市女神雕像中，象征斯特拉斯堡（阿尔萨斯首府）的雕像被罩上黑纱，从此成为法兰西民族主义与复仇情绪的象征。黑纱直至第一次世界大战爆发才被揭下。——译者注

客们在壁炉前几番促膝密谈就全部抹去。虽说外人将豪斯上校看作是世界上最精明的家伙，堪与纯理想主义者威尔逊互补，但实际上如果说两人真有什么区别的话，那就是豪斯上校在欧洲问题上的看法简直比他的总统还要不切实际。1914年7月3日，奥国皇储遇刺萨拉热窝后一周，豪斯从欧洲写信给威尔逊，说自己与欧洲各国的君主臣僚们相谈甚欢，结果令人欢欣鼓舞。豪斯断言："如您所见，局势在朝正确的方向发展，发展速度之快与我们所希望的正相仿佛。"

局势判断与实际情况如此南辕北辙，豪斯居然丝毫不感到脸红。他就像生活在电影中——衣装整齐、头戴巴拿马草帽，于各方之间优雅地穿梭周旋，从烟雾缭绕的房间到白宫的密室，在德皇的家中（吉拉德称之为"全欧洲最丑陋的房间"）与之共进午餐，与英王乔治几番长谈，与爱德华·格雷爵士惬意地密会。豪斯更一直与世界上最重要的一个人保持着私人的日常交往，他始终将其称作"亲爱的州长"。豪斯刻意用这个颇有些做作的称呼，乃有意向别人暗示，自己与威尔逊的亲密关系可以追溯到巴尔的摩[1]之前，他可是总统身边资格最老的班底成员之一。豪斯外貌像、举止像，并且也渴望着成为"灰

[1] 1912年6月25日，美国民主党全国大会在巴尔的摩召开，提名威尔逊为民主党总统候选人。——译者注

衣主教”[1]。他外在的优雅表现倒也与这种角色相称，因而豪斯上校理所当然成了这类角色的当代模板。他误认为自己能跟各国君主称兄道弟，从而影响别国的决策。他实在是高估了自己的影响。爱德华·格雷爵士肯花上几个小时与豪斯密谈，豪斯以为这样就能说服英国外交大臣，谁知人家只是跟他兜圈子而已。至于为什么美国总统会长期对这个自说自话、天真幼稚的马基雅维利式人物偏听偏信，这实在是个难解之谜。不过，位高权重的伟人总是需要心腹知己，豪斯做这行驾轻就熟。他对威尔逊说，你能完成“这世界上人类视野所及最重要的工作”，因为“上帝赋予了你洞悉事物本质的能力”。他告诉威尔逊，你的每次演讲都“生动”如许，一举手一投足恍如与林肯的葛底斯堡演讲一模一样。豪斯老于世故地向威尔逊提供咨询建议，以私人密使的身份进行所有那些总统本人不能出面和没有兴趣出面的非官方接触。

表面看起来似乎是这样——威尔逊决定大的方针原则，不喜欢处理细节，有豪斯这样一个人做他的二把手堪称完美；豪斯正具备这样的个性，喜欢处理细节琐事。然而事情没有这样简单。威尔逊极度轻视人的作用，豪斯也半点不尊重理念原则。豪斯沉

[1] 原指法王路易十三的宰相黎塞留的顾问约瑟夫神父，引申为在幕后顾问、决策的重要人物。——译者注

醉于幕后运作的伎俩而不能自拔，借一方去打压另一方，让各方都得到安抚，将所有能转动的轮子都玩弄于股掌之间。结果，最后他玩砸了。谈判的目标彻底迷失在谈判的过程里。❶

出于自己爱搞私人外交的偏好，豪斯的运作给了德国人使用美国国务院电报线路的机会。早在1915年出使欧洲时，豪斯就曾安排使馆直接用密码给自己发送报告，绕开国务院。这种安排起初仅归他一个人独享，如今看来是时局需要，将适用范围扩大到了伯恩斯道夫。这项特权第一次交给德国大使来用是在1915年仲夏，“卢西塔尼亚”号危机期间，美德战争一触即发。按照伯恩斯道夫在回忆录中所写：“从那天起，美国政府同意让我经由国务院和美国大使馆，向远在柏林的我国政府发送加密电文。”不过，这也许是他的大话，这种安排可能就是间歇性的。

这一流程反过来同样是对美国政府好意调停的利用。德国外交部将电报发给美国驻德使馆，美国大使馆在不知道电报内容的情况下将电报拍发给国务院，国务院再百般不情愿地将电报交给伯恩斯道夫。格鲁曾提到，早在和平方案提出前两个月，德国就曾“通过我们”发出过一封加密长文。贝特曼—霍尔维格战后也

❶ 纸终究包不住火。战后的巴黎和会上，威尔逊在一度中图退出后又重返和会，结果发现豪斯怀柔列国的手段完全背离了自己此前坚持的主要原则。这是最终导致两人关系破裂的一个原因。——作者注

证实：“美国政府允许我们出于加密通信的目的，使用他们在这里的大使馆。”同样是战后，齐默尔曼补充道，这项特权用得很是节制，生怕引来英国人的注意。这种警惕纯属白费，因为英国人的注意力早已被出现在美国电报线路中的德国密码所吸引，开始饶有兴趣地研究这里面的门道。尽管反对中立国为交战国发送加密电报，英国却隐而不发，更愿借机窃取敌人的情报，而非公开站出来捍卫自己的权利。

1916年12月之前，豪斯上校的日记审慎地对整件事保持了沉默。每天晚上，怀着为后人负责的认真态度，他将记录这一天所作所为的日记交给秘书整理。检查、更正完秘书整理的版本后，秘书再用打字机重打一个版本出来。给德国人电报特权的事略而不记，不可能是疏忽。但是，豪斯想不到，还有一个写日记的人，对后人的认真负责与他不相上下。在华盛顿度过的每一天，国务卿兰辛都要清清楚楚地忠实记录下来，每时每刻精确到每位访客一离开，办公室的门一关，马上写进办公桌上的日记本里。1916年的日记中有如此两处地方，一处在1月，一处在5月：“W. W. S.（密码员的姓名首字母缩写）携德国大使的加密电报前来。”第二处里，兰辛亮出了自己不愿从命的态度：“指示他拒绝发送此电。”这些记录显然让豪斯的有意缄默不攻自破。

虽说假装不喜欢，豪斯还是一度在日记中记下了一则风靡华盛顿的笑话：

“你知道兰辛（Lansing）的新拼法吗？”

“不知道，怎么拼？”

“H–O–U–S–E（豪斯）。”

国务卿兰辛则不露声色地记下了W. W. S.这事，算是有意无意间报复了一把。

不过，这一轮豪斯胜出了。关于国务卿名字拼法的笑话，的确在当时广为流传。在那段为和谈而努力的最后日子里，历史上最血腥的一年即将悄然过去，没有人知道新的一年甚至明天早晨会发生什么。豪斯坚持允许德国人在未经电文内容审查的情况下使用美国的电报线路。每发完一封电报，兰辛便依然故我，直至逼得豪斯上校恼羞成怒。12月30日，伯恩斯道夫向豪斯通报称，兰辛拒绝为他发送加密电报。几天之后，兰辛又一次拒绝，惹得伯恩斯道夫悲叹，“如果国务院采取这种态度”，自己真的无法为威尔逊总统的和平倡议效力了。兰辛抱怨，他无法按照正常程序接受伯恩斯道夫的电报，除非每次都得到总统本人的指令。兰辛无从得知这个德国人所有言论的真面目，他只是从原则上反对此事。因为他本人坚信，只有加入协约国阵营，参加民主对抗专制的战争，才符合美国的利益；不是去斡旋和平，而留下一个未被击败的德意志帝国。

1月12日，协约国对威尔逊的和平倡议作出答复，坚决拒绝一切与敌人妥协的可能性。协约国宣布了自己的目标，重申了不可动摇的决心，即不接受任何妥协，战斗到底直至赢得无条件的胜利。就没有一行字或一句话能被解读为给谈判留下了一点空间。对威尔逊来说，协约国的拒绝让他的调停努力化为乌有。调停起到的作用，一如凡人望奥林匹斯山[1]而兴叹。他干脆置之不理。经历了什么样的思考过程，让他接下来继续致力于和平事业，这是属于威尔逊自己的秘密。或许他别无选择，只有继续尝试。威尔逊与伯恩斯道夫继续保持对话，但兰辛又一次拒绝发送非常规的长文，他要求知晓发送这份电报的理由。助理国务卿威廉·菲利普斯（William Phillips）两头受气，处境很难受。他打电话给豪斯，询问该怎么办。豪斯不客气地告诉他，德国政府正“通过我以非官方的渠道”与总统谈判，这是得到总统授权的。当然，电报必须发出去，豪斯如是说。他好像还引用了一句古罗马法律中的名言：“纵使天堂陨落（Though the heavens fall）。[2]”结果不幸一语成谶。

时间又过去几天，顽强的威尔逊总统与绝望的伯恩斯道夫还在锲而不舍地追求着和谈目标。电报照旧往来，兰辛照旧不拨不转，菲利普斯照旧给豪斯打电话。豪斯沉迷于那套暗箱操作的

[1] 古希腊神话中众神的居所，凡人无可触及之地。——译者注

[2] 拉丁语原句为“*Fiat justitia ruat caelum*”，中文译为“纵使天堂陨落，也要伸张正义”。——译者注

把戏几近成瘾，他被这套把戏带给自己的权力感所陶醉，将更多精力放在维持自己巧妙周旋的木偶提线上，对实现预定的目标反倒不太关心。他其实从内心深处对威尔逊的和平努力没有半分赞同。不过，或许是习惯于说威尔逊爱听的，豪斯继续对威尔逊道："如果我们能将德国拉到某个和谈会议上，德国就不能重启恣意妄为的无限制潜艇战了。这会是一个巨大的成果。"当豪斯写下这些，为时已晚。但豪斯沾沾自喜，对德国国内局势的发展变化视而不见。他在这局牵着德国人鼻子走的游戏中陷入太深，以至于未曾怀疑德国人可能也要弄了自己。如同他花了太多时间去给一台机器上油，甚至无暇去问一句：是不是德国人用这台机器并非为了和平，而是另有目的？

最后不是豪斯，反倒是兰辛成功地让威尔逊总统心中对此打上了几个问号。当菲利普斯再一次打电话称兰辛拒绝发送伯恩斯道夫的长电，恼怒的豪斯干脆建议兰辛去面见总统本人，一次性解决全部问题。兰辛马上前往白宫，用自己深深的疑虑说服了总统。第二天，1月24日，威尔逊以书面形式警告豪斯，如果继续发送伯恩斯道夫的电报，"我们应当了解清楚，他是在为这一目标（指和平）而努力；而且我们每一次都应得到他的官方保证，电报中绝无因我们代为发报而对我们的中立地位造成损害的内容"。

待到此时，威尔逊总统已经开始怀疑他们信错了人。不管是威尔逊还是其他人，从来都没有追究，以确保伯恩斯道夫收到的电报内容是局限在和谈主题之内的。威尔逊以德国外交部诚实守信为交涉前提。当政治晴雨表那转动的指针震颤着逐渐指向战争时，这种行为真是太轻率了。然而威尔逊有自己的晴雨表。“不会有战争，”1月初威尔逊还这样告诉豪斯，“这个国家不想卷入战争。参战于我们而言，是对人类文明的犯罪。”他的意思是，美国既然有足够的影响力能促成和平，就应该当仁不让。

偷拍照：伯恩斯道夫的假期。（from“The Sketch”, October 25, 1916）

The Telegram Is Sent

第九章 电报发出 9

1917年1月9日，波兰边境的普勒斯城堡。这里是德军最高统帅部所在地，一共300间房，由制服笔挺的卫兵日常执勤。此地正召开一个重要会议——不是为了作出决定，而是为了确保顺利执行一个已经做出的决定。一个月前，最高统帅部自行决定，即便引发美国的反弹也要坚决使用U型潜艇。他们估算过，使用U型潜艇可以在6个月之内让德国赢得战争，而6个月之内美国不可能完成军队招募、组织、训练和运输的工作。海军大臣冯·卡佩勒（Von Capelle）坦言他们的信条："从军事的观点来看，美国参战产生不了任何帮助。"不过美国参战还会对协约国产生道德激励，鼓舞他们坚持到打乱德国的时间表。这种可能性人人心知肚明，但是没人提起。

陆军元帅冯·兴登堡尽管在艰难的思考中隐有不安，但还是被他那位有魔性的同僚鲁登道夫将军给说服了。两人又一起说服了德皇。德皇这个人，自己心中再有疑虑，也不敢比自己的将领们表现得少一丝一毫坚定。接下来只剩一件事：说服首相大人。他正在来普勒斯城堡的路上。鲁登道夫、兴登堡元帅，还有海军参谋长冯·霍尔岑道夫（Von Holtzendorff）上将，三人一边等着首相，一边忧郁地讨论起战争的前景。一位总参谋部的上校坐在角落里，记录下了他们的对话：

霍尔岑道夫：首相大人明天到。

兴登堡：什么事情让他眼下不能分身？

霍尔岑道夫：他要控制一旦宣布此事而引发的外交局面，让美国置身事外……外交部担心南美洲国家的反应，还有战后我们与这些南美国家的关系。

兴登堡：我们必须先打赢这场战争再说……

霍尔岑道夫：今天稍晚些时候，我会将自己的备忘录读给陛下听。他甚至到今天早上还没有真正理解目前的局势。

兴登堡：的确如此。

霍尔岑道夫：如果首相不跟我们站在一起，我们该怎么办？

兴登堡：这正是困扰我的地方。

霍尔岑道夫：到了那一步的话，您必须当首相。

兴登堡：不，不，我当不了首相。我不会当首相的。我没法在帝国议会中演讲。我拒绝。

鲁登道夫：我不会试图说服陆军元帅阁下……

兴登堡：好吧，无论如何我们都要团结。我们不得不团结。我们期待与美国交战，我们已经做好了万全的准备。情况不可能比眼下更糟了。无论使用何种手段，必须尽快结束这场战争。

霍尔岑道夫：陛下不理解目前的局势。

鲁登道夫：完全不理解。

霍尔岑道夫：人民和军队正苦苦哀求发动无限制潜艇战。

鲁登道夫：没错。

霍尔岑道夫：国务大臣海尔弗里希（Helfferich）对我说：

“您的计划会将国家引向灭亡。”我告诉他：“您正在将我们缓缓引向灭亡。”

兴登堡：的确如此。

热烈的气氛延续到第二天，他们聚集在德皇陛下御前。号称“海德拉之首”[1]的内阁三巨头也出席了会议——冯·瓦伦蒂尼（Van Valentini）、冯·林克纳男爵（Baron Von Lynckner）和海军上将冯·缪勒（Von Muller），分别负责内阁的内政、军事和海军事务，其实他们的职责就是让最高统帅开心而已。显而易见，这天他们没能做到。德皇陛下脸色苍白，烦躁不安，而且兴奋异常。冯·缪勒海军上将自己“神情忧伤恍如一只猫头鹰”。负责此次会议记录工作的瓦伦蒂尼，也远非兴高采烈。

乘车穿行在光秃秃的树木与白色的普勒斯城堡之间长长的小路上，贝特曼—霍尔维格身披斗篷，烟抽了一支又一支。这里的草坪举世闻名，当初规划营造出来为的是与英国最好的草坪相媲美。如今草坪尽被白雪覆盖，天空一派昏暗的铅灰。贝特曼走进巨大的会客厅，厅中挂满用红色锦缎装饰的野猪脑袋。他疲惫地走上大理石楼梯，被带进了会议室。这个会议室从前是餐厅，正是有一次德皇陛下对戴茜公主敞开心扉，眼泪落在雪茄上的所在。

[1] 海德拉（Hydra），古希腊神话中的九头蛇，一颗头要是被斩断，立刻又会生出两颗头来，后被大力神赫拉克勒斯运用智慧斩杀。——译者注

正在发言的是海军上将冯·霍尔岑道夫。他证明，在“一旦在交战区发现任何敌对国和中立国船只，将不予警告直接击沉”这样的无限制潜艇战中，他的U型潜艇一个月能击沉60万吨船舶，从而迫使英国在下一个粮食丰收季节到来之前低头屈服。他面前的桌上有一份长达200页的备忘录，由海军部撰写，一切都在里面了：英国港口吨位吞吐量的图表，显示运费率、载货空间和定量配给制度的图表，粮食产量与上一年的比较图。从奶酪价格和英国人早餐热量，到女性裙子所用的进口羊毛数目，统计数据无所不包。这位德国海军大臣以数学上的精确，计算出了英国被迫投降的具体月份，甚至几乎精确到天。他在计划中已经将2月1日定为无限制潜艇战的全面发动之日。

“就目前所见，这是我们最后的机会了。如果我们抓不住这次机会，”海军上将总结道，“我看就没有办法保证战争结束后我国仍然还是一个世界强国。我保证U型潜艇会在它参与的这部分战斗中取得胜利。”他环视一周，“我会将计划公告三周。”言罢锵然落座。2月1日正是三周之后。

贝特曼站起身来，讲了一个小时。他讲述了未来的可怕前景，如同一个洞悉局势的人从掩埋自己的废墟底下用手叩击求救。他重申自己去年就讲过的话：美国参战将带给德国的敌人道义支持，以及无限的财政资源，重新唤起他们赢得战争的自信，坚定他们战斗到底的决心。每一位对美国有第一手了解的外交官——伯恩斯道夫、阿尔伯特博士、哈尼尔（Haniel）参赞、冯·巴本少校——他们的看法都被贝特曼引用了。这些人的看法一致：强调美国参战将导致德国战败；德国国内以往的观点都忽视了这种声音，这是不应该的；德裔美国人不会发动起义；船只和军队都会齐装满员，一个团结的美国将投身于这场战争。贝特曼反复重申，目前只有自己尚坚信这样一点——威尔逊先生关于进行和谈的倡议是真诚的。在做出斩断一切争取和平的希望这一决定之前，应该相信威尔逊的努力，直至最后一刻。如果这不能带来和平，必将带来战败。

贝特曼不说了。他知道，会议已经做出了决定。德皇陛下讨厌听别人滔滔不绝连讲十分钟以上，他嘴里发出不耐烦的嘟囔声，脸上做出嗤之以鼻的表情。这一刻贝特曼仿佛面临基督蒙难[1]的抉择，如何支配命运全在自己手中。他可以违心地同意这个方案，但他相信这个方案是致命的错误；他也可以坚持自己的观点，以辞职相抗。贝特曼缓慢而痛苦地做出了自己的决定。是的，上一个粮食丰收季节协约国的情况很差。没错，如今潜艇的数量不断增加，更增加了战争胜利的希望，比去年夏天自己反

[1] 原文为“贝特曼的客西马尼（Gethsemane）”。客西马尼是《圣经》中耶路撒冷附近橄榄山下的一个花园，耶稣被犹大出卖被捕之地。耶稣当时可以选择逃走，但他选择了舍生取义。作者在此比喻贝特曼面临两难抉择的境地。——译者注

对使用U型潜艇时希望还大。总的来说，或许，战争的前景还是乐观的。当然，必须承认战争的前景是无法真正预测的。无疑，目前局势比去年9月要好……但是我们必须坚定不移……U型潜艇是“最后的王牌”……使用U型潜艇是一个非常重大的决定。“但是如果军方认为无限制潜艇战是必要的，则我无意反对。”从另一个方面来说，美国……

冯·霍尔岑道夫海军上将跳了起来。“我以一个海军军官的身份在此保证，没有一个美国人能踏上欧洲大陆！”陆军元帅也站了起来。“我们能对付美国人，”他说，“实施无限制潜艇战，机不可失，失不再来。”三位军方长官，三位内阁大臣，还有德皇陛下本人，都盯着首相。首相透过法国式的窗户，望着下面公园里结了冰的池塘。他做出神经紧张时的习惯动作，抬手理了理一丝不乱的银发，鼓起勇气开口。

“当然，”他说，“如果胜利在召唤，我们必须勇往直前。”

会议到此结束。德皇陛下在事先准备好的文件上签字：“我命令，于2月1日开始，全力实施无限制潜艇战……威廉·I. R.。”签完字，德皇走出会议室，最高统帅部成员紧随其后，大家去吃午餐了。片刻之后，曾追随德皇祖父两代的宫廷侍从官冯·赖沙赫（Von Reischach）走进会议室，发现贝特曼蜷缩在一把镶金的椅子里，整个人看起来形神俱毁。冯·赖沙赫深感震惊，问道：“出什么事了？我们打败仗了？”

“没有，”贝特曼回答，“但是，‘*finis Germaniae*’[1]。这就是会议的决定。”他告诉冯·赖沙赫都发生了什么。冯·赖沙赫言简意赅：“您应该辞职。”贝特曼摇摇头。他不能在德意志最紧要的关头辞职，他说，因为那样会暴露德国内部的不合，让全世界都知道自己相信德国会战败。尊严沦丧殆尽，他给自己披上了一块职责使命的遮羞布。身为官员必须执行上司的命令，即便与自己的判断相反，也不可违抗。他说，即便身为首相，自己也无能为力。从那一刻起，冯·赖沙赫不再相信德国会取得战争的胜利了。出席了此次会议的冯·瓦伦蒂尼走上楼梯，将贝特曼口中的“*finis Germaniae*”写进了自己的日记。贝特曼返回柏林，去面对向帝国议会传达这一决定的最终耻辱。于帝国议会而言，他对战争的政治后果负有责任。副首相海尔弗里希听说“最后一张王牌”在普勒斯被打出去了，当即评论道：“如果此举无法带来胜利，德意志将陷入几个世纪的沉沦。”他备受良心的煎熬，但是对德国政府的忠诚半点不亚于贝特曼。由于条顿传统中对军令出色的服从，文官政府里无人提出辞职。

对齐默尔曼来说，三周的公告期忙得不可开交。直到1月31日晚上，实施无限制潜艇战的公告才发给中立国，这已经是鱼雷

[1] 拉丁语，意为“德意志的灭亡”。——译者注

发射前的最后一刻了。与此同时，为了让美国人不起疑心，他还必须坚持与美国人谈判。一面继续讨论和平，一面又要采取措施应对美国参战。他本人曾在那次决策会议前十天被召至普勒斯，与私交甚笃的兴登堡和鲁登道夫面谈这些措施。身为美国问题“专家”，齐默尔曼给了他们宽慰的理由，告诉他们为何美国不足为惧。他不再大谈德裔美国人起义，眼下他有了新乐子——墨西哥和日本，相比起义，这两国给美国制造麻烦的前景更令人振奋。他编出了一整套无懈可击的逻辑。他强调，除了东海岸，整个美国都反对战争。威尔逊不想要战争，他连任靠的是反战立场，是西部诸州将他再次推上了总统宝座。依齐默尔曼来看，威尔逊不能在没有国会批准的情况下宣战，而西部和中部诸州的势力在国会中占多数。他断言，西部诸州“不会因为日本而发动与我们的战争”。齐默尔曼曾跟美国人大谈“黄祸论”，所以他才对自己这套理论笃信不疑。他曾不厌其烦地向吉拉德渲染“黄祸”之恐怖，兜售“白种人团结起来共抗黄祸”之必要。因此齐默尔曼坚信，如同他在帝国议会讲的那样，这件事情上他“懂得如何恰如其分遣词造句，让美国大使就范”。

从那时起，齐默尔曼倾注大量心血，思考挑动墨西哥和日本进攻美国的可能性。他敢肯定，如果美国在墨西哥业已存在的军事介入扩大为全面战争，如果美国对日本从背后趁虚而入的忌惮在新形势下更为强烈，则美国永远不能在欧洲发挥重要作用。他有意促成这两件事一起发生。他将结盟计划上报给了政府同僚和普勒斯的最高统帅部。齐默尔曼告诉他们，自己敢肯定，考虑到长年以来收复失地的强烈愿望，墨西哥会愿意尽一切可能争取外援，并说服日本联手。他认为，日本已经将远东地区当前所有能捞到手的零碎利益都收入囊中，一定在寻找更大的战利品。齐默尔曼坚定不疑，并且授命将计划继续推进下去。

一方面忙着准备开给墨西哥的价码，一方面齐默尔曼还要做好保密工作，让德国的盟友奥匈帝国跟美国一样，对德国潜艇战的决定一无所知。奥地利渴盼和平，甚至比贝特曼还要害怕U型潜艇。奥地利向柏林派去特使，恳求德国不要发动无限制潜艇战。齐默尔曼告诉奥地利特使，此事依然在讨论之中（其实六天前就决定了）；也不必担心，因为美国不太可能会做出比断交更激烈的反应。美国没有做好参战的准备，眼下在墨西哥陷得太深，而且忌惮日本。一旦美国参战，日本必将趁虚而入。美国无论如何也不能在六到八个月内完成备战，而在这之前英国就已经被打败了。齐默尔曼告诉奥地利人，情报让自己越来越相信“美国多半不可能与同盟国搞坏关系”。

耍手段笼络住奥地利和墨西哥的同时，齐默尔曼还必须保持跟美国的和平谈判，而且步伐不能迈太快。“我们坚信必将取得胜利，”他发电报给伯恩斯道夫，“因此您必须拖延提出我国的条件。”在这最后的时刻需要小心翼翼，不过他自信可以摆弄头脑简单的美国人。德美贸易协会在阿德隆饭店举办了一场丰盛的晚宴，齐默尔曼、副首相海尔弗里希还有一众德国商界、政界、军界颇具影响力的大佬集体出席，为卸任的美国大使吉拉德送行。席间推杯换盏，省略了宴会后动辄几小时虚情假意的演说，大家在真诚的交流中相互表达信任与友好。齐默尔曼和吉拉德都尽力安抚对方，甜言蜜语说得一个赛一个好听。

“我们的私人友谊给了我信心，让我坚信，我们能继续在坦诚直率中共事，将我们手里所有的牌都摊到桌面上来，共同克服一切困难。”德国外交大臣如是说。

与吉拉德的老朋友贝特曼、海尔弗里希一样，名列最后但是同样重要的好友齐默尔曼也是满脑子公务而来，“我们两国的关系绝无任何风险。”美国大使彬彬有礼地答复道。晚宴过后他告诉格鲁，那只是执行上司的命令，有限地哄德国人开心一下而已。

从这场滑稽的友好晚宴起，齐默尔曼直接给驻墨西哥大使埃克哈特起草命令，要他以挑动进攻美国为目的，促成德国与墨西哥、日本的结盟。

齐默尔曼打算给埃克哈特送封信过去，具体渠道是通过来往于华盛顿和墨西哥之间的商用潜艇“德意志”号。这艘潜艇去年7月出色地完成了一趟直达美国的航行，原计划今年1月15日从美国离港出发。不过，最后时刻“德意志”号的航行被取消了，命令只能通过电报发送。齐默尔曼决定，采用最直接的线路发送电报。还有哪条线路比美国人自己的线路更直接？“这些白痴一样的美国佬”，一如巴本对他们的蔑称，居然允许德国人出于和平目的使用他们的电报线路。这可不是威尔逊先生简简单单随口一说。德国不会被这等花言巧语所愚弄。既然威尔逊允许德国人在这条电报线路上畅通无阻，这条线路就会忠心耿耿为德国所用——这正中齐默尔曼的下怀——他就是要以彼之道还诸彼身，用美国佬的线路捣破美国佬的老巢。

当齐默尔曼定下这条毒计的时候，美国尚非敌国。全面实施无限制潜艇战的决定有让美国变成敌国的风险，但齐默尔曼本人跟德军最高统帅部一样，相信仍有很大可能是威尔逊吞掉苦果，循旧例发一两篇愤怒的声明了事。此时此刻，德国的重中之重是避免任何进一步的举动激怒美国。齐默尔曼选择的电报线路，在当前的局势之下可说是不合时宜至极。或许，这是德国人的民族性格所决定的。所谓日耳曼人命中注定是优越的民族，有优厚的权利，有优秀的智慧，结果导致齐默尔曼有了这般举动。高人一等的优越民族有权愚弄傻瓜，这非但算不上不体面，反而值得嘉许，因为这是人类的天性，自然的法则。一位U型潜艇的艇长对一位英国商船的船长说过一句话——这艘英国商船没有搭载任何伪装的武器，德国人却径自发射鱼雷将其击沉——“你们英国人就永远当傻瓜吧，我们德国人是绝对不会当绅士的。”

齐默尔曼不知道第40号办公室已经破译了德国的密码。不过，如果德国人对敌人的轻视能少那么一点点的话，齐默尔曼就会在使用美国的电报线路发送缔结反美军事同盟的提议前慎重三思——仅仅是谨防消息走漏。电报从美国驻柏林大使馆发出去，要经过陆上电缆传输至哥本哈根，再经由中途与英国有交集的大西洋海底电缆。可惜，齐默尔曼并没有三思而后行。

1月16日，齐默尔曼向伯恩斯道夫发出了电报，通知他最新情况，并要他将电报转给驻墨西哥公使埃克哈特。齐默尔曼将自己的电报附在贝特曼—霍尔维格发给伯恩斯道夫的一份长电后面，这份长电传达了德国实施无限制潜艇战的最后决定。贝特曼的电报编号157。这份电报后面附着的，正是齐默尔曼给伯恩斯道夫的指示，编号158："最高绝密。致阁下以私人信件，请以安全途径将信件转呈我国驻墨西哥公使。"接下来就是给埃克哈特的电报。开头编号为"第1号"，电报全文如下：

我国准备于2月1日开始实施无限制潜艇战。尽管如此，我国仍希望能让美国保持中立地位。若无法奏效，则我国将向墨西哥提议结为盟友。缔结同盟的条件如下：双方联手参战，共同谋求和平，从优提供财政援助，并理解墨西哥收复得克萨斯、新墨西哥和亚利桑那等失地的迫切愿望。协议具体细节由阁下负责。

一旦我国与美国爆发战争已成定局，阁下应尽快将上述机密知会（墨西哥）总统，建议其马上主动邀请日本入盟，并在日本和我国之间展开斡旋。

请提醒墨西哥总统关注局势，我国潜艇如今以无限制的方式投入作战，将为战争带来新的前景，不过数月即可迫使英国求和。电报收悉。

齐默尔曼

为确保电报送达，齐默尔曼使用了三条不同的线路发送这份加密电文。第一条，通过瑙恩至萨维尔的无线电通讯“主要线路”。这条线路在美国人的监控之下，不一定能发得出去。第二条，通过“瑞典迂回”。最后一条，经过豪斯上校的同意，借用美国国务院的电报线路，由美国大使馆的发报员负责拍发。1月17日，美国国务院收到这封电报。兰辛带着惯常的忧虑，于18日命令国务院将电报交给伯恩斯道夫。国务卿兰辛对德国人早已失去耐心，一直试图唤起美国人关注德国一旦赢得战争将带来的威胁。10天之后，他在日记中写道：“我真巴不得这些又蠢又笨的德国人跌个大跟头。”兰辛当时还不知道，德国人的跟头正是跌在自己手上。

英国方面发现齐默尔曼的电报居然不声不响经由美国的电报线路发送，第40号办公室顿时“欣喜若狂”。事实上，第40号办公室截获了全部三条线路上的电报。他们首先从电波中截获了从瑙恩发送的无线电报，接下来又从美国的电报线路和“瑞典迂回”中发现了同样内容的电报。

华盛顿方面，德国大使伯恩斯道夫从美国国务院手里拿到了电报，随即按照指示，用相同的密码于1月19日经西联电报公司将电报拍发给埃克哈特。他删去了电报中给自己的指示，即从开头“编号158……”到结尾“请以安全途径……”的这一段；代之以自己的电报编号130，另外加上一行：“外交部电报1月16日，第1号，最高绝密，请亲自译电。”结尾处他又补充道：“电报完结，伯恩斯道夫。”这些文本上的差异至关重要。据目前所知，伯恩斯道夫的责任就到此为止了。齐默尔曼电报就像落在森林中的一点火种，神不知鬼不觉间闷烧慢燃。公众知道得越多，这火烧得越旺，直至烧成熏天烈焰。

伯恩斯道夫现在清楚，事情已经到了万劫不复的境地。他在绝望中还试图说服柏林方面，让柏林相信威尔逊的斡旋是言而有信的，一定能找到接受威尔逊和平倡议的方法。伯恩斯道夫说，如果柏林接受和平倡议，他可以保证德国稳居目前的国际地位，国势半点无损。德国国内没有人相信他。齐默尔曼只相信威尔逊“会动用他的全部影响力对付我们”，因为“他从感情到思想都是个英国人”；海尔弗里希坚持认为，威尔逊的和平倡议背后肯定“别有用心”；德皇陛下一语盖棺：“绝对不可以信任。”但是，满心痛悔的贝特曼对伯恩斯道夫答复道，自己仍然在寻找

“一切可能的途径来降低美德开战的危险”。蛋糕都吞下去了，他居然还想让胃不疼。

也就在这个时刻，威尔逊做出了最后也是最具感染力的和平呼吁。1月22日，他在参议院发表了那篇演说——《没有胜利的和平》。在威尔逊心中，这篇演说是通过世界各国政府首脑，讲给全世界人民听的。“没有胜利的和平”一词惹得协约国勃然大怒，却让伯恩斯道夫重拾希望。他还是使用美国国务院的电报线路，乞求柏林至少给中立国船只留一段时间的宽限期。只要做到这一点，他相信威尔逊会加倍努力争取和平。贝特曼将这个方案抓作救命稻草，但是海军部言简意赅地告知他：太晚了。大批U型潜艇已经出海，来不及更改命令。

现在留给伯恩斯道夫的时间只有一周。他又提出了一项请求，恳请柏林方面答复威尔逊关于德国应拿出和谈条款的最后要求。如果协约国方面断然回绝威尔逊，则德国可以名正言顺地发动无限制潜艇战，或不至于激起美国的反弹。“别看所有言论都指向反面，美国的战争资源，”他警告，“可是非常之巨大”。

1月28日，伯恩斯道夫最后时刻的电报发抵柏林。齐默尔曼正在普勒斯，跟德军最高统帅部开会。现在的时间要论小时计算了。贝特曼和伯恩斯道夫找来德国外交部一位齐默尔曼信得过的朋友，此人名叫雅各布·诺格拉特（Jacob Noeggerath），德国籍美国人，曾常年担任外交部的美国事务顾问。诺格拉特给齐默尔曼打了一整天电话，当电话接通，他情绪激动地请求齐默尔曼向最高统帅部提出交涉，暂缓使用U型潜艇。贝特曼本人则带着伯恩斯道夫的电报，乘火车连夜赶往普勒斯。第二天，1月29日，普勒斯又要召开一场会议。这次会议简短但正式，兴登堡、鲁登道夫、贝特曼、齐默尔曼以及德皇陛下皆尽出席。会上无人提出暂缓使用U型潜艇的问题，因为海军方面早已强调过，现在与潜艇联络为时已晚。贝特曼所能做的一切，就是在实施无限制潜艇战的声明之外，附上一个宣布德国和谈条款的声明，外加对美国政府继续和平努力的徒劳期盼，以及一份承诺——一旦有足够证据表明美国总统的努力达成了“德国所能接受”的和平，德国将第一时间召回全部潜艇。

1月31日，尚能有所作为的最后时刻，距离公告期结束不足八小时。到这个工作日行将结束的时候，实施无限制潜艇战的公告才会发给美国政府。下午4点，伯恩斯道夫将公告递交给兰辛。下午6点，齐默尔曼通知了吉拉德。

华盛顿方面大吃一惊。虽然接到过很多次警告，但美国当局相信潜艇冬天在北海和北大西洋活动困难重重，没想到德国人会在春天到来之前走这步棋。对于伯恩斯道夫来说，这是他八年驻美大使生涯的结束。长期以来辛辛苦苦让美国置身于战争之外，如今全部努力烟消云散。他带着大异于平日笑脸的尴尬表情，将文件递给又惊又怒的兰辛，说：“我知道这非常糟糕，非常。我对这一必要的做法深表遗憾。”他毫无血色的脸上硬挤出一丝笑容，低声道：“再见。”然后鞠了一躬，离开了。片刻之后，在媒体的团团包围之中，伯恩斯道夫说出了或许是自己在驻美大使任内最冲动的一句话——“本人退出政坛，了此余生。”

柏林方面，所有人都问完自己再问旁边的人——美国会怎么办？齐默尔曼满心用错了地方的勇气，一连多日做完自己再做别人的工作，让人家相信美国毕竟不一定会参战。一位受邀来采访齐默尔曼的丹麦记者发现，这人惶恐不安地等着看报纸。“只要美国不来插手，”齐默尔曼脱口而出，“我们放手大干，只要两三个月就足够了。”2月1日，在帝国议会为做出实施无限制潜艇战的决策辩护时，齐默尔曼摆出了全部理由——西部诸州、反战情绪、忌惮日本——极力鼓吹美国不会参战。他仿佛一个打开大坝闸门后被吓傻了的小男孩，心里一个劲告诉自己，大水兴许不会奔流狂泻。

伦敦方面同样紧张地期待着美国的反应。在华盛顿，紧张程度达到顶点。这个挑衅美国人忧心已久，时不时左支右绌地躲避，如今还是砸到了脸上。一份美国报纸评论，海上航行自由以后只剩“冰山和鱼”还能享有。2月1日早上，80位记者群集兰辛的新闻发布会。直到下午5点兰辛从白宫回来，这些记者还聚在走廊里不肯散去。整整三天，威尔逊总统与自己较劲，这些记者和全美国都在苦等。总统告诉从纽约赶来的豪斯上校，自己感觉好像这个世界突然转了向，以前是从东向西，现在变成了从西向东，自己连站都站不稳。威尔逊依然坚持，如果可以避免，不会允许德国人的挑衅将美国拖入战争。他还是说，美国政府参战乃是“罪恶”，要尽全力做和平的缔造者。

齐默尔曼算计中的美国对日本的忌惮迅速显现。在这个敏感的时刻，日本驻美大使拿准时机拜访国务院，抗议爱达荷州和俄勒冈州即将通过的两部外国侨民土地法案。副国务卿波尔克（Polk）急召这两个州的参议员开会。尽管这两个州的参议员都是共和党人，但他们充分理解局势，发电报给本州的立法机构，要各自的州议会切勿“在这个关键时刻”给联邦政府添乱。爱达荷州和俄勒冈州均做出正面回应，撤销了那两部法案。

2月2日，每周五的内阁例会于下午2点半召开。“我该拿出什么方案？我要去面对国会了，我该说什么？”总统几乎是可怜巴巴地问大家。内阁成员群情激昂，一个个直抒胸臆，除了一两个人，都一口咬定美国现在应该加入协约国。你想看到哪边赢？一位阁员问总统。哪边都别赢，威尔逊回答。他仍然想要两边都没有胜利的和平。威尔逊给听众上了关于不参战的新一课，其效果令人大跌眼镜。为这届内阁撰写回忆录的农业部长休斯顿（Houston）记下了当时的情景。为了“让白种人顽强对抗黄种人——比如日本，该国与俄国狼狈为奸，控制中国——”，威尔逊表示，按兵不动方为明智之举。事实上，自己什么也不打算做，宁可自取软弱或懦夫的骂名。闻听此言，整个内阁目瞪口呆。接着，总统依旧要找一个替代的方案。他建议全体中立国联合起来，共同提出和谈的要求——其实还是由他充当斡旋者的角色，这个方案他从前倒是没有考虑过。然后，威尔逊照例宣布休会，由他本人的内心来做出决定。

第二天，2月3日，威尔逊做出了决定：伯恩斯道夫将领到离境护照，美国将与德国断交——但并不怨憎。“我不相信，”威尔逊这天下午去国会山宣布断交时讲道，“这是德国当局的真实意图，他们真能像警告我们的那样，肆无忌惮地行事……德国只有做出公然蓄意的行动，才能让我相信。”

威尔逊演讲的时候正是欧洲的午餐时间。在伦敦，美国驻英大使佩奇夫妇、使馆一秘劳克林（Laughlin）夫妇，以及大使的私人秘书休克拉夫特（Shoecraft）一众人等在一间屋子里枯坐整日。大家一言不发，坐等威尔逊的决定。蓦然间，他们听到前门铃响。大使私人秘书冲下楼，迎进来了海军少将霍尔。霍尔可是全欧洲最早得知威尔逊决定的人。“感谢上帝！”海军少将一进大使房门就说。他从口袋里掏出冈特上校发来的一份电报，念道：“伯恩斯道夫将启程回国。今晚我要一醉方休。”

同一天晚上，柏林，美国大使吉拉德夫妇正在德国外交大臣齐默尔曼和一位女友的陪伴下享用戏剧散场后的晚餐。“您瞧瞧，”齐默尔曼对大使夫妇说，“情况一切正常。美国不会采取任何行动，因为威尔逊只求和平，别无他想。一切都会安稳如初。”

第二天早上，齐默尔曼接到了消息，顿时大发雷霆。他对新闻记者说的话堪称野蛮无礼。他说，对德国人来说，这是一桩好事——“最终我们把那个自命为和平使者的家伙给甩掉了。”与吉拉德和格鲁道别时，他情绪恢复得不错，“尽可能以最温暖的方式”欢送了这两位外交官。齐默尔曼让他们两人相信，美德断交于自己而言完全是意外，他对此深深致以诚挚的歉意。

德国和美国还没有进入战争状态，但齐默尔曼感觉局势不断升温，决定不再等下去。当初他在电报里通知埃克哈特，等到德国与美国爆发战争已成定局，再开口跟墨西哥提结盟的事。2月5日，他发电报给埃克哈特，命令“现在就谈”。由于伯恩斯道夫的渠道中断了，第二封电报用跟第一封一样的密码加密，直接发给埃克哈特，走的可能是“瑞典迂回”。齐默尔曼完全明白自己是在玩火，他在电报开头就说：“假使秘密没有泄露给美国的危险，请阁下速与总统[1]讨论结盟问题。事不宜迟，万勿拖延。”齐默尔曼又说，卡兰萨“甚至可能正单独试探日本的意向”。他总结道：“如果总统因害怕以后招致报复而拒绝结盟，阁下有权在实现和平后与墨西哥签署明确的同盟协议，这要在墨西哥成功

[1] 指墨西哥总统卡兰萨。——译者注

将日本拉入同盟的前提下。”跟上一封电报一样，开头还是“最高绝密，请亲自译电”，落款“齐默尔曼”。

电报发早了一点，齐默尔曼本该趁卡兰萨更听得进人劝时做这事。就在埃克哈特接到指示进一步接触前不久，卡兰萨总统与美国人的针尖对麦芒竟然消融于无形。原因是潘兴的远征军突然撤出墨西哥，这化解掉了卡兰萨与美国的主要矛盾。卡兰萨强硬到底，拒绝了一个墨美联合高级委员会经过数月争吵才敲定的撤军框架协议。该委员会黔驴技穷，只得于1917年1月15日宣布休会。威尔逊无计可施，眼前的路只剩两条：或者死不松口，对墨西哥局势介入更深；或者干脆利落地无条件撤军。威尔逊一直未能从这场与墨西哥人尊严的较量中解脱出来。其实他从头就不喜欢这次出兵，他对墨西哥战事早已深恶痛绝。随着徒劳无功的追捕不断继续，美国的国际声望日趋降低。威尔逊的幕僚对德国深感不安，强烈建议马上将美军从墨西哥撤出来。威尔逊最终同意撤军。撤军命令于1月25日下达，2月5日全面完成撤军。同一天，埃克哈特接到指示，向卡兰萨提出结盟，“现在就谈”。

唐·贝努斯[1]大肆吹嘘，说潘兴撤军乃是凭他一己之力所缔造的胜局。他感觉风平浪静，不再像两周前那样迫不及待地有求

[1] 指卡兰萨。——译者注

于德国。而德国在墨西哥小心翼翼筹备计划的步伐陡然加速。美国情报人员搜集到的最新传言一时如井喷般暴增。2月5日，有情报人员从拉雷多[1]报告：“今天一名德军上尉来到新拉雷多[2]，目的是组织墨西哥人突袭美国领土。”2月12日，从艾尔帕索发来情报：“德国驻奇瓦瓦领事携妻穿过边境，将妻子留在边境这一侧，自己返回墨西哥，奔走往返于华雷斯，收购的物资补给不同寻常。”2月13日，来自圣萨尔瓦多[3]的情报显示：“大批德国人遍布墨西哥全国。托雷翁、墨西哥城和蒙特雷的旅馆里都住满了德国人。他们大多与卡兰萨手下的军官沆瀣一气。这些人认为对抗威尔逊就是捍卫天主教。”至于其他情报，有的说，从美国境内来的大股德国人涌向墨西哥各地；有的说，德国人在墨西哥西海岸将用作船舶燃料的煤炭收购一空；还有情报称，一位德国商人在街头突然被墨西哥人一把抱住，对他说：“德国该对那个大学老师[4]动手了。”

[1] 美国得克萨斯州南部城市。——译者注

[2] 墨西哥东北部城市。——译者注

[3] 墨西哥中南部城市。——译者注

[4] 指威尔逊。——译者注

威尔逊拒绝做破坏美墨关系的事，在白宫中对这一切缄口不言。美国驻英大使佩奇在日记中愤怒地写道：“他沉迷于自命的所谓‘思考’，世界的风云变幻根本不入他的法眼。”他将威尔逊评价为一个满心受挫、伤痕累累的人，却并非没有正义感。威尔逊仍旧没有注意到那个最简单的事实——交战双方不要他的调解斡旋，都要打到底，不想在未能取胜的情况下达成和约。在国会演讲宣布与德国断交时，他曾说过，美国人民是德国人民真诚的朋友，不会相信“他们对我们敌意，除非到了我们不得不信的时候”。他依然决定让美国置身于战争之外，占据斡旋和平的制高点，要耐得住一切挑衅，简言之即“公然蓄意的行动”。他不会想到，这样的行动正是从墨西哥而来。

第十章 “我人生中最戏剧性的时刻” 10

“The Most Dramatic Moment in All My Life”

齐默尔曼那“公然蓄意的行动”，有如一颗没投出去的手榴弹，依然躺在霍尔少将的保险箱里。当这位皇家海军情报总监读完威尔逊的断交演讲后，他意识到，他刚听到消息时发自内心的那句“感谢上帝”来得太早了。美国人终究是不打算参战。他们的总统对德国凶相毕露的敌视居然紧闭双眼，仍坚持中立，“除非到了我们不得不信的时候”。这意思难道不是威尔逊还在犹豫？看起来该霍尔少将出手让威尔逊不得不信了。霍尔少将要做的一切，就是拔掉手榴弹的保险，丢到美国人的膝盖上——不过他没有这样做。要做好万全的准备，在将第40号办公室掌握德国密码这事完全掩盖之前，他不能轻举妄动。

同一时间，英国的局势日趋恶化。U型潜艇把英伦三岛的海上交通线划为了坟场。英国的财政资源已经达到极限。英国人翻空了能抵押出去的全部家底，用政府信贷作为支付手段，每天从美国那里购买价值1000万美元的战争物资。美国政府会容许这般巨额债务摇摇欲坠？现在美国经济深度依赖英国的外需，威尔逊的态度却令人忧虑不安。他流露出这样的迹象——要借英国的山穷水尽，逼英国坐到谈判桌前。只有美国参战，才能让英国化险为夷，才能让英国享有不受限制的信贷和不受限制的海上航行自由。

威尔逊发表了令人泄气的讲话之后，霍尔少将改变了看法。他认为让本国政府浑然不知齐默尔曼电报的存在不再是合理的做法。2月5日，霍尔少将打开保险箱，拿出这份电报，穿过皇家禁卫骑兵旅的游行队伍，走进了外交部，将这份意义重大的文件交给了外交部常务副大臣哈丁（Hardinge）爵士。电报尚未破译完成，对内容的理解只能断章取义。蒙哥马利和德·格雷还没能破解密码的全部变化，但也足以证明第40号办公室已然掌握了这场战争中最伟大的转机。

哈丁爵士并不喜欢这份电报。身为接受教育自始至终要照章办事的公务员，他不禁将拦截破译他国电报的行为视作不太光明磊落的行为，将英国政府通过这样一份电报去影响中立国的做法不敢恭维。霍尔少将解释，在条件成熟和破译彻底完成之前，他还不会使用这份电报。但是，他希望贝尔福先生知悉这份电报的存在，他就可以考虑如何将这份电报的效果发挥到极致。

霍尔少将给自己提出要求，搞到一份伯恩斯道夫发往墨西哥的电报副本。他的理由是，这份电报在日期、地址和人名落款上与最初齐默尔曼发给伯恩斯道夫的电报存在细微而意义重大的差别。如果公开的电报副本是这一份，德国人肯定会认出这些差别，从而推断电报是在美洲大陆被截获的。德国人绝不会相信自己的密码能被破译，他们会说服自己，一定是电报发送到目的地之后，译出的电报被出卖给了敌人，或是失窃了。德国人会归罪于他们驻华盛顿或墨西哥的使领馆，认定有人做事粗枝大叶或出了内奸，背信弃义出卖国家。没有人会对第40号办公室的角色产生怀疑。上述预测，德国人将像按遵照剧本一般，严格地一直走到最后一步。

要找门路搞到那份大洋彼岸的电报，霍尔想到了墨西哥那位至关重要的H先生。当初正是这位H先生抓到了克隆霍尔姆先生的蛛丝马迹。三周之后，这位H先生走了最意外的好运，成功搞到了霍尔需要的东西。

事情是这样的：一个星期六的下午，一个在墨西哥城开印刷厂的英国人不期之间回了趟自己厂里。当时他手下的墨西哥工人结束了半天的工作，都已经下班。他注意到，工作台上放着一些没见过的印版。他拿起这些印版一看，大惊失色——这些印版是用来印伪钞的。印版旁边还整齐码放着一堆伪造的“纸板”（cartones）——这是一种在当时的墨西哥普遍使用的替代货币。墨西哥的革命一场接一场，每个新政权上台都会宣布旧政权的货币作废，发行新货币。这种情形之下，制造伪钞一时大行其道，逼得卡兰萨总统最近颁布法令，要对伪钞制造者处以死刑。

可以想象，这位英国印刷商是如何的惶惶不安。如果说世界上有一件事墨西哥人在行，那就是下令处决和执行死刑。印刷商抱起这堆证据，一股脑儿全塞进自己的保险箱，强作镇定地悄悄溜出办公室，到一位朋友家寻求帮助。他前脚刚走，手下私造伪钞的工人就回来了。发现印版跟“纸板”都不见了，轮到这人慌了神。他眼前仿佛也出现了黎明时分面对行刑队枪口的情景。

这家伙猜得没错，自己的老板发现了那些伪钞。于是，他决定先下手为强，主动指控老板印制伪钞，撇清自己。他去向墨西哥当局检举揭发，墨西哥当局立即动手，对那个英国印刷商逮捕、审讯、定罪在星期六当天一气呵成，宣判印刷商周一执行枪决。

危急时刻，救星H先生赶到。H先生是印刷商被捕前赶去讨主意的那位朋友的一个熟人。H先生听说此事，马上去找了英国驻墨西哥公使。虽然那天已经是星期天，英国公使还是替这位不幸的印刷商争取到了暂缓行刑。最后，真正的伪钞制造者落网，印刷商无罪释放。印刷商喜获新生，他那位朋友乐得洗脱嫌疑，H先生也喜不自胜，因为在墨西哥电报局的核心部门得到了一个强援——印刷商的那位朋友正是在墨西哥电报局工作。只要H先生感兴趣，他非常愿意借职务之便利给过手的任何电报搞一个副本。

H先生只对一份电报感兴趣，这份电报随即被找到了。2月10日，霍尔少将接到了从墨西哥发来的电报副本，这正是伯恩斯道夫发给埃克哈特的齐默尔曼电报。如霍尔少将希望的那样，这份电报与最初的电报的确有文本上的细微差别。

与此同时，第40号办公室已经拦截和破译了齐默尔曼的第二封电报，即指示埃克哈特“哪怕现在”，就要与墨西哥谈判缔结同盟，并拉拢日本加入。日本的两面三刀就像时隐时现的牙疼一样，一直折磨着协约国的神经。除此之外，英国本身也有足够的理由对墨西哥感到忧虑。如果没有坦皮科的石油，英国海军将很快陷入瘫痪。外国石油资本是由印第安血统的墨西哥军阀帕雷兹在保护，他是那种收钱做事的土匪头子，德国人一次坚决的攻势就能打破他的保护。卡兰萨也能提供保护，不过一旦他抱上德国人的大腿，他很可能真会像一直威胁的那样，取消外国特许权，以墨西哥的名义收回石油开采权。长期以来，墨西哥都坐收外国人送来的好处，而不会杀掉这只下金蛋的鹅。但性情反复无常的卡兰萨倘若真与德国人结盟，根本猜不出他在德国人的怂恿之下会干出什么。

2月13日，卡兰萨发出呼吁，希望所有中立国禁止交战国的战争物资进出本国港口。这分明流露出亲德的迹象，因为德国的海上交通早已被封锁了，此举将有效切断协约国的物资供应。报纸上的讽刺漫画里，卡兰萨被画成一具提线木偶，一个头戴尖顶盔的普鲁士人操控着他的一举一动。这个普鲁士人幸灾乐祸地放声大笑："禁止一切物资进出港口！"第二天，古巴爆发了由德国煽动的起义，紧接着传来了德国预备役军人从南美和北美源源不断进入墨西哥的警报。美国情报人员称，这些德国预备役军人活跃在坦皮科地区；而且据说近几周来了300名德国军官，已经在墨西哥集结。德国驻美大使馆关门后，有两名德国外交官并未回国，而是前往了墨西哥。这两人中，有一个是日本问题专家冯·舍恩（Von Schoen）男爵，他曾生硬地预言美国与日本必有一战，惹得威尔逊总统不胜其烦。此人又被派到墨西哥，显然是为了同一目的。同一时间，墨西哥驻柏林公使拉斐尔·苏巴朗（Rafael Zubaran）回国。据报道，他身携卡兰萨的封港呼吁草案。外界普遍相信，这份草案就是在柏林拟定的。墨西哥城笼罩在德国人和德国的影响力之下，暗流所向、局势何往已愈见明显。

在伦敦，贝尔福已经迫不及待要利用霍尔关于齐默尔曼电报的消息了。他不像哈丁爵士那样良心不安，相反，他强压耐性以待最佳时机，只等将电报小心翼翼地泄露出去刺激美国人。如何利用这份电报说服美国人参战，同时又不泄露电报来源，真是难以两全其美。英国外交部几乎每天都要跟霍尔少将对这个问题做一番研究。

从一开始，英国人最害怕的——事实证明这种害怕不无道理——就是美国人宣布整件事乃一场骗局。只有拿出英国人是如何获取这份电报的全部细节，才能令美国人信服。还有远东那个神鬼莫测的盟国，它的意图也是问题。如果日本加入敌人一方，基本上毫无疑问将迫使俄国退出战争，单独媾和。这是协约国极力要避免的灾难。贝尔福心中挂念着此事，邀日本驻英国大使登门一叙。他礼貌地向对方打探日本与墨西哥的关系，日本大使有些讨好地答复贝尔福，日墨并无利益关系。日本大使说，日本只盼美国打消疑虑，他们对墨西哥绝无半点野心。贝尔福从这次谈话中没能套出多少虚实。

三天之后，2月19日，第40号办公室的工作人员历经了五周对缺漏内容的艰难破译，终于破解出了齐默尔曼电报全文。霍尔少将通知贝尔福，时机成熟。两人商定，由霍尔本人出面，将电报透露给美国大使馆。

此时此刻的美国大使馆里，气氛陷入绝望。美国驻英大使佩奇在2月19日的日记中写道："我现在记录下我确信的一件事——我们根本不会参战。"他接下去说：威尔逊总统不理解，协约国不会接受没有胜利者和德国没有屈服的和平。"他本质上就不是有行动能力的人，我差不多可以肯定这一点。"

威尔逊与德国断交后给佩奇的失望和沮丧，几乎比断交前那些年来他所经受的还多。他本以为自己这回总算可以摘下"中立"的官方面具了，佩奇很不喜欢这副面具。然而，他盼望已久的那个伟大时刻，可以自豪面对英国朋友的时刻，却根本没有来到。相反，威尔逊又一次退缩了。佩奇理解不了威尔逊。他们在二十几岁的时候就认识了。那时佩奇是《大西洋月刊》的编辑，后来又成了《世界文艺》（*World's Work*）的创始人和编辑。他推介、刊发威尔逊的文章，鼓励威尔逊从政。他遍告自己所有的朋友"注意这个人"，相信威尔逊命中注定会成为公共领域新纪元的领导者。但是，从这场战争爆发，佩奇就认定中立政策有百害而无一利。佩奇清楚，威尔逊和自己一样，熟稔于英国文学和宪政传统，他怎能看不到这一点——自己与他都奉为圭臬的那些原则，能否存续下去全寄希望于协约国的胜利？然而，威尔逊却坚持向协约国施压，要协约国接受他所谓“双方平等达成的和平”。

将协约国和敌人等而视之，为这样的政策代言，对佩奇不啻为一种折磨。职责所在，充当抗议英国贸易黑名单[1]的传声筒，为一个面对战斗畏缩不前的国家扮演这等角色，其中的痛苦与耻辱，真是让他饱受煎熬。爱德华·格雷爵士认为，佩奇是自己迄今所见最虔诚的民主制度的信徒。于佩奇而言，捍卫民主显然是这场战争的核心宗旨。似乎对他来说，中立基本就是背叛。他的心与协约国在一起，这个热情、敏感而可爱的人从不对任何人隐瞒这颗心。这从他那一封封文笔生动、富有洞见的信中体现无遗。这些信就像是热切真挚的谈话。在两人意见相左之前，威尔逊形容佩奇的信是“我所读过最棒的”。

威尔逊毕竟是美国的行政首脑，佩奇是他的外交使节。总统很快被佩奇持续批评自己的公开政策所惹恼。让威尔逊更无法容忍的是，在向英国传达政策时，佩奇竟自作主张，倾向于软化立场，收敛锋芒。威尔逊不再读这位驻英大使的信件，从心理上排斥他。威尔逊绕开佩奇，转而通过豪斯上校来大玩各种花活儿。

[1] 英国政府于1916年公布了一个怀疑向德国提供援助的公司和个人的名单，禁止公民与名单上的公司和个人进行贸易，美国公司最多时上榜达80多家，引起美国政府抗议。——译者注

1916年夏天，他们决定召佩奇回国，“让他感受一下美国的气氛”。佩奇回到美国，威尔逊却又拒绝与他讨论战争。直到佩奇强行登门，顽固坚持见不到总统就不走，威尔逊最后才同意与他认真地讨论。虽然他们谈了整整一个上午，但两人完全身处不同的世界，这次谈话无果而终，徒令人唏嘘。佩奇临走的时候，伸手搭在威尔逊的肩膀上，看见威尔逊双眼里满是泪水。两人自此终生未再相见。

佩奇重返伦敦。11月威尔逊连任总统后，佩奇提出辞职。他的辞职请求一连数月得不到答复。一再催问下，他才被告之要继续留任。其实在此期间，威尔逊总统背着佩奇想把驻英大使一职授予克利夫兰·H. 道奇（Cleveland H. Dodge），但后者拒绝接受。此授职邀请是在2月6日做出的，即美国与德国断交后三天。可见威尔逊总统依旧何其认真地追求中立。

佩奇对威尔逊找人接替自己的事一无所知。尽管毫不认同自己要代表的政策，但自己始终抱有希望，总觉得局势的发展迟早会让威尔逊放弃中立政策，佩奇也就高兴地留任了。于是，他继续过这样的生活：一面勇敢地宣传协约国奋战的事迹，一面受到打击后心灰意冷地消沉绝望，两种状态交替往复。

再看美国国内的情况。1917年2月，虽然全国对欧洲的战事总体上是漠不关心，但和佩奇一样心急如焚、大声疾呼的大有人在。前总统西奥多·罗斯福就是其中的急先锋。他痛苦得犹如被缚的普罗米修斯，在美国和平主义的束缚下挣扎。他怒斥威尔逊既不懂“领导”又不会“行动”。

“我是不信威尔逊会参战，除非德国人结结实实一脚将他踢进战争。”2月12日，罗斯福在给洛奇参议员的信中来了这么一句。过了几天，罗斯福又觉得，即便踢威尔逊一脚都不够：“就算是有人踢了他，他也会拂拂衣服，柔声细气地跟人理论。”又过了几天：“他显然是在要惯用的伎俩；不论遇到什么情况，他都会坚持逃避参战的责任。”“胆小鬼”（Yellow all through）就是罗斯福此时给这个逃避职责的家伙起的绰号。对罗斯福而言，这似乎是威尔逊不去阻止德国获胜的唯一解释。罗斯福深信，如果德国赢得战争，它必将把手伸进加勒比海，入侵古巴，威胁巴拿马运河，可能与日本缔结同盟，下一步便可能从东西海岸同时向美国发动进攻。罗斯福当政时的国务卿伊莱休·鲁特（Elihu Root）认为，德国若赢得战争，定会夺取英国的殖民地和自治领，包括加拿大。到时候，美国将眼睁睁看着德皇杀过北方边境。

美国政府内部，兰辛也对威尔逊总统迟迟不采取行动感到“沮丧和焦虑”。他强烈认为：“我们不能再拒绝承担自己的责任了……要挺身捍卫民主，对抗专制。”2月的最后一周，英国驻美大使在国内写道，华盛顿的局势就像一瓶香槟，瓶口铁丝已经剪断，就等软木塞爆射出来。

在英国，霍尔少将正想要让瓶塞爆射出来——他正在与美国大使馆的爱德华·贝尔先生密谈。海军情报总监跟贝尔很熟，此人的工作是维持美国方面与英国政府下属各情报机构的联络。1915年，霍尔就是将阿奇博尔德文件交给了他。霍尔信不过官僚习气浓厚、办事慢条斯理的英国外交部，他要确保事情能为美国所知。贝尔来到第40号办公室，见到了齐默尔曼电报的副本（其实是在墨西哥弄到的那份伯恩斯道夫转发的电报）。像后来许多接触到这份电报的美国人的第一反应一样，贝尔宣称整件事肯定是骗局，他不相信有头脑正常的人居然敢提出瓜分美国本土。霍尔向他保证此事千真万确，贝尔的反应遂由质疑变为愤怒，最后慢慢变为满意，因为他意识到了这可能会带来什么。他告诉霍尔，公开这份电报，一定会导致战争。

贝尔最初的难以置信提醒了霍尔。他急于找一个能两相兼顾的渠道来披露这份电报，既要有最大程度上的权威性，又要将第40号办公室的曝光度控制在最小。霍尔和贝尔就这样一个理想的渠道争执不下，干脆移驾格罗夫纳广场，径直去找美国驻英大使本人。

佩奇得知这一消息时作何反应，我们不得而知。由于某种原因——可能是霍尔连写日记都喜欢保密——他没有留下记录。我们所知的是，这一天剩下的全部时间，佩奇都用来与霍尔、贝尔和美国大使馆一秘埃尔文·劳克林（Irwin Laughlin）开会，试图找出个万无一失的方法来处理这份将引起轰动的译电。第一步，他们决定，由贝尔福先生以官方名义将这份电报交给佩奇大使。按照佩奇的解释，这代表了“是英国政府出面知会我国政府”。佩奇会把电报内容发往华盛顿——但是问题来了，如果威尔逊要证据，怎么办？这个问题纠缠了很久，总算拟出一个方案。他们相当紧张，只盼这个办法能无懈可击。他们会告诉美国人，他们可以在自己的文件存档中找到从德国本土发给伯恩斯道夫的电报，以及伯恩斯道夫通过西联电报公司发给埃克哈特的电报。这些电报自然是用德国密码加密过的，但可以再把它们发给伦敦大使馆的贝尔，使馆理论上来说是美国的主权范围。贝尔可以在德·格雷的帮助下亲自破译出电报内容。也只有这次特殊情况，德·格雷才能获批从第40号办公室带出密码本。有了这番布局，如果有人向美国政府提出质疑，美国政府便可以回答说，电报是由美国人在美国的国土上破译的。定下此计，四位先生虽精疲力尽，心中的大石头总算落了地。他们相互道贺，然后回家睡觉。❶

❶
佩奇一年后给威尔逊总统写信说，他打定主意要再活二十年，为的是等到霍尔少将的文件档案公开。佩奇说，“那个人是天才——一个天才的明显例证”，把他的事迹写出来，将是“我所能想到让他和我永垂不朽的捷径”。可惜，这个愿望没能实现。停战前一个月，佩奇因病回国，一个月后病逝。“我爱那个人。”贝尔福说道。他与众人一起来到滑铁卢车站，欢送佩奇回国。“他离开英国时，我几乎垂泪。”
霍尔少将见证了第二次世界大战，于1943年逝世，终年73岁。——作者注第二天，2月23日，星期五，英国外交事务大臣正式将齐默尔曼电报呈交给美国驻英大使。外人眼中位高权重的贝尔福居然“难得激动了一回”，实属罕见。人们常用“高傲”一词来形容贝尔福，这个词也用来形容威尔逊。跟威尔逊相似，贝尔福在政坛上无疑是卓然不群——威尔逊是因为自命高人一等，贝尔福则是因为率性随意，淡然超脱。作为一名思想家，贝尔福足与威尔逊相媲美，他对哲学的热情堪比威尔逊对变革的执念。威尔逊是美国的格莱斯顿，为实现心中的道德准则而从事政治。贝尔福却是英国的杰弗 逊，君子在其位谋其政而已，同时还对科学、玄学、美学、草地网球、早期赛车运动和社会活动大有热情。哲学家欣赏他的逻辑和置疑，运动员喜欢他的高尔夫球艺，女士说他是“最光彩照人的绅士”，丘吉尔称他为“最完美的男士”。但凡曾与贝尔福谋面的人，都无法抗拒他的魅力。他的热情让人倍感温暖，他的谈吐让人赞叹不已，他的悠然安逸让人身心放松。一个法国朋友形容贝尔福有“天使般的宁静平和”，只是性子太慢偶尔也会让人苦恼。

战争爆发时，贝尔福任海军大臣，后转任外交大臣。他的思考与佩奇一样深刻，认为英美两国有着根本的纽带，这场战争的根本宗旨对两国是一致的。“我毫不怀疑美国对这一宗旨的关注少于大英帝国。”问题是美国何时能意识到这一点，这成为英国的当务之急。身为战时内阁的成员，贝尔福十分清楚，虽然大部分英国人宁可不要美国人插手，凭自己打这场战争，但英国支撑不起这样的打法。自从知道齐默尔曼电报的第一天起，他就紧张地等待——紧张程度达到自己性格所能承受的极限——等待电报能公之于众的时刻。他盼望公开电报能对美国产生影响的心情尤为强烈，因为自己两个月前接掌外交部，首要责任就是拟定英国的外交答复，配合协约国的联合声明回应威尔逊的和平倡议。贝尔福在给威尔逊的答复中明确表示，自己深信威尔逊向敌人提出这样的倡议乃是错误且徒劳的。

只要德国不放弃侵略的野心和野蛮的手段，贝尔福说，只要德国的野心和手段尚未被德国人民所唾弃，就没有国家能感到安全。决不能与这样的德国签署和平协议，一定要阻止德国再次妄图统治全世界。“那些人，”贝尔福冲着白宫写道，“他们认为凭国际条约和国际法就可以医治这场灾难，让它恢复如初……他们没能从近代鲜活的历史中吸取半点教训。”面对威尔逊鼓吹只有平等达成的和平才能持久，贝尔福一面直言不讳地提出异议，一面警告美国：“这个国家的人民不相信这样的和平能够持久，除非前提是协约国赢得战争的胜利。”

威尔逊不为所动，对这些外交文件看都不看上一眼。现在有了齐默尔曼电报，贝尔福手里便又有了一份能发给美国方面的外交文件，这次威尔逊总统恐怕无法视而不见。如果不曾为这次机会而心潮澎湃，贝尔福就不是凡人肉胎了。贝尔福后来坦言，当他将这张印有电报译文的纸递给佩奇时，“这是我人生中最戏剧性的时刻”。

佩奇将电报带回美国大使馆，坐下来草拟了一份用来掩盖情报来源的电文，向威尔逊解释电报是如何搞到手的。想在电报里说得足够清楚的确费劲，不过也不是无法做到，完成这项工作花了佩奇整夜的工夫。几乎是等不及写完，佩奇便于24日凌晨2点向美国国务院发出了警告。他在电报中说：“大约三小时之内，我将发给总统本人和国务院一份非常重要的电报。”

最后，佩奇对自己用来掩盖情报来源的电文表示满意。他将这份电文和齐默尔曼的电报译文一起发了出去，时间是2月24日下午1点。他给威尔逊总统的解释在某种程度上是坦率直白的，但并不完全符合事实。一方面是霍尔并没有告诉他全部事实，另一方面是霍尔让佩奇掩盖真相。佩奇告诉威尔逊，英国政府对齐默尔曼的提议深感震惊和愤慨，“鉴于这份电报中威胁要入侵美国领土……他们赶紧将电报发给我，要我转呈阁下。”他警告威尔逊，自己接下来要告诉他的事须严格保密。佩奇在电报中说，英国政府掌握了德国人用于电报通讯的密码，截获了伯恩斯道夫发往墨西哥的电报。电报被发回伦敦并破译。佩奇说，这就是为什么在1月19日埃克哈特收到电报之后又耽搁了时日。英国政府强烈要求威尔逊对这个情报来源严守秘密。但是，佩奇又异常郑重地说，英国政府“不反对公布齐默尔曼电报本身”。佩奇建议威尔逊："您可以从华盛顿的电讯部门拿到一份伯恩斯道夫转发的电报副本。"他说，英国人的副本不是从华盛顿搞到的，而是"在墨西哥买的"。

彻夜的忙碌和亢奋的情绪弄得佩奇精疲力竭。工作完成了，给华盛顿的电报发出去了，他却并不高兴，反而消沉起来。尽管佩奇从前很少扔出如此重磅的炸弹，但他还是无法肯定这次会不会让威尔逊回心转意。"这将让两个国家陷入战争，"当夜佩奇在日记中写道，"上帝才知道华盛顿那边会作何反应。"

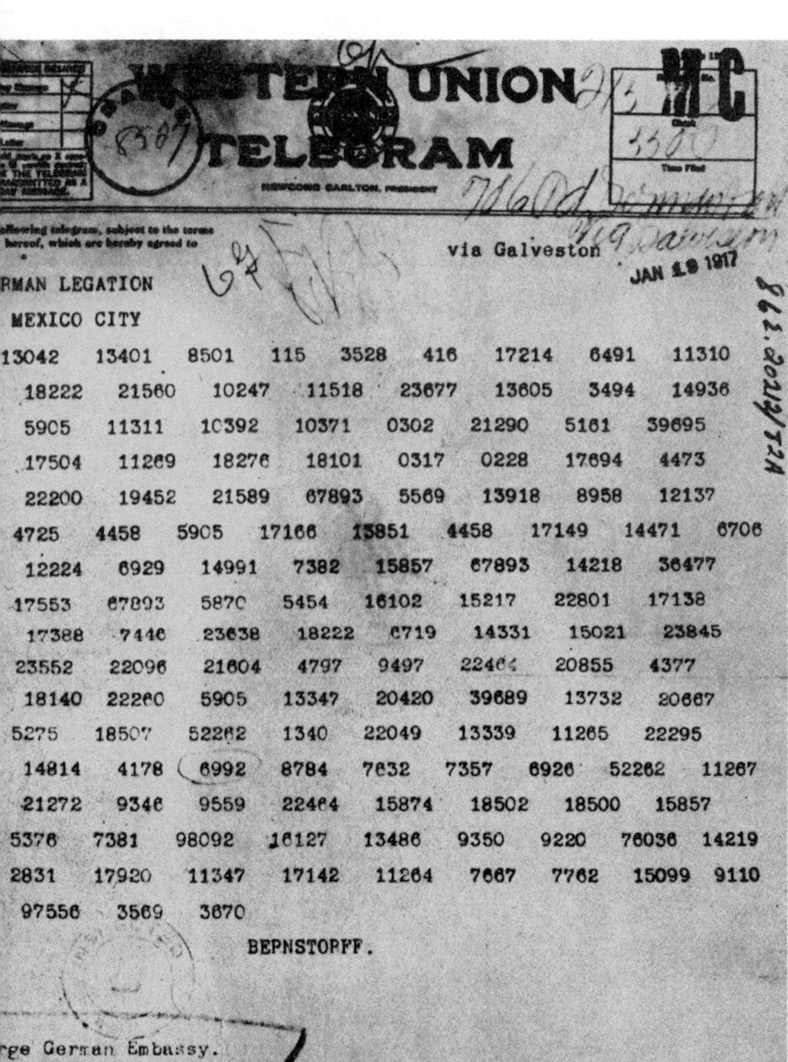

WESTERN UNION TELEGRAM

NEWCOMB CARLTON, PRESIDENT

following telegram, subject to the terms hereof, which are hereby agreed to

via Galveston

JAN 19 1917

RMAN LEGATION

MEXICO CITY

13042 13401 8501 115 3528 416 17214 6491 11310
18222 21560 10247 11518 23677 13605 3494 14936
5905 11311 10392 10371 0302 21290 5161 39695
17504 11269 18276 18101 0317 0228 17694 4473
22200 19452 21589 67893 5569 13918 8958 12137
4725 4458 5905 17166 13851 4458 17149 14471 6706
12224 6929 14991 7382 15857 67893 14218 36477
17553 67893 5870 5454 16102 15217 22801 17138
17388 7446 23638 18222 6719 14331 15021 23845
23552 22096 21604 4797 9497 22464 20855 4377
18140 22260 5905 13347 20420 39689 13732 20667
5275 18507 52262 1340 22049 13339 11265 22295
14814 4178 6992 8784 7632 7357 6926 52262 11267
21272 9346 9559 22464 15874 18502 18500 15857
5376 7381 98092 16127 13486 9350 9220 76036 14219
2831 17920 11347 17142 11264 7667 7762 15099 9110
97556 3569 3670

BEPNSTOPFF.

rge German Embassy.

由伯恩斯道夫经西联电报公司转发埃克哈特的那份电报。（The National Archives）

The Telegram in Washington

第十一章 电报传到华盛顿 11

2月24日，星期六上午9点，美国国务院接到了佩奇的第一份电报，说马上有一份“非常重要”的电报将在三小时内发来。这是什么意思？难道是英国终于考虑和谈了？三个小时过去，什么也没有发来。下午过去，还是没有电报。悬念吊人胃口。兰辛不在，离开三天去度周末。代理国务卿波尔克的预感很强烈，这回碰到的是大事。终于，晚上8点30分，密码室送来消息，收到驻英大使佩奇发来的一封长电报。译电时，一位助理国务卿在密码室门外焦急地转来转去，电文译出，他一把抓过，飞奔上楼交给波尔克。代理国务卿带着好奇开始看这份译电，看着看着便怒火升腾——德国五周前就阴谋策划入侵美国领土，而那时这份电报的起草人竟然还在跟威尔逊大谈和平。来不及等兰辛了——也等不到明天早上了，必须马上通知威尔逊。波尔克用自己的私人线路接通总统，要求面谈，然后拿起佩奇的电报，穿过大街，走向白宫。

威尔逊看到齐默尔曼电报第一时间的所想所言，能见到的唯一记录是波尔克的报告。波尔克写道，威尔逊当时“义愤填膺”。不论威尔逊对佩奇的观感如何，他似乎对电报的权威性没有片刻质疑。他怒火中烧，甚至没有花时间思考一下，当场就要将电报公布出去。波尔克劝他先等兰辛回来，向国务卿咨询一下对策。总统想了想，同意了。他刚刚意识到这份电报的潜在风险。现在是微妙而特殊的时刻，事实上，这个周末威尔逊总统正要做出一个紧急的决定。

从那时起，德国宣布开始施行无限制潜艇战，无法出海航行的美国船只塞满了各个港口。小麦、棉花，各种物资在港内堆积如山。除非美国当局下令给商船配置海军人员和武器，授权发现情况立即开火，否则神圣的公海航行自由将成一纸空文，随之而来便是严重的经济后果。大西洋沿岸各州的政府和民众在武装商船问题上乱成了一锅粥。有五百人出席的全国和平主义者大会在纽约的比尔特莫饭店召开；德美牧师协会将下一个星期六定为祈祷日，号召大家为粉碎“一切企图将我国拖入战争的邪恶劝诱和卑劣阴谋”而祈祷；船主们要求给商船提供武装；支持备战的各个社会团体纷纷上街游行。罗斯福的支持者痛骂“威尔逊主义带来全国性的麻木”。这些团体万众一心，和平主义者阵营却是分裂的，其中大部分反对武装商船，但也有人支持这样做，认为此举可以阻止美国陷入战争。

至于威尔逊本人的立场，至今只有他自己一个人晓得。星期五，即收到齐默尔曼电报的前一天，美国内阁的情绪在一个争吵激烈的会议上爆发了。一些阁员愤怒地抨击德国的做法，反被威尔逊总统指责是“想把我们拖入战争”。那天下午，参议院里的共和党参议员召开了一次闭门会议。支持参战的一派以洛奇为首，坚持和平主义的一派由拉福莱特（La Follette）领衔，双方史无前例地达成了一致。因为国会将于3月4日中午自动休会，接下来的九个月里威尔逊将只有他幕僚的意见可听，而没有国会插手的份儿。没有参议员知道总统打算干什么，但所有参议员一致同意，不能让威尔逊一人为所欲为。洛奇一派唯恐威尔逊找到退路，回避参战；拉福莱特一派则唯恐威尔逊将整个国家拖入战争。于是双方在会上达成一致，就悬而未决的税收法案延长辩论，为的是强行增加一个额外的国会会期。

参议员们重新回到国会的会场。记者惊奇地发现，那些已经好几年都没跟拉福莱特说过话的共和党参议员们，居然有的站起来向他质询问题，有的提出某个修正案要他首肯，还有的要求推迟点名。“拖延！”国会中嘘声一片，消息当天晚上就传到了白宫。这只是拖延战术小试牛刀，但第二天早上，全华盛顿都知道了，如果向国会提出武装商船的提案，和平主义一派会祭出真正的拖延战术，让提案通不过。

现在，威尔逊打定主意，亲自去请求国会通过这项法案。他告诉国会，这不是迈向战争的步伐，而是给德国人的警告。威尔逊希望此举能制止德国人做出“公然蓄意的举动”。美国的中立政策已经支离破碎，这是威尔逊的最后一根支柱。其实他可以自行使用行政权武装船只，但使用武力毕竟是事态恶化的征兆，他想要国会的批准。威尔逊最不想看到的就是额外的国会会期。一位内阁成员私下道，威尔逊喜欢“独自行事，无人打扰”。他清楚，这是国会中拖延战术已成各派共识。然而，当他嗅到反对气息之后，意志更加坚决，并且相信，齐默尔曼电报是自己一举挫败国会拖延的法宝。威尔逊想在国会强行通过武装船只法案，作为阻止美国参战的最后一着。出于避战目的，威尔逊要公开珍珠港事件之前美国历史上最具战争煽动性的消息。这件事的讽刺程度，在充满讽刺的人类历史上绝对是排得上号的。

威尔逊在周六晚上看到了那份电报。他用周日整整一天的时间，写就了一篇关于武装船只法案的发言。他计划下周一在国会亲自发表这番演讲。波尔克周日试图从西联电报公司的发报记录中查找伯恩斯道夫转发给埃克哈特的那份齐默尔曼电报，却遭到了西联电报公司的严词拒绝。这家公司坚称，联邦法律保护客户的电报内容，不许波尔克查看发报记录。在小角色面前碰了钉子，波尔克拿出政府权威，向西联电报公司董事长纽科姆·卡尔顿（Newcomb Carlton）施压。这时已经到了星期一，威尔逊总统将于下午1点在国会发表演说。早上，他给豪斯上校送去了齐默尔曼电报的副本，加上了一句意思含混的评论——“令人震惊”。威尔逊没有透露半点自己打算如何处理这份电报，也没有向豪斯征求意见（这毫无必要。因为一直以来，豪斯只要一提出什么意见，马上写进自己的日记里，以后他就有了向后世吹嘘的资本：威尔逊总统采取如此如此行动都是“出自我的建议”）。威尔逊决定周一不提电报的事，原因不太可能是为了等周二才回来的兰辛，更有可能是，威尔逊想在公开这份电报之前试探一下国会的情绪。

也没有证据表明威尔逊曾考虑过将电报秘而不宣。其实就在波尔克将齐默尔曼的提议通知美国驻墨西哥大使弗莱彻的同一天，他便说，美国政府不相信将这封电报对公众保密乃恰当之举。盼望着公开这份电报能引起“巨大的恐慌”和“强烈的感受”，威尔逊指示弗莱彻，要从墨西哥总统卡兰萨那里拿到墨西哥明确表示“毫无兴趣”的声明。华盛顿方面怀疑，卡兰萨其实对跟德国结盟兴趣浓厚，但还是想给他一个否认的机会。可惜卡兰萨没有抓住。就在这一天，2月26日，埃克哈特向齐默尔曼发出一封电报，从中就可看出这一点。“最高绝密，”电报以此开头，“开始谈判……（中间内容无法破译）……我方能否提供军火？盼复。”

下午1点，威尔逊总统“气色很好，身着款式新颖、裁剪入时的常礼服”，站到了讲台上，要求国会参众两院允许使用武力为美国船只和公民“在海上合法而和平地航行”提供保护。威尔逊正讲着，新闻自动收报机突然开始哒哒作响，吐出一条最新消息——一艘冠达邮轮公司的小型邮轮“拉科尼亚”号被德国潜艇发射的两枚鱼雷击沉。德国潜艇事先没有发出警告，两名美国人死亡。威尔逊还在演讲，这条新闻就在窃窃私语中传遍了会场。此事让针锋相对的两派都强化了各自坚持的立场：和平主义一派反对让美国船只出海再遭此厄运；亲协约国一派则支持武装船只，以示美国人在海上不会被德国人的恐怖政策（*schrecklichkeit*）所吓倒。

星期二上午，兰辛回来了。一到办公室，助理国务卿菲利普斯就给他看了齐默尔曼那份“令人惊讶的电报”。这就是兰辛一直盼望的又蠢又笨的德国人跌的大跟头。他从波尔克那里了解到，伯恩斯道夫的电报副本还没有拿到手，但西联电报公司的态度已经软化，就等初步结果。中午11点，兰辛前往白宫面见总统。他身携“利器”——这是波尔克从国务院自己的电报记录中为他查到的：1月17日伯恩斯道夫通过美国国务院线路发送电报的证据。那是“一份特殊的长电报，由约1000组密码构成”。这足以证明齐默尔曼的讽刺幽默——他竟然利用美国政府的好意斡旋来从事反对美国的阴谋。但威尔逊总统就像维多利亚女王那样，根本笑不出来[1]。

“我的上帝啊！我的上帝啊！”面对德国人的厚颜无耻，威尔逊再也无法节制言辞。当他想到自己也参与其中，不惜违反中立立场，将电报线路借给德国人——英国人肯定也了解了这个尴尬的事实——威尔逊在这一刻就尤为不能自已。内心一旦被触动，如同像遭遇马德罗之死和韦尔塔的蔑视时那样，他可以变得异常愤怒。

[1] 据说维多利亚女王性情冷淡，她的名言是：“我们不笑。”（We’re not amused.）——译者注

兰辛这人，丹尼尔斯说他“胆小如鼠”，佩奇更曾在气愤之下称他为“书斋里的律师”。事实上，兰辛为人端正，小心谨慎。战后各种回忆录如井喷一般纷纷出版，兰辛在这些作者的访谈中都丝毫没有透露自己在那些戏剧性的时刻是何感受。当他告诉威尔逊齐默尔曼是如何发送电报时，即便心境再平和，心中那种“我早说过会这样”的满足感也难免油然而生。仅此一次，兰辛居然必须阻止总统采取行动。他警告威尔逊，用官方名义披露这份电报，看起来似有刻意影响国会之嫌。兰辛建议，至少要等波尔克从西联电报公司那里拿到电报副本，证实电报的真实性。威尔逊虽怒气冲冲，毕竟明白证据的力量，同意等下去。但威尔逊对德国人耍弄自己深以为恨，他当即要求佩奇感谢贝尔福提供了“这价值无可估量”的情报，就“英国政府如此显著的友好行为”致以深深谢意。美国的中立立场开始出现松动。

兰辛回到国务院，心情比之前几个月大为舒畅。他又得知，波尔克自豪地从西联电报公司的记录中查到了伯恩斯道夫的电报。弗莱彻大使也从墨西哥作出回应，说卡兰萨目前不在首都，而墨西哥外交部长阿奎拉（Aguilar）表示对齐默尔曼的提议毫不知情。其实，阿奎拉什么都知道。卡兰萨不在首都期间，埃克哈特已经开始与阿奎拉谈判。阿奎拉也已经与日本有了接触。日期标注为3月2日的一份电报中，埃克哈特向齐默尔曼报告说，现在去克雷塔罗（Queretaro）拜访卡兰萨不合时宜，2月20日自己先探了探墨西哥外交部长的口风。“他非常愿意考虑这一问题，随即与日本公使长谈了一个半小时，谈话内容不得而知。然后他出门前往总统下榻之处面见。”当然，这一切华盛顿方面都蒙在鼓里。

现在我们知道，在过去的周二晚上，拉福莱特召集起十名参议员，拖延武装商船法案通过。但在国会陷入硬仗的威尔逊现在胜券在握。第二天早上，星期三，威尔逊决定，必须公布齐默尔曼电报。威尔逊打电话给兰辛，告诉他自己的计划。威尔逊说，自己要与其他两名内阁成员麦卡杜和伯利森（Burleson）一起开个会，讨论公布电报的最佳途径。过了没多久，威尔逊又将电话打了过去，说那两个人都在国会山，通知不到他们。这只能理解为威尔逊的托辞，表示自己要单独行动了。因为很难想象，总统有请，这消息居然通知不到坐在参议院来访旁听席上的两位内阁成员。

这边威尔逊总统正和自己开会，那边国务院已经将从西联电报公司拿到的电报内容发给了美国驻伦敦大使馆，加以确认。现在从国会大厦传出消息，民主党外交关系委员会主席、政府方面武装商船法案的负责人、密西西比州参议员斯通，居然站出来反对，拒绝在国会主持通过这项法案。下一个唱反调的老资格政客是内布拉斯加州参议员希区柯克，此人一贯坚持和平主义，常被归入亲德派。其实他在外交关系委员会中就投票反对了武装商船法案。

下午4点，威尔逊给兰辛打电话，说自己要在明早的报纸上公布齐默尔曼电报。威尔逊提议，将希区柯克参议员请来，让他提前审查这份电文。20分钟后，希区柯克赶到国务院，兰辛将破译的德国电报念给他听。差不多就是在这个时刻，2月28日下午4点20分，齐默尔曼电报开始在美国公众间引发化学反应，最早就在这位内布拉斯加州参议员身上起了作用。希区柯克震惊了，很快全美国的孤立主义者、和平主义者和亲德主义者都会为之一震，猛然意识到原来德国对美国虎视眈眈。希区柯克坦言，这是“卑劣的阴谋”，公布出去必将引起巨大的轰动。当被问及这份电报的真伪时，兰辛回答，自己敢担保电报的真实性，并要求希区柯克将电报的内容告之参议员斯通。希区柯克随后同意，愿主持通过武装商船法案。如同威尔逊总统所言，他希望此举能让美国置身于战争之外。

下一个紧急的问题，便是按照威尔逊总统的指示，将电报披露给媒体。那么问题来了——谁该为消息来源负责呢？兰辛依然不想要此举看起来是在蓄意影响国会投票。于是，他决定通过非官方的渠道把消息放给美联社。晚上6点，美联社的E. M. 胡德被召至兰辛家中。兰辛给了他电报译文，简单说明情况。兰辛请他保守秘密，万勿泄露从何地用、何种手段获得了这条战争中最大的独家新闻。

3月1日，星期四，这条新闻在多家报纸上都用了通栏标题。《纽约时报》宣布：

德国欲寻盟友对抗美国，
拉拢日本和墨西哥加入；
结盟提议全文公布

《世界报》把副标题搞成了大合唱，占了足有一半版面：

墨西哥和日本被德国拉拢，
若美国参战，将进攻美国；
伯恩斯道夫乃阴谋罪魁祸首

总统得知，1月19日，德国外交大臣齐默尔曼称将痛下杀手，欲与墨西哥结盟；

得克萨斯、亚利桑那和新墨西哥将被墨西哥收复。卡兰萨将德国的提议转交给日本方面——伯恩斯道夫，涉事的首席外交官，据信为幕后操纵者——目的为尽可能拖住美国保持中立——这一阴谋标志德国秘密活动达到顶点，这一发现据信可以解释墨西哥政府升级封港令特殊政策的原因。如果美国政府公开有关阴谋的全部证据，民众将大吃一惊。

“巨大的轰动”，兰辛写道，而且这种轰动是全国性的。甚至连霍尔少将都没敢奢求能轰动到如此程度。如果让美国民众知道齐默尔曼是用什么样的渠道发送的指示，公愤将更加沸腾。不过，此事令人尴尬，不能外传。有一位记者打听到了相当全面的内幕，在报道中写道：电报由秘密渠道发送，美国政府如今已经掌握了这一渠道，“但是不便公开”——这种不愿公开是可以理解的。

电报如何到手，美联社的报道没有透露丝毫线索。报道开头简明扼要：“美联社受权披露……”，公布了齐默尔曼提议结盟的事实，宣布电报副本掌握在美国政府手中，然后继续追溯了德国阴谋插手墨西哥的历史。通篇只有一处错误，但这一处错误足以引起许多麻烦。简言之，问题出在美联社的记者那里，兰辛遇到了之前让佩奇和霍尔大伤脑筋的难题——报道足够有说服力，但是对破译德国密码的过程着墨并不多。不管是记者理解有误还是匆匆成文，胡德笔下，威尔逊总统在宣布与德国断交时就拿到了齐默尔曼电报，时间是2月3日。其实威尔逊直到2月24日才看到这份电报。

星期四上午，全体议员齐集国会大厦，人手一份控诉德国阴谋的报纸。纽约《太阳报》说，国会里“今天一石激起千层浪”。众议院淹没在爱国主义情绪爆发的演讲之中，武装商船法案以403票对13票通过。参议院的情况则不同，就法案进行的辩论被策略性地推迟延后，参议员们唇枪舌剑地质疑起齐默尔曼电报的真实性。为首的人头脑极其敏锐，早上一看报纸立即意识到，威尔逊和这场战争的命运就在自己的手心里。此人正是马萨诸塞州参议员亨利·卡波特·洛奇，西奥多·罗斯福的朋友和盟友，参战呼声和亲协约国的代言人。他很瞧不起威尔逊，像抽牲口的鞭子一样抽了威尔逊两年。

“我一看到这篇报道，”洛奇向罗斯福说，“就感到它将让整个国家挺身奋起，作用比其他任何事都大。”如果能让威尔逊总统公开肯定电报的真实性，在这风口浪尖之上他便是“跟我们一条船”。他将给全美国一个爱国的理由去痛恨德国，他将无法让自己从这件事的后果中脱出身去。洛奇心满意足，威尔逊已经给出了一道命令，这道命令会“对局势几乎毫无限制地推波助澜”。

洛奇一到参议院，马上提出一项议案——要求总统就齐默尔曼电报发表一番声明。然后他坐回座位，欣赏好戏如他所愿分毫不差地上演。全体主和派参议员纷纷声讨，不惮以最坏的恶意揣测电报的来源。当然，他们的争论越激烈，就越会迫使威尔逊出来公开作证。电报是如何得到的？从什么人那里得到的？何时得到的？这些全是斯通参议员想要了解的。他紧咬住美联社报道中的那处错误不放，将最坏的动机强加给威尔逊——总统肯定是故意将这份电报压在手里四个星期，选择在这个特殊的时刻公布。斯通阴沉地暗示，此事背后有一个利益攸关的参战国政府若隐若现。他提出修正案，要求了解事实是否诚如自己的猜测。

“情报是不是从伦敦来的？是不是英国政府提供给我们的？……这就是我本次提出的全部问题。”斯通说。他的声音和举止明白无误地表示，如果回答“是”，整个齐默尔曼电报的报道必将被视为一场英国人的骗局，除此之外再无其他。

让其他参议员更为印象深刻的是德国的威胁。“公开电报犹如一道晴天霹雳，美国民意顿时熊熊燃烧。”科罗拉多州参议员托马斯在盛怒之下，言辞更加精彩，“我们都随局势而激动。”电报是怎么得到的，跟这没有关系，密西西比州参议员威廉姆斯如是说。唯一的问题在于，这份电报真的存在吗？它是真的吗？来自纽约的爱尔兰裔参议员奥格尔曼跳了起来，重新指控这一切恐怕都是那背信弃义的阿尔比恩[1]古国在搞阴谋伎俩。另一位民主党人，阿肯色州参议员蒂尔曼支持他的观点。蒂尔曼说，齐默尔曼电报就是个弥天大谎。密歇根州参议员史密斯也说，这份电报是“一件伪造的赝品，一个恶棍头脑中想出的令人蒙羞的产物，一件工具”。迫不及待加入战团谴责这份电报的参议员不乏其人，过不了多久，他们就会追悔莫及。

[1] 阿尔比恩（Albion）即英格兰或不列颠的雅称。英国诞生的神话中，海神波塞冬之子、巨人阿尔比恩，在一个小岛上建立了自己的国家，并让自己的族群逐渐繁衍开来。后代为纪念他，遂将自己居住的岛屿命名为“阿尔比恩”。另有人坚持，“阿尔比恩”这个名称是由《圣经》中诺亚的子孙名称演化而来。——译者注

参议员的喧嚣片刻不停，那些经验丰富的记者则决定不搅进这场乱战，而是盯紧国务院，瞄准国务卿兰辛不停提问。兰辛对记者们坚决表示，美国政府相信这份电报的真实性，暗示你们坚持再这样进一步刨根问底，可能会危及相关情报人员的生命。兰辛给媒体留下这样的印象——一位勇敢的间谍在墨西哥或者华盛顿，甚至可能是在德国，掌握了这份电报。记者们乐坏了，回去之后报纸上各路冒险传奇满天飞。这些惊险故事一连发酵了几个星期，最后每家报纸都搞出了一套自己最钟爱的电报来源的说法。记者上蹿下跳使尽各种手段追踪线索，读者则热切地追捧着那些波澜起伏的调查过程。

不过，电报公开的第一天，也惹来了一些负面情况。记者总算退散，兰辛得知了洛奇的议案，意识到发表进一步的官方声明在所难免。他向伦敦的佩奇发出一份由波尔克用铅笔匆匆草就的一份电报：情况十万火急，鉴于目前外界对电报真实性的质疑，佩奇或其他驻英国外交官应亲自出面，破译西联电报公司的那份电报文本，以“巩固我们的立场，让我们能公开宣布我们是凭自己人得到的齐默尔曼电报”。然后，兰辛写了一份报告交总统签字，为对付洛奇的议案做好了准备。

现在是下午了，参议院依然充斥着可怕的质疑声。很不幸，威尔逊总统最忠实的辩护者是名声不佳的新墨西哥州参议员福尔，即后来茶壶山丑闻中的那位石油巨头。此公发表了一番慷慨激昂的演说，宣称自己打安德鲁·约翰逊弹劾案[1]之后还从未听到过对美利坚合众国总统的这般冷嘲热讽。其实，福尔参议员也不喜欢威尔逊——因为威尔逊的墨西哥政策——但是他身为参议员的任务之一就是要力主干涉墨西哥，可以借齐默尔曼电报达到这一目的，他必定是欢迎的。他发完言，阿拉巴马州参议员奥斯卡·安德伍德开始替齐默尔曼辩护，理由是齐默尔曼只是交代给德国驻墨西哥公使，一旦美国对德宣战，需要如何行事，这个做法完全正当，对美国绝无“不友好的动机”（！）。

美国的和平主义者们此刻做了大量的辩护，就像是齐默尔曼和其他德国人的辩护一样。齐默尔曼2月5日还发过一份后续电报，指示埃克哈特不用等到德国与美国的战争爆发，“哪怕现在”就同墨西哥缔结同盟条约。这证明了齐默尔曼并非是预防美国参战的情况提出的结盟倡议，而是在美国尚处于中立状态时就要采取行动。这份后续电报一旦公开，愈演愈烈的争论非炸了锅不可。但是，这份“哪怕现在”的电报，出于某种哪怕现在都不甚明了的原因，战争期间始终未被公开，否则舆论必将大哗。可

[1] 1865年美国总统林肯遇刺身亡后，副总统安德鲁·约翰逊继任总统。约翰逊实施一系列重建南方的措施，遭到美国国会的共和党激进派强烈反对。1868年2月，众议院以2/3多数通过议案，要求弹劾约翰逊。但弹劾案最终在参议院仅一票之差未达2/3多数，约翰逊被宣布无罪。——译者注

能是霍尔禁止提及这份电报：因为电报是直接发给埃克哈特的，如果公开，可能会给德国人提供有价值的线索，让他们锁定泄露秘密的环节。也有可能是美国政府——前提是它完全清楚有这份"哪怕现在"的电报——禁止使用这份电报，目的只是给卡兰萨一个台阶，让他否认有与德国联手对付美国的想法。如果确是出于这个目的，希望可落空了。卡兰萨从不会承任何人的情。无论出于何种原因，美英方面对齐默尔曼第二封电报的秘密守口如瓶，这份电报始终不曾见得光。一直到战后，1920年，德意志共和国的调查委员会才公布了这份电报。

晚上6点，参议院就洛奇的提案全体一致表决通过。提案做了一些修改，不再像最初那样要求总统就电报的真实性表明立场，而是要求总统公布自己所能稳妥提供的全部情报。提案的变化并没有影响到洛奇。只要能将总统在公众面前跟那份电报捆在一起，就足够令他满意了。参议院工作到很晚，因为这届国会的延长期还剩三天，并且威尔逊总统将在当晚12点之前告知他们自己的答复。

威尔逊是不是没有看透洛奇提案的用意，他是不是真对齐默尔曼的两面三刀如此愤怒，对别人反对其实并非出自他真心的武装商船法案火冒三丈，这些问题都不得而知。然而，兰辛是否明白提案的用意则是另外一回事。他很可能对此一清二楚。德国人终于栽到了自己手里，兰辛当然不会放走机会，让总统和美国继续常态。他不等佩奇证实此事，就催促总统早下决断。他在回忆录中写道，自己在给洛奇的答复完成之前不得不先离开国务院，然后安排一位办事员将写成的答复送给正在意大利大使馆用晚餐的自己，自己离席签字，并用电话安排白宫警卫给这位办事员放行，分秒必争地让办事员把答复交给了威尔逊。仅此一次，威尔逊没有逃避思考。他通读报告，报告中说：美国政府拥有证据，能证明电报的真实性。这件证据“本周已到了政府手中”。除此之外，没有进一步的情报可以公开了。威尔逊在文件上签了字，发往参议院。晚上8点，参议院收到了这份文件，洛奇的陷阱猛然收网。

“我们已经把德国人的电报同威尔逊捆在了一起，”洛奇得意洋洋地向罗斯福汇报，“我想，这件事意义重大。有人认为，这封电报将让全美国要求参战……我们已经让威尔逊骑虎难下，无从拒绝了。”

威尔逊的宿敌洛奇，就当时威尔逊的两难困境做出了最公允的陈述：“他不想参战，但是我认为他身不由己。”

第二天，3月2日，星期五，正逢内阁例会召开。直到此时，内阁还没有接受过威尔逊的任何咨询。现在他们匆忙讨论起，如果齐默尔曼否认这份电报的存在，美国应如何应对。电报一公开，德国惊得目瞪口呆，感到难以置信，但至今保持沉默。不过，沉默背后是国内连续不断地疯狂质疑。

美国这边，威尔逊的声明让许多人感到满意，但绝不是所有人。声明对参议员斯通、奥格尔曼以及其他11位任性固执的先生毫无影响。此时此刻，他们在拉福莱特和内布拉斯加州参议员诺里斯的领导下，拼命拖延抵制武装商船法案。通过法案的时限只剩最后45小时了，他们眼看就要成功，给威尔逊留下最难忘的教训。其他重要的声音同样未被威尔逊打动。总统证明了电报的真实性之后，赫斯特还是吩咐手下的编辑，要把电报当作“十之八九乃假货和赝品”来对待。《祖国报》编辑、亲德思潮的领袖人物、秘密身份实为德国间谍的乔治·西尔维斯特·威利克毫不犹豫地宣称，电报乃是“英国间谍机构炮制的无耻伪证”，是一份“荒谬绝伦的文件，显然是伪造的”。

并非只有亲德国人士与和平主义者不相信齐默尔曼电报的真实性。3月2日，圆桌午餐俱乐部（Round Table Dining Club）高贵的先生们相约“尼克博客俱乐部”（Knickerbocker Club），牡蛎佐酒，谈论齐默尔曼电报这个特大新闻。圆桌午餐俱乐部是一个集会组织，成员都是纽约的社会名流和顶尖精英。前国务卿伊莱休·鲁特出席了会议，去的还有美国前驻英大使约瑟夫·H.乔特、美国前司法部长威克沙姆、尼古拉斯·默里·巴特勒[1]，以及形形色色的主教、银行家、编辑和律师。与会者有权邀请客人

[1] 尼古拉斯·默里·巴特勒，时任哥伦比亚大学校长。——译者注

前来参加，但仅限于其他人“乐于见到”的客人。那天晚上，盖伊·冈特上校也在客人之中。很显然，这不是亲德人士或中立主义者的聚会。冈特向霍尔少将汇报：“他们全都冲着我来。”乔特跟所有美国人一样，是热心的亲英派人士，但他“公开说齐默尔曼电报是伪造的，只是得到了行政分支的一致支持”。圆桌俱乐部想要证据，冈特上校严肃地看着他们，问他们是否真的想要知道那些“关乎有些人安危生死”的细节。大家要他直截了当地说，他到底知不知道那些细节。冈特表达了惊讶，“他们宁可反复盘问我，也不相信自己国家总统的话”。此言一出，所有人都沉默了。

圆桌俱乐部这样的团体都在怀疑，无怪乎美国内阁对从始至终存在的如何证明电报真实性的问题还在忧心忡忡。兰辛接到了佩奇的电报，说他们正在破译西联电报公司的电报文本，很快就会完成。爱德华·贝尔在德·格雷和第40号办公室密码本的帮助下，抓紧每分每秒进行破译。这一天即将过去时，贝尔终于破译成功。他破译出的电文证明了原始电报的真实性。然而，尽管这是期盼已久的结果，对事情却起不到作用。因为公开它即便可以消除政府内部的质疑声——如果有的话，却无法不提及第40号办公室。意想不到的事情发生了，不知疲倦的国务院驻艾尔帕索专员科布主动发来一条消息，正好能用于证实齐默尔曼电报的内容。科布发来电报称，维拉将军最近率

3000兵力离开帕拉尔[1]，号称要“帮德国人敲打美国佬，为墨西哥夺回得克萨斯、亚利桑那和加利福尼亚”。他的豪言壮语跟齐默尔曼电报的内容惊人吻合，不容得视而不见。这暗示德国人肯定也向维拉提出过类似的条件，或者维拉从某种渠道获悉了齐默尔曼电报的内容。

不过，这对美国内阁的问题于事无补。内阁想破了头还是想不出，如果德国人否认电报的存在，美国该如何应对。这事随时可能发生。墨西哥人、日本人，还有埃克哈特本人，都已经矢口否认这份电报的存在。墨西哥外交部长阿奎拉撒谎面不改色：“截至今天（3月2日），墨西哥政府没有收到德意志帝国政府的任何结盟提议。”日本临时代办最近刚花了一个半小时跟阿奎拉讨论结盟，现在表示自己对此事完全一无所知。埃克哈特的否认则缺少其他人那一点斩钉截铁，可能是他只顾着紧张地怀疑到底是哪个环节泄了密：“如果你们非要这么说，你们可以说德国外交大臣对此事毫不知情。”他如此对新闻记者说。然后他想，将祸水引向伯恩斯道夫兴许是一记妙招。“你们一定要去华盛顿问个究竟。”埃克哈特补了一句。

如果在这些矢口否认之上，齐默尔曼逼美国证明电报的真实性，很可能会赢，因为美国政府受限于对英国的保密承诺。美国

[1] 墨西哥奇瓦瓦州城市。——译者注

内阁只能坚持宣称自己掌握了具有说服力的证据，但就是不乐意外传。

第二天早上，难以置信的事发生了。用兰辛的话说，“既深感惊愕，又如释重负”。众目睽睽之下，齐默尔曼不可思议地公开承认，电报是真的。兰辛写道，这是德国人栽的第二个跟头。兰辛又困惑又轻松——带着震惊的轻松。他想，这表明齐默尔曼完全不是诡计多端和足智多谋的人。承认电报的真相，齐默尔曼不仅解决了美国人心中的怀疑，而且浪费了一个机会，从而没法知道美国是如何获取电报的。

究竟是什么让“诡计多端”和“足智多谋”（除了兰辛不这样认为）的齐默尔曼铸成这历史性的大错，至今无人知晓。齐默尔曼在震惊中忙里出错？这不太可能。德国人事先有两天时间来考虑如何答复，而且德国人绝不可能即兴地发布官方声明。齐默尔曼自己可能会给出这样的理由：既然美国人已经通过某种手段获得了电报的真实版本，他们可能也搞到了某些书面证据，足以证明电报的作者是谁；因此，再否认电报的真实性，只会显得自己很蠢。这在逻辑上倒是讲得通，和那些常见的逻辑正确的错误一样。

新闻发布会上，在齐默尔曼讲出那句足以致命的话之前，时任赫斯特通讯社驻柏林记者的威廉·巴亚德·黑尔忍不住要替齐默尔曼转移方向。两年以来黑尔一直是收钱办事的德国间谍，实打实签过合同，每年从德国政府拿15000美元，为德国驻美大使馆充当宣传顾问。他的这个角色不为人知，后来过了很久都没人知道。

“当然阁下您会否认此事……”黑尔拼命向齐默尔曼暗示，赶紧把这颗手榴弹扔还给美国。外交大臣没有领会黑尔的暗示。“我无法否认此事，”齐默尔曼说，“电报是真的。”

阿图尔·齐默尔曼（from Herbert Bayard Swope's "Inside the German Empire"）

第十二章 不得不信 12

Obliged
to Believe It

齐默尔曼公开承认电报的存在，击碎了多达四分之三之众的美国人认为战争事不关己的美梦。全美国从破碎的梦中坐起，倒吸一口凉气："他们竟然算计我们！"自从战争爆发以来，尚无事件如此公开地传达出对美国人的刻意敌视，也尚无事件能引发遍及全美如此程度的震惊。1915年的"卢西塔尼亚"号事件也曾震惊全美，但那种震惊是人道主义层面的感同身受，并非事关切身安危的直接感知。这次截然不同。这次是德国提出要进攻美国，要与美国的邻国串通攫取美国领土；更恐怖是，德国阴谋在美国的背后安插一个东方强敌。这对美国的本土构成了直接威胁，绝大多数美国人做梦也没想到德国人竟会有如此图谋。威胁直达美洲大陆的正中央，甚至触及了离两洋以及墨西哥都足有1000英里之遥的内布拉斯加州的奥马哈。"目标变了，"奥马哈《世界先驱报》严肃指出，"德国从与英国为敌转而要对付美国。"

威尔逊曾经说过，美国人民不相信德国对自己有所敌视，"除非到了我们不得不信的时候"。美国人民大致赞同威尔逊，没有因为潜艇问题就相信德国人敌视美国。一艘艘商船被鱼雷击沉，包括美国公民在内的非战斗人员殒身大海，这些只是让美国人认定德国人恐怖而残忍，却并未从中看到德国人对美国的敌视。尽管美国政府看重中立国权利和海上航行自由，但大多数美国人不可能因为一条国际法原则就大发战争烧，也不可能因为那些选择在战时乘坐参战国船只出海的人就燃起战斗情绪。大多数美国人根本就没见过大海。除此之外，美国人已经习惯了海上接二连三发生的暴行，对船只被击沉引发的官方抗议见怪不怪。“卢西塔尼亚”号、“苏克塞斯”号、“阿拉伯”号，一艘接一艘被德国人击沉。随之而来，威尔逊的声明，布莱恩的辞职，语意艰深的外交辞令往来，语意通俗的外交威胁和最后通牒，所有这一切跟不满于英国人战时贸易黑名单而爆发的类似冲突混杂在一起，错综复杂，绝大部分美国人都不胜其乱，敬而远之。

相比起来，“普鲁士人的入侵阴谋”（报纸给齐默尔曼电报贴的标签）就明若背后藏刀，近若咫尺之隔了。所有人都明白，德国人下手就在顷刻之间。既然德国人阴谋入侵美国领土，那就不存在中立的问题。美国中西部倾向于孤立主义的新闻媒体连夜证实了这一消息。芝加哥《每日论坛报》警告自己的读者，现在必须意识到，“不能再拖延下去，德国将我们视为敌人”。该报称，美国不能再寄希望于置身事外，必须“积极参加目前的战事”。克利夫兰《老实人报》（*Plain dealer*）说，事到如今再拒绝参战，“既非美德又无尊严可言”。奥什科什《西北报》（*Northwestern*）说，电报的公布，一夜之间让和平主义者、批评者与苛求者全变成了爱国者。底特律《时报》（*Times*）也说，“看起来这个国家的战争降临了”。以上所有报纸从前都热衷于鼓吹中立，直到齐默尔曼仰天开弓放箭，美国的中立立场遂如一只中箭的鸭子，颓然倒下死去。

齐默尔曼承认电报的存在，彻底推翻了和平主义者与亲德派人士自电报公布伊始就咬住不放的真实性质疑。乔治·西尔维斯特·威利克说，齐默尔曼此举让美国的亲德情绪不复存在。美国政府无论怎么说都无法让质疑者相信，结果齐默尔曼自己说“电报是真的”，立刻平息了伪造说和英国阴谋说。齐默尔曼曾对德裔美国人寄予厚望，如今德裔美国人（German-American）却取消了自己名称中的连字符，略带几分无奈地站到了美国人这边。在大量德裔聚居的明尼阿波利斯，当地《日报》承认，德裔美国人不可能再维持既忠于原籍国又忠于入籍国的双重效忠。《论坛报》称，德国表示要煽动日本对抗我们，其行为“与战争无异”。在德裔啤酒工业的大本营密尔沃基，当地《日报》担心，齐默尔曼的行为会导致美国中西部众多亲德人士的“感情修正”。事实证明，果然言中。诸如芝加哥《国家报》（*Staats-Zeitung*）、底特律《阿本德邮报》（*Abend-post*）、辛辛那提《人民报》（*Volksblatt*）和《自由新闻报》（*Freie Presse*）以及圣路易斯《亚美利加报》（*Amerika*），以上报纸中的数家早先都曾痛斥齐默尔曼电报系伪造，现在或知羞知耻保持沉默，或急忙宣示自己对美国的忠诚。

比起太平洋沿岸各州和得克萨斯发出的怒吼，中西部的情绪只能叫不温不火。圣安东尼奥《光明报》（*Light*）断言，“事实甚为朴素而简单”，如果德国、墨西哥、日本三国联军侵入得克萨斯，没有一个得克萨斯人会活下来，除非他奋起反击，穿过州界打回老家去。艾尔帕索《时报》文笔出彩，形容普鲁士军国主义是“在阴谋的烂泥中打滚”。加利福尼亚州的萨克拉门托《蜜蜂报》（*Bee*）对德国的行为表示愤慨，称这是“奸诈的敌意，卑劣而肮脏的阴谋”。

从佛蒙特州到佛罗里达州再到俄勒冈州，报纸编辑们无处不在地表达着对齐默尔曼已然成型的观感。斯普林菲尔德（马萨诸塞州）《共和党人报》（*Republican*）称，除了威胁到美国领土的敌对行为，再无其他东西能让美国人民如此紧密地团结在一起。洛杉矶《论坛报》则说，这种威胁弥合了一切分歧。这些都夸大其词了，因为报纸的观点从未能真正反映种种个人观点的多样性。和平主义并未消失，不过它给另一种思潮盖了过去——美国如今被卷进了战争，无论愿意与否，都将参战。

在原本就亲英的美国东海岸各州，媒体视齐默尔曼的声明为上帝赐福，期待这事唤醒其余的美国同胞，正视德国的威胁。东部各报遂尽其所能地制造舆论声势。布法罗《快报》自己想象了一幅可怕的画面：“成群结队的墨西哥人在德国军官的指挥下，横扫得克萨斯、新墨西哥和亚利桑那。”纽约《美国人报》自作主张，说俄国要跟德国、墨西哥和日本结盟，并描述了这个不神圣的四国同盟想要击垮再瓜分我们的美国。它说，墨西哥要拿回美国西南部地区，让那里重归蛮荒；日本要攫取美国远西部[1]，使之“东方化”；德国和俄国要让美国付出巨额战争赔款，借此世代奴役美国人。“公民们，准备战斗！”《美国人报》发出命令，“时间不多了，余下的日子有限……”

截至3月中旬，齐默尔曼电报引发公众反应两周之后，大多数美国人都意识到他们不得不面临战争了。新闻媒体已经比总统先走一步。虽尚有零星的和平主义者不惮于公开表达自己的观点，但绝大多数美国人都在心理上（不是军事上）做好了参战准备。美国人还没有接到奔赴战场的号召，他们只是在等待——等待威尔逊发出命令。西奥多·罗斯福已经率先吹响了战斗的号角。他在一次群众集会上讲，如果德国拉拢墨西哥和日本“肢解”美国还不算是公然蓄意的战争行为，那列克星敦和邦克山之战[2]（相当古怪的类比）也就不算是公然蓄意的战争行为。如果威尔逊现在还不参战，他写信给洛奇，“我非活剥了他的皮不可。”

电报遭曝光，仍无法阻止齐默尔曼要将墨西哥拉入战争的努力。德国愈发急迫地要制造事端，把美国拖在大西洋对岸无法分身，于是加大了活动力度，决意引爆拉丁美洲的局势。美国不断

[1] Far West，指从美国落基山脉以西到太平洋沿岸的地区。——译者著

[2] 美国独立战争中的著名战役。——译者注

得到警告，德国人在与墨西哥南部边境接壤的尼加拉瓜，以及与尼加拉瓜南部毗邻的萨尔瓦多活动频繁。据称，埃克哈特与德国驻危地马拉公使莱曼先生得到了卡兰萨的支持，策划点燃一连串火种，让革命由北向南，纵贯这些小不点的中美洲共和国。他们要推翻那些与美国保持友好关系的政权，建立一个中美洲联邦，领土要从墨西哥直达巴拿马，再扶植一位亲德的总统上台。

就墨西哥本土而言，德国人不遗余力地宣传运作，盼着引发之前维拉那样的反美事件，这样就能引得美国武装干涉，再来一场与墨西哥旷日持久的战争。德国驻墨西哥公使馆的机关报《民主党人报》（*El Democrata*）就美国人侵墨西哥的事做了连载。这些入侵有从前的，以后的，还有想象中的。连接坦皮科、墨西哥城与太平洋沿岸的铁路枢纽蒙特雷，突然成了大批从墨西哥南方涌来的德国人的集散地。德国情报人员为建立潜艇和航空基地在墨西哥西海岸展开了考察。潘兴将军的司令部报告，韦拉克鲁兹附近的科尔多瓦出现了一个德国军事顾问团。科布探员发来电报："我的人正在追踪德国人与维拉的一次大规模会合。"坎纳达公使也有报告，大量德国和墨西哥官员出现在韦拉克鲁兹——"他们每晚都有秘密会议。"

美国向卡兰萨施压，要他拒绝与德国人合谋，但此举和当初威尔逊要韦尔塔将军向美国国旗鸣炮道歉一样无济于事。甚至美国驻墨西哥大使弗莱彻亲自前往瓜达拉哈拉拜访墨西哥总统时，卡兰萨也是尖酸刻薄，难打交道。他只是说，德国人没有向自己提出过结盟。至于倘若德国提出结盟自己会如何行事，卡兰萨也避而不答。弗莱彻大使报告说，卡兰萨坚持对交战国物资封港的提议。

情况远不能算理想，不过齐默尔曼也没能取得进一步的胜利。他疯狂地要找出电报是如何泄露的，同时还要争取到卡兰萨成为德国的盟友。齐默尔曼雪片般地向埃克哈特发电报，结果留下的历史记录简直难以置信——这些电报全都是用已经泄露的密码发送的。霍尔少将果然料准了德国人的特点。德国人甚至从没考虑过这种可能性——由德国人编制的密码，居然能被其他民族的次等头脑所破解。又如霍尔事先所料，德国人认定，一定是由于某些人的疏忽，让译出的电报稿落入了敌人手中，伯恩斯道夫和埃克哈特，必须有一个出来当替罪羊。电报公开时伯恩斯道夫正搭乘一艘越洋航船回国，要花12天的时间。这给了埃克哈特12天的时间转移罪责，他没有放跑一个机会。甚至在还没有人指责他的时候，他就开始为自己辩护了。他抢先于3月1日向齐默尔曼发电报："这里不存在变节背叛或疏忽不慎的问题。因此，问题显然出在美国，或者是因为13040号外交代码泄露。"埃克哈特的脑子在这一点上还算够用：他看清了齐默尔曼的第二份电报——即"哪怕现在"的指示——极其重要，急忙向齐默尔曼保证，这份电报还没有被公布。埃克哈特又加上一句："我已经否认了一切。”

齐默尔曼的电报答复如此开头：“请烧掉可能泄密的指示。”无疑，这是历史上最没用的亡羊补牢。同样毫无必要的是，齐默尔曼先在电报中通知埃克哈特，自己承认了“第1号”，即最初那份电报真实性的事。然后他补充道：“所以，要强调这些指示的意思是只有当美国对我国宣战后才可以执行。”“第2号（即齐默尔曼发出的第二份电报）自然也要被严格保密。”自大是天真之母，这种事可不常见；但也只有德国人对自己密码卓越性的盲目自大能解释他们为何在第1号电报泄露之后还能天真地坚信第2号电报是万无一失的。

第40号办公室追踪破译着柏林与埃克哈特之间频率不断增加、内容苦恼不已的电报往来，密码破译员们从未如此痛快地享受过自己的工作。3月21日，德国外交部依然用相同的密码向埃克哈特发电，追问密码是如何泄露的。“最高绝密。亲自译电。请用与解译第1号和第2号电报相同的密码回电：密码电报与电报译稿如何存放保管，尤其两份电报是否存放在同一处。”埃克哈特眼见这是要让自己背黑锅，遂回电：两份电报都是由自己的秘书马格纳斯译电，保存在其他国家外交官不知道的地方。第一手电报稿“由马格纳斯亲手烧掉，纸灰已抛撒”。电报稿烧掉之前，一直保存在“绝对安全的钢制专用保险箱里，保险箱就放置在马格纳斯的卧室中”。

即便是钢制保险箱和撒掉的纸灰也不能让柏林满足。“多种迹象显示，内奸就出在墨西哥，”柏林方面告之埃克哈特，“应以最大限度的小心谨慎对待。”柏林方面又一次命令他“烧掉全部可能泄露的材料”。

埃克哈特气愤地回电，“不可能再有比这里一直以来的小心谨慎程度”更高的对待措施了。所有电报都是由马格纳斯“半夜三更，压低嗓门”（第40号办公室的人看到这里乐坏了），亲自念给自己听的。自己的仆人睡在外面，而且不懂德语。没有人知道开保险箱的密码，除了自己和马格纳斯。然后，埃克哈特补充了一些有关伯恩斯道夫的线索。有一位德国外交官名叫金克尔，从前是驻华盛顿德国外交使团的成员，伯恩斯道夫回国后此人又加入了埃克哈特的团队。他曾告诉埃克哈特，在伯恩斯道夫的大使馆中，“即便是机密电报整个使馆里也无人不知”。那两份电报的副本，一直保留着。埃克哈特暗示道，这有很大可能说明大使馆中会有这两份电报的复写纸抄本和废纸。埃克哈特最后抗议道，倘若德国官方不肯认定自己无责，自己与马格纳斯将坚持“司法调查”。

柏林方面一点都不想听到这样的声音，因为没人知道一旦开启调查会查出来什么。柏林方面赶紧收回了自己的话：“很难想象内奸出在墨西哥，”柏林方面安抚埃克哈特，“绝无怪罪阁下或马格纳斯之意。”

现在，责任转嫁到了伯恩斯道夫和著名的瑞典行李之谜头上。很显然，伯恩斯道夫在美国人心目中已然是反面角色。美国人对齐默尔曼一知半解，对埃克哈特一无所知，但是对这位风雅的伯爵可太熟悉了——他跟巴本、博伊—艾德还有林特伦串通一气，阴谋从事破坏活动，这人尽皆知。事实上，在美国公众的印象里，伯恩斯道夫伯爵就是个策划阴谋的莫里亚蒂博士[1]。报纸头条宣称他是“特务头子”，称齐默尔曼电报是伯恩斯道夫领导下德国外交使团“在西半球策划阴谋”的高潮。美德断交和电报内容公布之间的这段日子，美国报纸连篇累牍地刊登伯恩斯道夫离美归国的各种报道，他带走了他的外交使团、他的领事官员、他的妻子、他的家人乃至他的仆人。就安全通行证问题而与英国进行的谈判，在德国大使馆红色大厅中举行的告别招待会，对媒体的最后发言，从华盛顿联合车站“皮外套和鞋罩扣子系得一丝不乱”飘然离去，从纽约港在200多人的欢送下登上丹麦邮轮“弗里德里希八世”号，还有在远航前的最后一刻又耽搁了两天，所有这一切报纸都不厌其烦地详细报道。

[1] 福尔摩斯系列侦探小说中的反派人物，大侦探福尔摩斯势均力敌的对手，被称为“罪犯中的天才”“犯罪界的拿破仑”。——译者注

英国同意向德国外交使团发放安全通行证，只须他们在哈利法克斯（Halifax）[1]停船接受检查。2月16日，“弗里德里希八世”号一到哈利法克斯，加拿大缉私官员们立刻扑了上来。他们展开比例极高的抽检，对船上所有乘客进行了人身搜查，检查了所有乘客的行李箱、客舱和衣物。检查持续了一周，其间所有德国外交使团成员被禁止上岸，猜测和抗议不断升级。英国人温和地表示，之所以对德国乘客“重点照顾”，是因为他们行李中有大量的棉质睡衣，外加很多双鞋子用的是橡胶后跟。由于对棉花和橡胶实施战时禁运，德国乘客必须得到额外关照。英国人得到线索，据说德国人带回国的大量唱片中可能有加密信息，这让搜查再次延长。“弗里德里希八世”号总共在哈利法克斯被扣了12天之久。

事实上，这是霍尔少将的无奈之举。他对伯恩斯道夫一直以来试图让德国政府不要惹怒美国参战的积极努力看在眼里。他清楚这位德国驻美大使的说服力有多强。一旦让伯恩斯道夫回国，让他与德国领导人接触，他有可能真会说服这些人接受威尔逊的和平斡旋。而霍尔要的是齐默尔曼电报先尽情发酵。正是他布置下的这番检查，拖延伯恩斯道夫回国的日期。直到英国人的电报

[1] 加拿大东南部港口城市。——译者注

发到华盛顿，然后又酝酿了三天，“弗里德里希八世”号才获准于2月27日离开哈利法克斯。

外界闹得沸沸扬扬，伯恩斯道夫还在公海上。船因风暴偏转航向，抵达了克里斯丁亚那（Christiania）[1]。面对外界的轰动，伯恩斯道夫表示吃惊。这种习惯性轻描淡写的态度和他从前在美国的阴谋被曝光时一模一样：“这对我还是新闻。”在场的德国驻挪威公使匆匆向伯恩斯道夫简要说明了情况，让伯恩斯道夫在两天之后一到达柏林，即与齐默尔曼深思熟虑过的辩辞一拍即合——提出结盟建议是完全合理的预案，并且从未把提议发给过墨西哥政府。伯恩斯道夫同一天与贝特曼和齐默尔曼都进行了磋商，据说还忙于起草一份关于电报是如何为外界所知的报告。

整个德国新闻界都乖乖接受了这样的思路——如果美国没有从“内奸”手中得到齐默尔曼电报并将其泄露出去，墨西哥都不会得知有结盟提议这回事——这是标准的威尔逊式的虚伪，目的就是影响美国国会。按照德国媒体的说法，这事是美国人的“阴谋”，而非德国人的。毫无疑问，齐默尔曼只告诉过寥寥几人——甚至可能一个人也没告诉过——自己发过一份“哪怕现在”的命令，埃克哈特还做出过回复。不管伯恩斯道夫知不知道

[1] 挪威首都奥斯陆的旧称。——译者注

此事，他支持德国官方的说法，很自然地否认德国政府曾试图影响拉美国家，使其“在任何情况下与美国为敌”。所有德国在海地、古巴和哥伦比亚策划阴谋的传闻，他说——对墨西哥只字不提——都是“童话”。

到火车站欢迎伯恩斯道夫的众多朋友中，有几位是女士。照记者的报道，她们对伯恩斯道夫的归来高兴到欢呼尖叫。显然他在德国的爱慕者跟在美国一样为数众多。但是德国媒体却对驻美大使的归国冷眼旁观，原因是因为所谓的“瑞典行李事件”。所谓瑞典行李的故事是从伦敦传出来的，据说英国外交部自己就对这件装满瑞典外交文件的行李箱非常感兴趣。这件行李箱是从“弗里德里希八世”号上被搬走的，当初由瑞典驻华盛顿公使亲自放到了伯恩斯道夫伯爵的行李中间。有人估计，行李箱中装有伯恩斯道夫最机密的文件，这些文件夹在瑞典人的文件里，箱子还加盖了瑞典的封印。英国人以涉嫌违反中立为由，查扣了这件行李，进行了检查。英国人有意弄得人尽皆知——在他们查扣这件行李之前，封印已经被破坏了，地点是纽约到哈利法克斯之间的某处，那么对应的时间就是2月9日到2月16日之间。时间刚好符合，各家媒体随即鱼贯而上，咬住了诱饵。这正是眼下那个问题的答案——美国人是如何搞到齐默尔曼电报的。答案就是：某个精明的美国特工在纽约港打开了这件行李箱，从中抽出了伯恩斯道夫那些文件里的电报原稿。“弗里德里希八世”号上谍报活动与阴谋诡计的气氛相互交织，让事情愈发逼真。

其实，这件瑞典行李的确存在；英国人还记得瑞典人是如何乐于助人地牵涉进电报迂回事件，也的确查扣了这件行李。但是，所谓封印被破坏的说法，是霍尔少将故意放出来的谣言，就是要让德国人相信电报是在美国泄露的。

伯恩斯道夫成了受害者。一边是埃克哈特含沙射影，暗示德国驻美大使馆处理复写纸抄本不慎；一边是是德皇陛下与许多人一样，相信瑞典行李事件泄密。伯恩斯道夫请求立即觐见德皇陛下，但德皇拒绝接见他。虽然伯恩斯道夫刚刚从美国归来，有八年驻美经验，眼下与美国的战争随时可能爆发，但德皇拖了七周才答应与他谈话。后来美国对德宣战，帝国首相贝特曼—霍尔维格辞职下野，伯恩斯道夫一度被提名为首相接班人。据说，德皇对伯恩斯道夫的憎恶是他未能当上首相的原因之一。

齐默尔曼还未完全摆脱困境，但对他来说，一只替罪羊已经露了行藏实在是意外之喜。3月5日，在帝国议会指导委员会的一次秘密会议上，齐默尔曼接受了质询。经过六个小时的答辩，除了社会党人仍议论纷纷，委员会成员们恪尽职守地一致对齐默尔曼向墨西哥和日本提出的结盟建议表示认可，同时对电报内容泄露表示“遗憾”。站在齐默尔曼这边的德国媒体，大肆指责批评齐默尔曼的公众。你们难道不是一直抱怨德国外交官争取不到朋友和盟友吗？齐默尔曼先生积极拉拢盟友，当然不能因此而谴责他。出师未捷固然不幸，但这不是他的错，而是美国人卑劣的花招。

即便这样，齐默尔曼仍如坐针毡。他还必须到帝国议会去面对公开辩论，这是3月29日的事情。他向埃克哈特建议“烧掉可能泄密的指示”，却将重要的第二封电报保存在自己的文件中，结果战后被人发现。不过，齐默尔曼依然坚信，第一份电报的泄露是偶然事件，第二份电报则不为人知。他对帝国议会谎称，如果美国没有公布电报内容，卡兰萨绝不会听到结盟提议的半点风声。他说，至于美国是如何得到“用特殊密码发送到美国的”电报，我们并不清楚。这很不幸，但寻求盟友是很自然的行动，美国人“对我们的行动这么激动是完全不合理的”。自己的结盟提议绝非异想天开，这产生于事实的基础上——美国与墨西哥之间有多年难解的世仇，美国与日本之间的相互敌对更是路人皆知。“我坚信，”齐默尔曼斩钉截铁地说，“这种相互敌对比德国与日本之间的更甚，即便现在德日之间有战事发生。”（谁能说齐默尔曼分析得不对？作为轴心国联盟的设计者，齐默尔曼的眼光罕见地超越了他所在的时代）他问道，谁能比墨西哥人更容易说服日本人改换阵营？墨西哥人目前与日本人关系融洽，而且双方还是“相似的民族”。帝国议会通过了给齐默尔曼的信任投票。

虽然如此，齐默尔曼清楚，唯有做成此事才是对自己最好的辩护。他继续不遗余力地让墨西哥成为行动上的盟友。“请向对方许诺必要的资金援助来推行我国的政策，”4月13日，齐默尔曼给埃克哈特发电，“这边将做好准备，向墨西哥转移大笔资金援助。如有可能，将包含对方要求的购买武器等等的数额。”

即便是那些“资金援助”也不足以诱惑卡兰萨。外界的沸沸扬扬早已令他心有余悸。4月14日，职责所在的埃克哈特硬着头皮电告齐默尔曼，墨西哥总统已经决定保持中立。“他说结盟的可行性已被过早的公开所摧毁。但是，在下一步的局势发展中，结盟仍有可能。”卡兰萨承诺，倘若墨西哥卷入战争，尽管自己渴望保持中立，“届时我们再讨论这一问题”。

齐默尔曼一直苦心筹划，要让美国无法抽身参与欧洲战事。他曾梦想过，将墨西哥拉入同盟国之后自己会获得英雄般的礼遇。由于卡兰萨的拒绝，他的希望破灭了——瓦尔哈拉神殿的大门砰地关上。沮丧之下，齐默尔曼的职业生涯没能再维持多长时间。四个月之后，他跟帝国首相一起卸任，后来再也没有官复原职。齐默尔曼于1940年逝世，终年81岁。

那边齐默尔曼还在试图拉拢墨西哥，这厢美国局势的发展正急转直下，一路奔向战争边缘。3月4日，本届美国国会会期终止。由于参议院的拖延抵制，武装商船法案未能通过。威尔逊因为美国政府被“一小帮只会为自己谋利益的任性鬼”搞得“无所用处和卑鄙可耻”而大发雷霆。参议院拒绝给拨款预算案投票，所以4月16日开始将有一段额外增加的会期。这样一来，如洛奇所言，这个国家就用不着“与威尔逊独处”九个月了。在国会额外会期开始前，都由总统亲自掌舵。3月9日，威尔逊还是动用了行政权力，开始武装商船。但是，威尔逊没有就佩奇发来的紧急电报采取任何行动：由于没能偿还美国贷款，英国不能再从美国买到任何军火和物资了。

3月18日，三艘美国商船在未经警告的情况下被U型潜艇击沉。3月19日，美国参战前第一次世界大战中意义最重大的事件发生了——俄国爆发革命，沙皇被推翻，建立了议会制的克伦斯基政府。随着沙皇退出历史舞台，民主国家中的异类不复存在，如今可以说这场战争名副其实地成了一场捍卫民主的战争。3月20日，威尔逊总统召集内阁会议，全体内阁成员一致要求对德宣战。即便是秉承和平主义的丹尼尔斯也不例外，他一度闭目含泪。威尔逊还是老习惯，没有宣布自己的决定就离开了会议室。那天晚上，他肯定已经做出了决定。第二天，3月21日，威尔逊将国会会议提前到4月2日召开，比原计划提前了两周。他要听取国会对涉及“国家政策之重大问题”的意见。

公开发表讲话的前夜，威尔逊却在历史上留下了颇具反差的一笔。他与朋友弗兰克·科布有一番内容截然不同的谈话。弗兰克·科布是纽约《世界报》的编辑，自由派，威尔逊要他来的白宫。他们这番最后的谈话极具分量，简直有如沃特·罗利爵士

（Sir Walter Raleigh）[1]临刑前留下的诗作。威尔逊说，自己别无选择，尽管自己早已千方百计避免战争。他直言，一旦美国人民参战，自由、宽容与理智都将被抛诸脑后。更有甚者，对德宣战意味着“德国将被打败，而这种惨败将带来一种强加的和平，一种战胜国的和平……战争结束后，不会再有具备强大力量的局外一方来影响交战双方的和平条款。不会再有对各方具备约束力的和平条约。”即便到了此时此刻，威尔逊仍在疾呼：“如果还有其他选择，拜托上帝，让我们抓住它！”

没有其他的选择。第二天晚上八点三十分，威尔逊乘车冒雨前往国会大厦，去面对参众两院联席会议。“我深刻意识到自己迈出这一步的庄严乃至悲剧性，”威尔逊建议美国国会“宣布近来德意志帝国政府对美国政府和人民所采取的行动乃是战争行为”，从而“正式接受美国的交战国地位”。至于中立，他说，不可能再继续维持，也不再是一种理想状态，只要“专制政府依旧存在，其背后由组织强大的武力撑腰，而这种武力全凭统治集团而非人民的意愿控制”。威尔逊详述了德国的无限制潜艇战破坏了国际法，谈到了德国政府意欲危害美国安全的其他罪证，特

[1] 沃特·罗利（1552—1618），英国文艺复兴时期的著名人物，伊丽莎白一世女王的宠臣，诗人、军人、政客、探险家、历史学家和科学家，一生著述颇丰，推动了英国早期文艺复兴，并曾率探险队发现南美洲的圭亚那，后因叛国罪被囚伦敦塔13年，终遭处死。——译者注

意点出了齐默尔曼电报："（德国政府）妄图煽动敌人在我们家门口对我们不利，这份被截获的发给德国驻墨西哥公使的电文是极具说服力的证据。我们接受这一敌意的挑战……"

会场中的所有人：参众两院的议员、最高法院的法官、内阁成员、各国外交使节、媒体记者，还有旁听席上的访客，个个听得聚精会神。威尔逊结束演讲的话后来成为了人人皆知的习语——他宣布德国政府是"自由之天敌"，"世界要为民主而安全"，"这一权利比和平更为宝贵"，美国必须"为立国之基本信条"而战，"愿上帝保佑美国，美国别无选择"。

"风暴般的欢呼"回应了总统的演讲，一个记者写道。海外的协约国阵营听到了威尔逊的演讲，他们正值崩溃的极限。协约国的顶梁柱英国，气力已衰；法国即将榨干最后一口气。胶着的堑壕战，海上的鱼雷，空虚的国库，一切濒临绝境。听到威尔逊的声音，协约国看到一个巨大的、生龙活虎的新盟国正赶来加入，带来了战舰、资金、物资和士兵。威尔逊的讲话带来了胜利的保证。英国历史学家R. B. 莫厄特有言，这是"历史上最有戏剧性的事件之一"。

美国人，从此不情愿地开始了自己与这个世界其他部分的结合。这一切是如何发生的？这个问题从那时一直被追问到现在。威尔逊三个月之前还说让美国参战将会是"对人类文明的犯罪"，他甚至到参战前夜还在恳求上帝给自己一个其他的选择，为什么最后时刻他却做出决定，“这一权利比和平更为宝贵”？4月2日威尔逊将敌人的本质概括为“自由之天敌”，但敌人的本质三个月或六个月前，一年或两年前跟这可完全一样。4月2日发表演讲的这个人，跟1月希望达成“没有胜利的和平”的那个人，居然是同一个人。直到2月，这个人还拒绝相信德国对美国有所敌视。驻英大使佩奇在自己的日记中写下了这个无可回避的问题：“究竟是什么让他改变了主意？总统先生究竟是何时通过何种途径洞悉了德国人的本质？”佩奇感到奇怪，是2月1日德国宣布实施无限制潜艇战？还是齐默尔曼电报？

当然不是前者，因为威尔逊总统不相信德国人会做出他们宣布的举动，直到一切可以被“公然蓄意的行动”所证实。这发生在3月18日，三艘美国商船被击沉，人员伤亡惨重。接下来的三天里，内阁会议严肃召开与总统召集国会一气呵成，这标志着威尔逊下定了决心。如果没有先前的齐默尔曼电报，让德国蓄意与美国为敌的真相暴露于世人面前，威尔逊还会不会做出这样的决策？只有威尔逊本人能回答这个问题，但他从没有回答过。有一个威尔逊总统信任的人提供过一个答案，这人接收了威尔逊的全部文件档案。威尔逊去世前一周，他在自己写的最后一封信中请求雷·斯坦纳德·贝克为他撰写官方传记。威尔逊写道：“我宁可由您来解读我的生平，也不愿让我认识的其他人来。”贝克如此评判齐默尔曼电报：“此事给了威尔逊威力无比的毁灭性一击，彻底击垮了威尔逊拒绝参战的防线。”

这并不是说，看到电报的前一天威尔逊还要中立，而第二天就要参战了。电报并非在威尔逊总统身上起作用的唯一决定性因素。它更像是倒空了威尔逊中立之杯里的最后一滴水。

同样还有一些其他因素。不仅仅是“精彩绝伦又鼓舞人心”的俄国革命，威尔逊曾对美国国会说，现在革命让那个伟大的国家变成了“与光荣联盟相称的伙伴”。关于是什么打动了威尔逊，有可能最接近事实的说法是，这些事件共同作用，将他推到别无选择的境地。洛奇说，威尔逊被这些事件所支配。英国大法官（Lord Chancellor）伯肯黑德勋爵直言不讳：“美国实际上是被威尔逊总统近乎疯狂的努力所激起的反弹给推进了战争。”

不管对威尔逊是否如是，对美国人来说，最终奏效的一击正是齐默尔曼电报。它唤醒了美国那部分此前犹豫不定或漠不关心的人。如兰辛所言，它将美国西部诸州的冷漠转变为“对德国的强烈敌视”，以及“一天之内完成了感情上和舆论上的转变，不然这种转变非数月时间不可”。齐默尔曼电报并非一种理论或一起事件，而是一种明白无误的姿态，任何人都可以理解。德国人的军靴打算要践踏我们的边界。大部分美国人对欧洲几乎没有什么所思所感，但齐默尔曼电报意味着如果美国人参战，他们将是为捍卫美国而战，而不仅仅是插手那场欧洲自找的内讧。4月，美国人在心理状态上已经乐于接受威尔逊的讲话，认同参战的必要性。

如果没有齐默尔曼电报，美国人到底会不会做好参战准备？答案恐怕是否定的。电报公布之前，美国人对待战争的主流情绪——除了一直以来亲协约国的新英格兰地区——一向顽固。说起来可能不甚有荣誉感，四个月前威尔逊的竞选口号正是——“他让我们远离战争”。后来，电报内容向议会一经展示，公众情绪迅速转变，普遍认为战争避无可避。威尔逊为4月2日的国会会议草拟发言稿时，深知这一点。他清楚自己必须说什么才能被公众接受，其实，他也再没有借口不说那些话了。直到这时，威尔逊才能无视洛奇和罗斯福这派势力的一切讥刺鞭挞，因为他知道，美国这时团结成了一个整体，而不是跟洛奇和罗斯福站在一边。经过美国公众对齐默尔曼电报的强烈反应，威尔逊手上甚至连借口都没有了。3月17日，《文学文摘》刊登了全国针对齐默尔曼电报事件的媒体评论摘要，标题赫然醒目：“齐默尔曼如何让美利坚合众国联合起来”（How Zimmermann United the United States）。这是对美国公众观点的合理估计，尽管这里忽略了坚定不移的拉福莱特、诺里斯和维拉德，以及那些因为沉默而可以忽略不计的人。为了维护美国的中立，威尔逊不懈奋斗，这是他的民意基石，直到这个基石已经不再。过了3月中旬，威尔逊已经没有任何挂碍了。

假如齐默尔曼电报没有被截获，或者没有被公开，德国人一样会有其他动作拉我们最终下水，这是无可避免的。不过时机一去不返，如果我们又再次拖延的话，协约国恐怕早已被迫谈判媾和了。从这种意义上讲，齐默尔曼电报改变了历史。不过另一方面，如温斯顿·丘吉尔爵士评价的那样，历史总是被这样那样的小事所改变——不是一根脱落的马掌钉[1]，就是一封截获的电报。就齐默尔曼电报本身而言，它只是漫长历史中一颗小小的铺路石。一颗石子能击杀歌利亚[2]，也能杀死美国人的幻觉：我们可以不跟其他国家扯上瓜葛，开开心心做自己的生意。在国际事务中，齐默尔曼电报只是德国外交大臣策划的一场不入流的阴谋；在美国人民的人生中，它却是单纯天真的终结。

❶

英国民间的古老传说。15世纪后期英格兰红白玫瑰战争中，英王理查三世与亨利伯爵双方于1485年在博斯沃思展开决战。据说战前马夫和铁匠为理查三世备马掌钉，因铁片用尽，临阵时间紧迫，铁匠没来得及为理查三世的坐骑钉完马掌，战马的第四个马掌缺少一根钉子。这看似不起眼，但战役中理查三世率军冲锋陷阵，意外发生。他的坐骑因突然掉了一只马掌而栽倒在地，惊恐的战马脱缰而去，理查三世落马被杀。理查三世战死，其军队随即溃败。博斯沃思战役的失败被视为金雀花王朝的终结，是英国历史上关键性的一刻。亨利伯爵由此登基，开创了都铎王朝。后人传言，一根脱落的马掌钉改变了历史，故英国民间有歌谣称："少了一个铁钉，丢了一只马掌；少了一只马掌，丢了一匹战马；少了一匹战马，败了一场战役；败了一场战役，失了一个国家。"——译者注

❷

《圣经》中腓利士人的勇士，神勇的巨人，被犹太牧童大卫用投石器发射的石子击中头部而死，并割下了首级。——译者注

130	=	No. of Tel. No:3
13042	=	No. of cipher
13401	=	auswertiges Amt
8501	=	telegraphiert
115	=	Jan 16.
3528	—	Colon — :
416	—	No:1
17214	—	ganz geheim
6491	—	selbst
11310	=	zu
18147	=	entziffern
18222	=	Stop

21560	-	wir
10247	-	beabsichtigen
11518	.	am
23677		ersten
13605		Februar
3494		un-
14963		eingeschränkt
98092		U boot.
5905		Krieg
11311		zu
10392		beginnen
10371		⊙
0302		es wird
21290		versucht
5161		werden
39695		Vereinigten Staaten v.
23571		trotz dem
17504		neutral

3.

11269	= zu
18276	erhalten
15101	⊙
0317	für den Fall
0228	daß dies
17694	nicht
4473	gelingen
22284	sollte
22200	⊙
19452	Schlag-en
21589	wir
67893	Mexico.
5569	auf
13918	folgend
8958	grundlage
12137	Bündnis
1333	vor
4725	⊙
4458	gemeinsam
5905	Krieg
17166	führen
13851	⊙

4.

4458	gemeinsam
17149.	Friedenschluß.
14471	⊙
6706	reichlich
13850	finanziell
12224	unterstützung
6929	und
14991	einverständnis
7382	unsererseits.
15857	da/3
67893	Mexico.
14218	in
36477	Texas
5870	⊙
17553	neu
67893	Mexico.
5870	⊙
5454	AR
16102	IZ
15217	ON
22801	A

美国大使馆爱德华·贝尔破译电报的手稿副本，3月2日由佩奇大使转发给美国国务院。（The National Archives）

Code Text of the Telegram

附录 电报全文

爱德华·贝尔在美国大使馆破译密电的副本（National Archives, Foreign Affairs Branch, State Department Decimal File, 862.20212/81$^{1}/_{2}$，英文部分由作者译出）。

这份电报的开头处由伯恩斯道夫稍作修改，之后转发给了埃克哈特，与霍尔少将在墨西哥城截获并转交佩奇大使的电报是一致的。

130	(number of telegram)	—
13042	(code identification number)	—
13401	*Auswärtiges Amt*	Foreign Office
8501	*telegraphiert*	telegraphs
115	*Januar 16*	January 16
3528	*colon*(:)	colon(:)
416	*number 1*	no. 1
17214	*ganz geheim*	strictly secret
6491	*selbst*	yourself
11310	*zu*	to
18147	*entziffern*	decipher
18222	*stop*(.)	stop(.)
21560	*Wir*	We
10247	*beabsichtigen*	intend
11518	*am*	from the
23677	*ersten*	first
13605	*Februar*	February
3494	*un-*	un-
14963	*eingeschränkt*	restricted
98092	*U-boot*	U-boat
5905	*Krieg*	war
11311	*zu*	to
10392	*beginnen*	begin
10371	*stop*(.)	stop(.)
0302	*Es wird*	It will
21290	*versucht*	attempted
5161	*werden*	be
39695	*Vereinigten Staaten*	United States
23571	*trotzdem*	nevertheless
17504	*neutral*	neutral
11269	*zu*	to
18276	*erhalten*	keep
18101	*stop*(.)	stop(.)
0217	*Für den Fall*	In the event
0228	*dass dies*	that this
17694	*nicht*	not
4473	*gelingen*	succeed
22284	*sollte*	should
22200	*comma*(,)	comma(,)
19452	*schlagen*	offer
21589	*wir*	we
67893	*Mexico*	Mexico
5569	*auf*	on
13918	*folgender*	following
8958	*Grundlage*	terms
12137	*Bündnis*	alliance
1333	*vor*	(prefix of verb vorschlagen—to offer)
4725	*stop*(.)	stop(.)

4458	*Gemeinsam*	Together
5905	*Krieg*	war
17166	*führen*	make
13851	*stop(.)*	stop(.)
4458	*Gemeinsam*	Together
17149	*Friedenschluss*	peace
14471	*stop(.)*	stop(.)
6706	*Reichlich*	Generous
13850	*finanzielle*	financial
12224	*unterstützung*	support
6929	*und*	and
14991	*einverständnis*	understanding
7382	*unserer seits*	our part
15857	*dass*	that
67893	*Mexico*	Mexico
14218	*in*	in
36477	*Texas*	Texas
5870	*comma(,)*	comma(,)
17553	*New*	New
67893	*Mexico*	Mexico
5870	*comma(,)*	comma(,)
5454	*AR*	AR
16102	*IZ*	IZ
15217	*ON*	ON
22801	*A*	A
17138	*früher*	former
21001	*verloren*	lost
17388	*Gebiet*	territory
7446	*zurück*	back
23638	*erobern*	conquer
18222	*stop(.)*	stop(.)
6719	*Regelung*	Settlement
14331	*im*	in the
15021	*Einzelnen*	details
23845	*Euer Hochwohlgeboren*	Your Excellency
3156	*überlassen*	to be left
23552	*stop(.)*	stop(.)
22096	*Sie*	You
21604	*wollen*	will
4797	*vorstehendes*	of the foregoing
9497	*dem*	the
22464	*Präsident*	President
20855	*streng*	in strictest
4377	*geheim*	secrecy
23610	*eröffnen*	inform
18140	*comma(,)*	comma(,)
22260	*sobald*	as soon as
5905	*Kriegs*	war's
13347	*Ausbruch*	outbreak
20420	*mit*	with
39689	*Vereinigten Staaten*	United States
13732	*fest*	certain
20667	*steht*	is

6929	*und*	and
5275	*Anregung*	suggestion
18507	*hinzufügen*	add
52262	*Japan*	Japan
1340	*von*	by
22049	*sich*	himself
13339	*aus*	from
11265	*zu*	to
22295	*sofortig*	immediately
10439	*beitretung*	join
14814	*einladen*	invite
4178	(*setze infinitiv mit zu—i.e., einzuladen*)	(form the infinitive—i.e., to invite)
6992	*und*	and
8784	*gleichzeitig*	at the same time
7632	*zwischen*	between
7357	*uns*	us
6926	*und*	and
52262	*Japan*	Japan
11267	*zu*	to
21100	*vermitteln*	mediate
21272	*stop*(.)	stop(.)
9346	*Bitte*	Please
9559	*den*	the
22464	*Präsident*	President
15874	*darauf*	of this
18502	*hinweisen*	point to
18500	*comma*(,)	comma(,)
15857	*dass*	that
2188	*rücksichtslos*	ruthless
5376	*Anwendung*	employment
7381	*unserer*	our
98092	*U-boote*	U-boats
16127	*jetzt*	now
13486	*Aussicht*	prospect
9350	*bietet*	offers
9220	*comma*(,)	comma(,)
76036	*England*	England
14219	*in*	in
5144	*wenigen*	few
2831	*Monat-*	month-
17920	*en*	s
11347	*zum*	to
17142	*Frieden*	peace
11264	*zu*	be
7667	*zwingen*	compelled
7762	*stop*(.)	stop(.)
15099	*Empfang*	Receipt
9110	*bestahigen*	acknowledge
10482	*stop*(.)	stop(.)
97556	*Zimmermann*	Zimmermann
3569	*stop*(.)	stop(.)
3670	*Schluss der Depesche*	End of dispatch
	BERNSTORFF	

Sources 附录 参考文献

Titles marked with a single asterisk were particularly useful; those with a double asterisk were indispensable.

I. MANUSCRIPT SOURCES

National Archives; Foreign Affairs Branch, State Department Decimal File, 1910–1929:

File No. 701.6293—Diplomatic Representation of Germany in China
712.94—Relations between Mexico and Japan
763.72—European War
812.00—Political Affairs; Mexico
812.001—Chief Executive of Mexico
812.113—Fire arms, ammunition, explosives, etc.; Mexico
812.74—Wireless Telegraph in Mexico
862.20212—Germany Military Activities in Mexico
894.20212—Japanese Military Activities in Mexico

Library of Congress: Diary of Chandler P. Anderson, Robert Lansing Desk Diary and Papers, Woodrow Wilson Papers.

Houghton Library, Harvard University: Joseph C. Grew Papers, Walter Hines Page Diary and Papers, William Phillips Papers.

Yale University Library: Edward M. House Diary and Papers, Frank L. Polk Papers.

II. PRINTED OFFICIAL SOURCES

**Germany: *Official German Documents Relating to the World War. The Reports of the First and Second Subcommittees of the Committee Appointed by the National Constituent Assembly to Inquire into the Responsibility for the War.* 2 vols. New York, Oxford: Carnegie Endowment for International Peace, 1923. (Includes 1300 pages of testimony given in 1919 by Bethmann-Hollweg, Helfferich, Zimmermann, Bernstorff, Papen, Hindenburg, Ludendorff, Capelle, Holtzendorff, and others, as well as correspondence, records of High Command conferences, the Admiralty memorandum on submarine warfare, the text of the Zimmermann telegrams of January 16 and February 5, and other documents.)

Great Britain: Foreign Office. *Austrian and German Papers Found in the Possession of Mr. James F. J. Archibald, Falmouth, August 30, 1915*. Command 8012: London, Harrison, 1915.

United States:

Department of State. *Papers Relating to the Foreign Relations of the United States,* 1911, 1913, 1914, and *Supplements, World War, 1914–18*. Washington: G.P.O., 1928–34. (Referred to in Notes as U.S. Foreign Relations.)

———. *Papers Relating to the Foreign Relations of the United States; The Lansing Papers, 1914–20*. 2 vols. Washington: G.P.O., 1939. (Referred to in Notes as U.S. Lansing Papers.)

*Senate Documents. Foreign Relations Committee. *Investigation of Mexican Affairs, Report and Hearings*. 2 vols. 66th Congress, 2nd Session, Senate Document 285, Washington, 1920. (Referred to in Notes as Senate, Mexican Affairs.)

———. Judiciary Committee. *Hearings on Brewing and Liquor Interests and German and Bolshevik Propaganda*. 2 vols. 66th Congress, 1st Session, Senate Document 62, Washington, 1919. (Referred to in Notes as Senate, Propaganda.)

Congressional Record. *Senate Debate March 1, 1917*. 64th Congress, 2nd Session, vol. 54, part 5, pp. 4569–4605.

Mixed Claims Commission. *U.S.A. on behalf of Lehigh Valley Rr. et al. against Germany*. Docket 8103, vol. 1, exhibits 53, 192, 320. (Contains an affidavit on Code 13040 and other material put in evidence by Admiral Hall.)

III. CONTEMPORARY WORKS

Ackerman, Carl. *Germany, the Next Republic?* New York: G. H. Doran, 1917.

———. *Mexico's Dilemma*. New York: G. H. Doran, 1918.

Aston, Sir George. *Secret Service*. New York: Cosmopolitan, 1930. (The author served in British Intelligence.)

Baker, Newton D. *Why We Went to War*. New York: Harper, 1936.

**Baker, Ray Stannard. *Woodrow Wilson, Life and Letters*. 8 vols. New York: Doubleday Doran, 1927–39.

Balfour, Arthur James, Earl of. *Essays, Speculative and Political*. London: Hodder and Stoughton, 1920.

Balfour, Arthur James, Earl of. *Chapters of Autobiography*. London: Cassell, 1930.
Bernhard, Georg. "Le Comte Bernstorff et le Kaiser," *Europe Nouvelle,* November 4, 1939.
*Bernstorff, Johann Heinrich, Graf von. *My Three Years in America*. New York: Scribner's, 1920.
*———. *Memoirs of Count Bernstorff*. New York: Random, 1936.
Bethmann-Hollweg, Theobald von. *Reflections on the World War*. 2 vols. London: Butterworth, 1920.
Bright, Charles. "Telegraphs in War Time," *Nineteenth Century and After,* April 1915.
Bullitt, Ernesta Drinker. *An Uncensored Diary of the Central Empires*. New York: Doubleday Page, 1917.
Bülow, Bernhard, Fürst von. *Memoirs*. 4 vols. Boston: Little, Brown, 1931–32.
*Churchill, Winston Spencer. *The World Crisis, 1911–1918*. 4 vols. New York: Scribner's, 1923–27.
———. *Great Contemporaries*. New York: Putnam, 1937.
Corbett, Sir Julian, and Newbolt, Henry. *History of the Great War, Naval Operations*. 5 vols. (Official history, published by Committee of Imperial Defence.) New York and London: Longmans, 1920–31.
*Czernin, Ottokar, Graf von. *In the World War*. New York: Harper, 1920.
Daniels, Josephus. *The Life of Woodrow Wilson*. Chicago: Winston, 1924.
*———. *The Wilson Era,* vol. 1. *The Years of Peace, 1910–1917*. Chapel Hill: University of North Carolina Press, 1944–46.
Dearle, N. B. *An Economic Chronicle of the Great War for Great Britain and Ireland* (Economic and Social History of the World War, British Series). London: Oxford and Yale, 1929.
Diez, Hermann. "Einige Worte über Admiral von Hintze," *Deutsche Revue,* July–September 1918.
Dugdale, Blanche E. C. *Arthur James Balfour*. 2 vols. New York: Putnam, 1937.
**Ewing, Alfred Washington. *The Man of Room 40, the Life of Sir Alfred Ewing*. London: Hutchinson, 1939. (By his son.)
**Flynn, William J. "Tapped Wires," *Liberty,* June 2, 1928.
*Gerard, James W. *My Four Years in Germany*. New York: G. H. Doran, 1917.
*———. *Face to Face with Kaiserism*. New York: G. H. Doran, 1918.
Goltz, Horst von der. *My Adventures as a German Secret Agent*. New York: McBride, 1917. (Would be invaluable if the reader could persuade himself to believe it.)
Grew, Joseph C. *Turbulent Era*. 2 vols. Boston and New York: Houghton Mifflin, 1952.

Grey, Edward, Viscount. *Twenty-five Years.* 2 vols. New York: Stokes, 1925.

*Guzman, Martin Luis. *The Eagle and the Serpent.* New York: Knopf, 1920. (A first-hand account of revolutionary days and personalities under Carranza and Villa.)

Gwynn, Stephen, ed. *The Letters and Friendships of Sir Cecil Arthur Spring-Rice.* 2 vols. Boston: Houghton Mifflin, 1929.

Hagedorn, Hermann. *The Bugle That Woke America* (selected letters and speeches of Theodore Roosevelt). New York: John Day, 1940.

Hall, Admiral Sir William Reginald, Interview with *Daily Mail,* reprinted in *World's Work,* April 1926.

**Hanssen, Hans Peter. *Diary of a Dying Empire.* Bloomington: Indiana University Press, 1955. (By the leader of the Danish minority in the Reichstag and first published in Danish in 1924, this book is among the most valuable of all published German contemporary sources.)

Harris, Frank. *Latest Contemporary Portraits.* New York: Macaulay, 1927. (Contains a chapter on Bernstorff.)

Hazen, David W. *Giants and Ghosts of Central Europe.* Portland, Oregon: Metropolitan Press, 1933. (Includes accounts of interviews with Zimmermann and Eckhardt in 1933.)

**Hendrick, Burton J., ed. *Life and Letters of Walter Hines Page.* 3 vols. New York: Doubleday Page, 1923–26. (First, best, and most careful account of the circumstances in which the Telegram was intercepted.)

*Hirsch, Gilbert. "Our Friend Zimmermann," New York *Evening Post,* November 25, 1916.

*Houston, David F. *Eight Years with Wilson's Cabinet, 1913–1920.* 2 vols. New York: Doubleday Page, 1926.

**James, Admiral Sir William. *The Eyes of the Navy; a Biographical Study of Admiral Sir Reginald Hall.* London: Methuen, 1956.

Jones, H. P., and Hollister, P. M. *The German Secret Service in America, 1914–18.* Boston: Small Maynard, 1918.

Keynes, John Maynard. *Economic Consequences of the Peace.* New York: Harcourt, Brace, 1920. (Invaluable for a first-hand portrait of Wilson and analysis of his limitations in diplomacy.)

La Follette, Belle Case and Fola. *Robert M. La Follette.* 2 vols. New York: Macmillan, 1953.

Landau, Captain Henry. *The Enemy Within.* New York: Putnam, 1937.

Lane, Franklin K. *The Letters of Franklin K. Lane,* ed. A. W. Lane and L. H. Wall. Boston and New York: Houghton Mifflin, 1924.

**Lansing, Robert. *War Memoirs.* Indianapolis and New York: Bobbs-Merrill, 1935.

*Literary Digest, March 17, 1917, "How Zimmermann United the United States." (A survey of nationwide press opinion on the telegram.)

Lloyd George, David. *War Memoirs*. 6 vols. Boston: Little, Brown, 1933–37.

Ludendorff, Erich. *Ludendorff's Own Story, August 1914–November 1918*. 2 vols. New York: Harper, 1920.

MacAdam, George. "German Intrigues in Mexico," *World's Work*, September 1918.

*Maximilian, Fürst von Baden. *Memoirs*. 2 vols. New York: Scribner's, 1928.

*McAdoo, William Gibbs. *Crowded Years*. Boston and New York: Houghton Mifflin, 1931.

Moats, Leone B. *Thunder in Their Veins*. New York and London: Century, 1932. (Mexico during the revolutionary decade, by an observer.)

*O'Shaughnessy, Edith (wife of Nelson O'Shaughnessy, First Secretary and later Chargé d'Affaires of the American Embassy in Mexico City, 1911–14). *A Diplomat's Wife in Mexico; Letters from the American Embassy at Mexico City*. New York and London: Harper, 1916.

———. *Diplomatic Days*. New York: Harper, 1917.

*———. *Intimate Pages of Mexican History*. New York: G. H. Doran, 1920.

Papen, Franz von. *Memoirs*, tr. by Brian Connell. London: A. Deutsch, 1932.

Phillips, William. *Ventures in Diplomacy*. Boston: Beacon, 1953.

Pless, Mary Theresa Olivia, Fürstin von. *Daisy, Princess of Pless, by Herself*. New York: Dutton, 1929.

Pooley, A. M. *Japan's Foreign Policies*. London: Allen and Unwin, 1920.

Providence Journal, pub. *A Few Lines of Recent American History*. Pamphlet, 23 pp., 1917.

Rathom, John R. "Germany's Plots Exposed," *World's Work*, February 1918.

Redfield, William C. *With Congress and Cabinet*. New York: Doubleday Page, 1924.

*Reinsch, Paul S. *An American Diplomat in China*. New York: Doubleday Page, 1922.

Reischach, Freiherr von. *Unter Drei Kaisern*. Berlin: Verlag für Kulturpolitik, 1925.

*Rintelen von Kleist, Franz. *The Dark Invader*, intro. by A. E. W. Mason. London: Lovat Dickson, 1933.

———. *Return of the Dark Invader*. London: Dickson and Thompson, 1935.

*Rintelen von Kleist, Franz. Foreword to *Errant Diplomat, The Life of Franz von Papen*, by Oswald Dutch (pseud.). London: E. Arnold, 1940.

Roosevelt, Theodore. *Fear God and Take Your Own Part*. New York: G. H. Doran, 1916.

———. *Letters*, ed. by Elting E. Morison. 8 vols. Cambridge, Mass.: Harvard University Press, 1954.

*———, and Lodge, Henry Cabot. *Selections from the Correspondence of . . .* 2 vols. New York: Scribner's, 1925.

Round Table. *The Roster of the Round Table Dining Club*. New York: privately printed, 1926.

Saturday Evening Post. "War Propaganda," by One of the War Propagandists, Anonymous. Series of five articles, beginning June 22, 1929. (Internal evidence indicates that the author was George Sylvester Viereck.)

Scott, Hugh L. *Some Memories of a Soldier*. New York: Century, 1928.

Scott, James Brown. *A Survey of International Relations between the United States and Germany, August 1, 1914–April 6, 1917. Based on Official Documents*. New York: Oxford, 1917. (Especially Chapter IV, "Censorship of Communications.")

*Seymour, Charles. *The Intimate Papers of Colonel House*. 4 vols. Boston and New York: Houghton Mifflin, 1926–28. (Referred to in Notes as Seymour, IP.)

Sims, Joseph P., ed. *Three Wars with Germany*. New York: Putnam, 1944. (Correspondence of Admiral Hall and Amos J. Peaslee.)

Somerville, Boyd. "The *Frederik VIII* at Halifax; story of an epic search," *Living Age*, series 8, vol. 16, 1919.

Steed, Henry Wickham. *Through Thirty Years*. 2 vols. New York: Doubleday Page, 1924.

Strother, French. *Fighting Germany's Spies*. New York: Doubleday Page, 1918.

———. " 'The *Providence Journal* Will Say This Morning,' " *World's Work*, December 1917.

Swope, Herbert Bayard. *Inside the German Empire in the Third Year of the War*. New York: Century, 1917.

Thwaites, Lieutenant-Colonel Norman. *Velvet and Vinegar*. London: Grayson and Grayson, 1932. (By the agent who obtained the Bathing Beauty photograph.)

Times, The (London). *History of the War*. 22 vols. London, 1921.

Tompkins, Colonel Frank. *Chasing Villa*. Military Service Publishing Co., 1934.

Treat, Payson Jackson. "Japan, America, and the Great War," *A League of Nations*, No. 8, December 1918.

Tumulty, Joseph P. *Woodrow Wilson as I Know Him.* New York: Doubleday Page, 1921.

Viereck, George Sylvester. *Spreading Germs of Hate.* New York: Liveright, 1930.

———. *The Strangest Friendship in History; Woodrow Wilson and Colonel House.* New York: Liveright, 1932.

*Voska, Emanuel Viktor, and Irwin, Will. *Spy and Counterspy.* New York: Doubleday, 1940.

Weale, Putnam (pseud. of Bertram Lenox Simpson). *An Indiscreet Chronicle from the Pacific.* New York: Dodd, Mead, 1922.

*Wilhelm II. *Letters from the Kaiser to the Czar,* ed. by Isaac Don Levine. New York: Stokes, 1920. (Referred to in Notes as Willy-Nicky letters.)

Wilson, Henry Lane. *Diplomatic Episodes in Mexico, Belgium and Chile.* New York: Doubleday Page, 1927.

Yardley, Herbert O. *The American Black Chamber.* Indianapolis: Bobbs-Merrill, 1931.

Young, George, and Kenworthy, Joseph M. *Freedom of the Seas.* New York: Liveright, 1929. (Sir George Young became, after Ewing left, the chief cryptanalyst of the political division of Room 40.)

*Zedlitz-Trützschler, Robert, Graf von. *Twelve Years at the Imperial German Court.* New York: Doran, 1924. (A particularly revealing study of the Kaiser by his unhappy Court Chamberlain.)

IV. SECONDARY WORKS

Bailey, Thomas A. *A Diplomatic History of the American People.* New York: Appleton-Century-Crofts, 1950.

**Becker, Otto. *Der Ferne Ostend und das Schicksal Europas, 1907–1918.* Leipzig: Koehler und Amslang, 1940. (Important for Germany's secret overtures to Japan.)

Benson, Edward Frederic. *The Kaiser and English Relations.* New York: Longmans, 1936.

Brenner, Anita, and Leighton, George. *The Wind That Swept Mexico; a History of the Mexican Revolution, 1910–1942, with 184 historical photographs.* New York and London: Harper, 1943.

Cline, Howard F. *The United States and Mexico.* Cambridge, Mass.: Harvard University Press, 1953.

Dennis, Alfred L. P. *Adventures in American Diplomacy, 1896–1906.* New York: Dutton, 1928.

*Gooch, G. P. *Recent Revelations of European Diplomacy.* London: Longmans, 1927.

Grattan, C. Hartley. *Why We Fought.* New York: Vanguard, 1929.

Jessup, Philip C. *Elihu Root.* 2 vols. New York: Dodd, Mead, 1938.

Kurenberg, Joachim von. *The Kaiser; a Life of Wilhelm II.* New York: Simon and Schuster, 1955.

*Link, Arthur Stanley. *Woodrow Wilson and the Progressive Era, 1910–1917.* New York: Harper, 1954.

Ludwig, Emil. *Wilhelm Hohenzollern, The Last of the Kaisers.* New York and London: Putnam, 1927.

Martin, Perry Alvin. *Latin America and the War.* Baltimore: Johns Hopkins Press, 1925.

Mowat, Robert Balmain. *A History of European Diplomacy, 1914–1925.* New York and London: Longmans, 1927.

Notter, Harley. *The Origins of the Foreign Policy of Woodrow Wilson.* Baltimore: Johns Hopkins Press, 1937.

Peterson, Horace Cornelius. *Propaganda for War.* Norman, Okla.: University of Oklahoma Press, 1939.

Pinchon, Edgcumb. *Viva Villa!* New York: Harcourt, Brace, 1933.

Pratt, Fletcher. *Secret and Urgent; the Story of Codes and Ciphers.* Indianapolis: Bobbs-Merrill, 1939.

Pringle, Henry F. *Theodore Roosevelt.* New York: Harcourt, Brace, 1931.

Reiners, Ludwig. *The Lamps Went Out in Europe.* New York: Pantheon, 1955.

Schieber, Clara Eve. *Transformation of American Sentiment toward Germany, 1870–1914.* Boston: Cornhill, 1923.

Spencer, Samuel R. *Decision for War, 1917.* Rindge, N. H.: Smith, 1953.

Stevens, Louis. *Here Comes Pancho Villa.* New York: Stokes, 1930.

Strode, Hudson. *Timeless Mexico.* New York: Harcourt, Brace, 1944.

*Sykes, Christopher. *Wassmus: "The German Lawrence."* New York: Longmans, 1936.

Tansill, Charles C. *America Goes to War.* Boston: Little, Brown, 1938.

Vagts, Alfred. *Mexico, Europa und Amerika.* Berlin: Rothschild, 1928.

Willson, Beckles. *America's Ambassadors to England, 1785–1929.* New York: Stokes, 1929.

Ybarra, Thomas R. *Hindenburg; The Man with Three Lives.* New York: Duffield and Green, 1932.

（京）新登字083号

图书在版编目（CIP）数据

齐默尔曼电报 /（美）芭芭拉·塔奇曼著 ; 刘啸虎译. -- 北京 : 中国青年出版社, 2016.12
（历史拼图译丛）
书名原文: The Zimmermann Telegram
ISBN 978-7-5153-4606-9

Ⅰ. ①齐… Ⅱ. ①芭… ②刘… Ⅲ. ①第一次世界大战-史料 Ⅳ. ①K143

中国版本图书馆CIP数据核字（2016）第298056号

版权登记号：01-2014-4706
责任编辑：谢肇文
装帧设计：周伟伟
出版发行：中国青年出版社
社　　址：北京东四十二条21号
网　　址：www.cyp.com.cn
编辑部电话：（010）57350420
门市部电话：（010）57350370
印　　刷：北京中科印刷有限公司
经　　销：新华书店
开　　本：880 × 1230 1/32
印　　张：10
版　　次：2017年1月北京第1版
印　　次：2017年1月北京第1次印刷
定　　价：59.00元

本图书如有印装质量问题，请凭购书发票与质检部门联系调换
联系电话：（010）57350337